商务馆对外汉语教学专题研究书系（第二辑）

总主编　赵金铭

审　订　世界汉语教学学会

汉语作为第二语言标准与大纲研究

主编　王佶旻

2019年·北京

总主编 赵金铭

主　编 王佶旻

编　者 王佶旻

作　者 （按音序排列）

白乐桑　陈　绂　范静哗　方绪军
丰　琨　韩玉国　黄慧英　江　新
李红印　李靖华　刘　壮　刘长征
柳燕梅　罗青松　马清华　施向东
苏新春　孙晓明　王佶旻　王建勤
王又民　龙伟华　许　涓　阎　彤
杨惠中　张　博　张　丽　张　英
赵　果　朱正才

目　录

下篇 汉语作为第二语言的教学大纲研究

总 序

赵 金 铭

对外汉语教学专题研究书系是商务印书馆出版的同名书系的延续。主要收录2005—2016年期间，有关学术杂志、期刊、高校学报等所发表的有关对外汉语教学研究论文，涉及学科各分支研究领域。内容全面，质量上乘，搜罗宏富。对观点不同的文章，两方皆收。本书系是对近10年对外汉语教学研究成果的汇总与全面展示，希望能为学界提供近10年来本学科研究的总体全貌。

近10年的对外汉语教学与研究，呈现蓬勃发展的局面，与此同时，各研究分支也出现一些发展不平衡现象。总体看来，孔子学院教学、汉语师资培训、文化与文化教学、专业硕士课程教学等方面，已经成为研究热门，研究成果数量颇丰，但论文质量尚有待提升。由于主管部门的导向，作为第二语言汉语教学的汉语本体研究与汉语教学研究，在一定程度上被淡化。语音、词汇及其教学研究成果较少，语法、汉字及其教学研究成果稍多，汉字教学研究讨论尤为热烈。新汉语水平考试研究还不够成熟，课程与标准和大纲研究略显薄弱。值得提及的是，教学方法研究与教学模式研究、汉语作为第二语言习得研究、现代教育技术研究及其在教学中的应用研究，发展迅速，方兴未艾，成果尤为突出。本书系就是对这10年研究状况的展示与总结。

近10年来，汉语国际教育大发展的主要标志是：开展汉语教学的国别更加广泛；学汉语的人数呈大规模增长；汉语教学类型和层次多样化；汉语教师、教材、教法研究日益深入，汉语教学本土化程度不断加深；汉语教学正被越来越多的国家纳入其国民教育体系。其中，世界范围内孔子学院的建立既是国际汉语教育事业大发展的重要标志，也是进一步促进国际汉语教学持续发展的一个重要平台，吸引了世界各地众多的汉语学习者。来华外国留学生汉语教学与海外汉语教学，共同打造出汉语教学蓬勃发展的局面。

大发展带来学科研究范围的扩大和研究领域的拓展。本书系共计24册，与此前的22册书系的卷目设计略有不同。

本书系不再设《对外汉语课堂教学技巧研究》，增设《汉语作为第二语言教学的教学方法研究》和《汉语作为第二语言教学的教学模式研究》两册。汉语作为第二语言教学，既与世界第二语言教学有共同点，也因汉语、汉字的特点，而具有不同于其他语言作为第二语言教学的特色。这就要求对外汉语教学要讲求符合汉语实际的教学方法。几十年以来，对外汉语教学在继承传统和不断吸取各种教学法长处的基础上，结合汉语、汉字特点，以结构和功能相结合为主的教学方法为业内广泛采用，被称为汉语综合教学法。博采众长，为我所用，不独法一家，是其突出特点。这既是对外汉语教学的传统，在教学实践中也证明是符合对外汉语教学实际的有效的教学方法。与此同时，近年来任务型教学模式风行一时，各种各样的教法也各展风采。后方法论被介绍进来后，已不再追求最佳教学法与最有效教学模式，教学法与教学模式研究呈现多样化与多元性发展态势。

进入新世纪后，对外汉语教学学科理论研究的一个重要进展是开拓了第二语言习得理论与实际问题的研究，从重视研究教师怎样教汉语，转向研究学习者如何学习汉语，这是一种研究理念的改变，这种研究近10年来呈现上升趋势。研究除了《汉语第二语言学习者语言系统研究》《汉语作为第二语言的学习者研究》，本书系基于研究领域的扩大，增设了《基于认知视角的汉语第二语言习得研究》和《多视角的汉语第二语言习得研究》，从多个角度开辟了汉语学习研究的新局面。

教育部在2012年取消原本科专业目录里的“对外汉语”，设“汉语国际教育”二级学科。此后，“汉语国际教育”作为在世界范围内开展汉语作为第二语言教学的名称被广泛使用，学科名称的变化，为对外汉语教学带来了无限的机遇与巨大的挑战。随着海外汉语学习者人数的与日俱增，大量汉语教师和汉语教学志愿教师被派往海外，新的矛盾暴露，新的问题随之产生。缺少适应海外汉语教学需求的合格的汉语教师，缺乏适合海外汉语学习者使用的汉语教材，原有的汉语教学方法又难以适应海外汉语教学实际，这三者成为制约提高对外汉语教学质量、提升对外汉语教学水平的瓶颈。

面对世界汉语教学呈现出来的这些现象，在进行深入研究、寻求解决办法的同时，也产生了一种急于求成的情绪，急于解决当前的问题。故而研究所谓“三教”问题，一时成为热门话题。围绕教师、教材和教法问题，结合实际情况，出现一大批对具体问题进行研究的论文。与此同时，在主管部门的导引下，轻视理论研究，淡化学科建设，舍本逐末，视基础理论研究为多余，成为一时倾向。由于没有在根本问题上做深入的理论探讨，将过多的精力用于技法的提升，以至于在社会上对汉语作为一个学科产生了不同认识，某种程度上干扰了学科建设。本书系《汉语作为第二语言教学的学科理论研究》和《汉语作为第二语言教学的教学理论研究》两册集中反映了学科建设与教学理论问题，显示学界对基本理论建设的重视。

2007 年国务院学位办设立“汉语国际教育硕士专业学位”，目前已有 200 余所高等院校招收和培养汉语国际教育专业硕士。10 多年来，数千名汉语教师和志愿者在世界各地教授汉语、传播中国文化，这支师资队伍正在共同为向世界推广汉语做出贡献。

一种倾向掩盖着另一种倾向。社会上看轻汉语作为第二语言教学的观点，依然存在。这就是将教授外国人汉语看成一种轻而易举的事，这是一种带有普遍性的错误认知。这种认知导致对汉语作为第二语言教学科学性认识不足。一些人单凭一股热情和使命感，进入了汉语国际教育的教师队伍。一些人在知识储备和教学技能方面并未做好充分的准备，便匆匆走向教坛。故而如何对来自不同专业、知识结构多层次、语言文化背景多有差别的学习者，进行汉语作为第二语言教学的专业培养和培训，如何安排课程内容，将其培养成一个合格的汉语教师，就成为当前迫切需要解决的问题。本书系增设的《汉语作为第二语言教学的教师发展研究》《汉语作为第二语言标准与大纲研究》以及《汉语作为第二语言教学的课程研究》，都专门探讨这些有关问题。

自1985年以来，实行近20年的汉语水平考试（HSK），已构成了一个水平由低到高的较为完整的系统，汉语水平考试（HSK）的实施大大促进了汉语教学的科学化和规范化。废除HSK后研发的“新HSK”，目前正在改进与完善之中。有关考试研究，最近10年来，虽然关于测试理论和技术等方面的研究仍然有一些成果出现，但和以往相比，研究成果的数量有所下降，理论和技术方面尚缺乏明显的突破。汉语测试的新进展主要表现在新测验的开发、新技术的应用和对重大理论问题的探讨等方面。《汉语作为第二语言测试研究》体现了汉语测试的研究现状与新进展。

十几年来，汉语作为第二语言教学史的研究越来越多，也越来越深入。既有宏观的综合性研究，又有微观的个案考察。宏观研究中，从学科建设的角度探讨汉语教学史的研究。重视对外汉语教学历史的发掘与研究，因为这是对外汉语教学学科建设中不可缺少的一部分。宏观研究还包括对某一历史阶段和某一国家或地区汉语教学历史的回顾与描述。微观研究则更关注具体国家和地区的汉语教学历史、现状与发展。为此本书系增设《汉语作为第二语言教学史研究》，以飨读者。

本书系在汉语本体及其教学研究、汉语技能教学研究、文化教学与跨文化交际研究、教育技术研究和教育资源研究等方面，也都将近10年的成果进行汇总，勾勒出研究的大致脉络与发展轨迹，也同时可见其研究的短板，可为今后的深入研究引领方向。

本书系由商务印书馆策划，从确定选题，到组织主编队伍，以及在筛选文章、整理分类的过程中，商务印书馆总编辑周洪波先生给予了精心指导，在此深表谢意。

本书系由多所大学本专业同人共同合作，大家同心协力，和衷共济，在各册主编初选的基础上，经过全体主编会的多次集体讨论，认真比较，权衡轻重，突出研究特色，注重研究创新，最终确定入选篇章。即便如此，也还可能因水平所及评述失当，容或有漏选或误选之处，对书中的疏漏和失误，敬请读者不吝指教，以便再版时予以修正。

综　述

一、语言能力标准的概念界定

语言能力标准是根据语言使用者的行为表现来定义其语言水平的能力量表。它能够为语言教学、学习和测试提供统一的标准参照体系。这个体系包括：对不同能力水平的区分，即能力等级的制定与测评；对不同等级的总体描述，即不同水平等级的区别性特征，包括字词和语法的掌握程度；对不同等级听、说、读、写的“能做（can-do）”描述。“能做”描述是通过语言能力描述语来实现的。

在语言能力标准的概念系统中，有两个关键词：第一个关键词是量表。语言能力标准本身就是一个能力量表。一个量表要具备三个要素——测度、全距和单位。测度即测量的对象或属性，也就是语言能力。全距即量表的起点与终点之间的距离，它关乎能力标准所能描述和解释的能力范围。单位指量表中相邻两个刻度之间的距离，也就是相邻两个等级之间的级差。具备了这三个要素，我们才能构建起一个量表。而语言能力标准就是这样一个能够测量、评价、描写和解释语言使用者的语言水平的能力量表。这是语言能力标准的基本性质。第二个关键词是语言能力描述语。

描述语是语言能力标准研究中的特定概念，它描述的是在现实生活中，处于不同水平等级的语言使用者能够完成的语言任务与其所具备的语言特征。描述语是语言能力标准体系中不可或缺的组成部分，我们对每一个水平等级的描写和解释都需要通过描述语来实现。

大纲与标准是既有联系又有区别的两个概念。有的时候大纲指的就是标准，比如美国的 ACTFL 大纲，但多数时候大纲指的是教学大纲，是一种目的导向的纲领性文件，主要面向教学和教材编写。很少具备描写和评价学生能力水平的功能。换句话说，教学大纲不具备能力量表的性质与功能，因此不能称为标准。

鉴于此，我们在这本书中把标准和大纲分开来表述，分为上下两篇，上篇为汉语作为第二语言的能力标准研究，下篇为汉语作为第二语言的教学大纲研究。

二、语言能力标准研究的历史回顾

能力标准的出现是应用语言学领域的一件大事，涉及语言教学、学习和测试的统一的评价标准。在应用语言学领域，研究者对制定语言能力量表的想法由来已久，但这种朦胧的想法一开始都是出于开发测验或者教学大纲的需要，在形式和功用上与真正的能力标准有一定距离。经过将近半个世纪的发展，国外的语言能力量表终于得以完善，出现了以欧洲语言共同参考框架为代表的真正意义上的能力标准。

国外的语言能力标准起源于语言能力量表和类似于等级大纲

的规范性文件。最早可以追溯到20世纪50年代，由美国外交学院（Foreign Service Institute, FSI）制定的FSI量表。到1960年，美国国防语言学院（Defense Language Institute）、中央情报局（Central Intelligence Agency, CIA）以及维和特种部队（Peace Corps.）等多个要害部门都使用FSI量表。1968年，在越南战争中，这些部门坐在一起讨论和制定出了一个具备标准程序的口语测验量表，这个量表就是美国联邦政府语言协调会（Interagency Language Roundtable, ILR）能力量表。20世纪七八十年代外语教学进入了一个新时期，功能-意念法开始占据外语教学领域，语言测试越来越重视真实的测试环境。这种变化在很大程度上归因于两个大纲的出现。这两个大纲就是1976年Wilkins出版的*Notional syllabuses*和1978年Munby推出的*Communicative syllabus design*。这两个大纲对英美的英语教学与测试产生了重要影响。在这样的大背景下，在美国诞生了一个非常重要的语言能力量表——ACTFL大纲。ACTFL大纲对美国的外语教学、学习、测试以及语言政策都产生了深远的影响。进入21世纪，欧洲出现了真正意义上的语言能力标准——《欧洲语言共同参考框架》（*A Common European Framework of Reference for Languages*, CEFR）。CEFR是全欧洲的一个共同参考基础，它可用于制定现代外语教学大纲和考试大纲，也可用于设计外语能力评估体系，同时还可作为编写教材的指南。CEFR对全球语言教学的影响是革命性的，许多语言考试都会在它的框架下研发和进行分数解释。

对外汉语教学界很早就有了制定语言能力标准的意识。1987年，中国对外汉语教学学会成立了一个七人小组，着手研究制定等级标准。一年以后，《汉语水平等级标准和等级大纲（试行）》出版。这是对外汉语教学领域第一部公开出版的大纲，虽说还不能称这部大纲为成熟的语言能力标准，但已经有了对语言水平的等级划分，具备了标准的雏形。在这个大纲的框架下，又诞生了两个颇具影响力的大纲。它们是《汉语水平词汇与汉字等级大纲》（1992）和《汉语水平等级标准与语法等级大纲》（1996）。这些大纲的研究和制定标志着我国对外汉语教学工作者已经有了明确的标准意识，并且迈出了实质性的一步，填补了汉语作为第二语言教学领域的一项空白，对规范我国的对外汉语教学起到了很好的作用，对课程设置、教材编写、成绩测试和水平测试均有很高的参考价值。至今，仍有很多教材和考试以这些大纲为依据。尽管如此，20 世纪制定的这些大纲还是存在明显的不足，比如量表所覆盖的能力范围不够大，缺乏细致的“能做”描述，没有与水平测验实现对应等。2007—2009 年期间，为配合新 HSK 的推广，国家汉办集中出版了一批大纲和标准，包括《国际汉语能力标准》《国际汉语教师标准》《国际汉语教学通用课程大纲》《新汉语水平考试大纲》等。这些新标准的制定符合汉语国际教育的需求，但遗憾的是并没有解决 20 世纪 80 年代制定的《汉语水平等级标准和等级大纲》存在的不足。因此，可以说，至今为止，对外汉语教学领域还没有一部真正意义上的语言能力标准。

三、汉语作为第二语言的能力标准研究的现状

尽管到现在为止，对外汉语教学领域还没有一部成熟的语言能力标准，但在 2004—2016 的十余年间，我们这个领域对语言

能力标准的研究还是获得了长足的发展。这种发展首先表现在对语言能力标准的认识和理论思考上。在过去很长一段时间里，我们对语言能力标准没有清楚的认识，甚至把标准和教学大纲当成同一个东西。在这个十年，随着《欧洲语言共同参考框架》（CEFR）的出版和推广，在全球范围内有不少学者开始关注汉语能力标准，并且对制定汉语作为第二语言的能力标准提出了理论构想。还有一些学者对国内外现有的标准和大纲进行了介绍和评析，以此来引发学界对汉语能力标准的重视。这个十年更令人鼓舞的事情是出现了以定量和实证的方法研究语言能力量表和语言能力描述语的文章，这些研究为制定汉语能力标准做了很好的铺垫。

本书的上篇集中呈现十年间汉语能力标准的研究状况，分为三个主题。第一个主题是有关制定汉语能力标准的理论与构想。在这个十年，人们开始思考语言能力标准对于汉语国际传播的重要性，思考对外汉语教学领域需要一种什么样的能力标准。研究者指出，语言能力标准是一种公共产品，是国家文化软实力的体现。它的核心竞争力是由标准的学术权威性、标准的理论创新与巨大的社会效用和经济效用构成的。汉语国际传播的语言标准只有具备上述竞争力，才能使汉语真正走出国门，走向世界[①]。除了对语言能力标准的性质和意义进行讨论外，研究者们已经开始着手探讨如何制定汉语能力标准的问题。这些问题涉及制定汉语作为第二语言的能力标准的原则、方法和步骤，以及如何使用定量的方法研究制定能力标准[②]。在新时期，还有学者就汉语国际

① 王建勤《汉语国际推广的语言标准建设与竞争策略》，《语言教学与研究》2008 年第 1 期。

② 王佶旻《制定汉语作为第二语言的能力标准的初步构想》，《语言文字应用》2012 年第 1 期。

教育中的语言文字标准问题展开讨论，提出了在汉语教学的语言和文字标准上采取“双轨制”和“多元化”的想法[①]。在海外汉语教学领域，也有学者提出了制定国别化的汉语能力标准的想法，以便更好地适应本土化汉语教学[②]。

能力标准研究的第二个主题是对国内外现有的大纲和标准的评析。这种评析不是单纯的介绍或是文献综述，而是通过分析和评价达到推进我国对外汉语教学的标准研究和建设的目的。这些研究主要集中在对美国和欧洲的语言能力标准或者其他纲领性文件的评价上，比如《欧洲语言共同参考框架》、美国《21世纪外语学习标准》和AP中文课程等。这些研究从标准与测试的关系，语言能力描述语的意义和作用等方面做了梳理。同时也就《欧洲语言共同参考框架》对我国对外汉语教学的借鉴意义做了阐述。

在这个十年，汉语作为第二语言的能力标准研究中最值得关注的是语言能力描述语研究。这也是第三个主题。语言能力标准是一个能力量表，这个量表对能力的评估在很大程度上依赖于描述语。描述语研究使语言能力标准的制定摆脱了长期存在的一些问题，比如对能力的说明和刻画不细致，实证研究和定量分析偏少等。现阶段语言能力标准的研究主要集中在：（1）对制定语言能力描述语的原则和方法的探讨[③]，属于理论层面的研究；

---

① 李泉《国际汉语教学的语言文字标准问题》，《语言教学与研究》2015年第5期。

② 龙伟华《泰国汉语能力标准研究》，《汉语国际传播研究》2012年第1期。

③ 方绪军、杨惠中、朱正才《语言能力“能做”描述的原理与方案：以CEFR为例》，《世界汉语教学》2011年第2期。

（2）讨论描述语和教学的关系，属于标准与教学的接口问题[①]；（3）描述语的实证研究，包括描述语任务难度研究和描述语量表的制定研究。在这些研究中，一些新的方法和技术得以使用，这些方法和技术包括：使用学生自评的方式调查描述语的任务难度，并检验自评量表的信效度[②]，使用教师他评的方式调查描述语的任务难度，以及使用项目反应理论中的多级计分 Rasch 模型（RSM）估算描述语的任务难度[③]。以实证研究为基础的描述语研究为科学制定语言能力标准做出了努力。

四、汉语作为第二语言的大纲研究的现状

本书的下篇是教学大纲研究。教学大纲与能力标准有所区别，它是根据学科内容及其体系和教学计划的要求编写的教学指导文件，它以纲要的形式规定了课程的教学目的、任务；知识、技能的范围、深度与体系结构；教学进度和教学法的基本要求。它是编写教材和进行教学工作的主要依据，也是检查学生学业成绩和评估教师教学质量的重要准则。从这个定义可以看出，教学大纲主要面向教学，对学科知识点进行分级和解释，而不承担评定学

---

① 范静哗《语言能力描述与华文教学及评估的接口——以〈新加坡小学一年级华文口语能力诊断量表〉为例》，《华文教学与研究》2015 年第 1 期。

② 王佶旻《中级汉语学习者语言能力自评量表的编制与检验》，《中国考试》2012 年第 11 期。

③ 王佶旻《汉语能力标准的描述语任务难度研究——以中级口语能力量表为例》，《世界汉语教学》2013 年第 3 期。

生能力水平等级的功能。它所覆盖的学习者范围也没有能力标准那么宽。因此教学大纲不是能力量表，而是学科知识点的分级系统和教学纲领。

在这个十年，教学大纲研究的主力军仍旧是词汇大纲研究，而语法、语音和文化大纲研究则呈现散在的状态。这个十年，教学大纲研究的新亮点是出现了面向留学生预科教育的专门用途大纲的研究。十年间教学大纲的研究主要集中在三个领域：

第一个领域是词汇大纲研究。词汇大纲（特别是 HSK 词汇大纲）是大纲研究的传统领域，《汉语水平词汇与汉字等级大纲》（以下简称“词汇大纲”）问世之后，在对外汉语教学领域发挥了重要作用，影响力很大。有关这部词汇大纲的研究层出不穷，二十几年来从未间断。这些研究从不同的视角探究词汇大纲的制定标准和方法，以及词汇大纲与教学的关系问题。这些问题包括：

“词汇大纲”的收“语”问题。研究者指出大纲中收录了大于词的短语、结构、成语和习用语等，建议把这部分独立出来，建立语汇大纲①。

词频对大纲的影响问题。研究者对比了媒体高频词和“词汇大纲”的异同，用以观察“词汇大纲”收录的词语在当今中国社会语言生活中的适用性和实用性②。

“词汇大纲”在教材中的应用。有研究者对比分析了教材用词与“词汇大纲”的关系，指出应该根据汉语教学的目的与功能

---

① 李红印《〈汉语水平词汇与汉字等级大纲〉收“语”分析》，《语言文字应用》2005 年第 4 期。

② 刘长征《〈词汇大纲〉与 2005 媒体高频词语比较研究》，《云南师范大学学报》（对外汉语教学与研究版）2007 年第 3 期。

来编制汉语教学用的通用型词表与专用型词表[①]。诚然，“词汇大纲”很难承担起多项功能，它的初衷是给教学和测试提供一个可资参考的词汇表。在教学和教材编写过程中，相关人员可以根据实际需要编写适用的词汇大纲。

从留学生字词学习的影响因素入手，为“词汇大纲”的修订提供建议。研究者对外国学生汉语字词学习的影响因素进行了实验研究和语料统计研究，在此基础上对《汉语水平大纲》（“词汇大纲”）字词选择和分级提出了若干建议[②]。

“词汇大纲”分级标准问题。研究者提出在“词汇大纲”的修订过程中应体现理解性词汇和产出性词汇区分的原则以及词汇等级与语言功能相结合的原则[③]。

除了对 1992 版“词汇大纲”的研究之外，随着新汉语水平考试的推广，研究者对《新汉语水平考试大纲》词表进行了研究，指出了该词表在语言单位取向方面存在的问题和解决的办法[④]。

第二个领域是语法、语音和文化大纲研究。这个领域可以表述为除词汇大纲之外的其他大纲研究。从词汇大纲研究中我们可以看到，有相当一部分研究都是围绕 1992 版“词汇大纲”展开的，可以说这些研究呈现出集中的趋势。与词汇大纲研究不同，其他

---

① 苏新春《对外汉语词汇大纲与两种教材词汇状况的比较研究》，《语言文字应用》2006 年第 2 期。

② 江新、赵果、黄慧英、柳燕梅、王又民《外国学生汉语字词学习的影响因素——兼论〈汉语水平大纲〉字词的选择与分级》，《语言教学与研究》2006 年第 2 期。

③ 孙晓明《汉语国际推广背景下的词汇等级标准研究》，《民族教育研究》2011 年第 6 期。

④ 张博《关于词汇大纲语言单位取向问题的思考——兼议〈新汉语水平考试大纲〉“重大轻小”的收录取向》，《语言教学与研究》2015 年第 1 期。

领域的大纲研究多年来都表现为零散状态。没有集中研究某一个大纲或某一个关键问题的趋势。这种状况恐怕和这些领域没有权威的、公开出版的大纲有关。那么，为什么这些领域多年来没有权威的大纲呢？这里面的关键原因是大纲制定的标准问题。也就是以什么标准来制定大纲和怎么去对知识点分级的问题。语法、语音和文化这三个领域的大纲研究都存在这个问题。

在这个十年，语法大纲研究领域的核心问题有两个：第一个是语法项目的分级和排序问题，第二个是语法大纲和测试的衔接问题。这两个问题是语法大纲研究过程中的长线问题，一直没有得到很好的解决。在制定语法大纲的过程中，我们首先要明确的是如何给语法知识点分级和排序。语言难易度、使用频率等标准是否是分级的“金标准”，是否能够符合学习者语法学习的内在规律等问题。这些问题解决之后才能制定出科学的语法大纲，也才能使语法大纲为成绩测试服务。

语音大纲是一个相对新的研究领域，研究的关键问题仍然在汉语语音学习的知识点及其规律，从而科学地分级和解释。在这个十年，研究者们已经开始探讨制定语音大纲的基本原则和方法。

文化大纲的研究历史不短，但一直处于讨论阶段，没有出现权威的大纲。这种状况还在延续。研究者们就文化大纲的性质、任务、基本框架以及与其他语言类大纲的关系等基础性理论问题进行相应的讨论，希望能够为制定文化大纲提供参考。

第三个领域是面向预科教育的专门用途大纲研究。这是一个新兴的研究领域，反映了新时期汉语教学的新特点。新时期的留学生教学呈现的明显趋势是学历生比例逐年增加，而接受短期汉语教学或汉语培训的学生人数下降。这种新趋势催生了留学生预科教育的发展，也出现了针对预科教育的专门用途教学大纲。

五、困难、出路与展望

标准与大纲研究是对外汉语教学学科不可或缺的组成部分。这方面研究的困难在于铺的面比较大，带有一定的工程性质，需要团队合作。这个领域的研究长期以来存在理论、方法和技术上的短板。比如：

> 缺乏理论指导，缺乏对语言能力、能力标准的理论研究；
>
> 方法保守，研究多采用定性的方法，通过专家会商来划分等级，缺乏实证研究和定量分析的支撑；
>
> 研究缺乏系统性，研究多为自发状态，散在的研究多，系统的研究少。

未来，希望研究者们能够从以下几个方面入手，探索科学制定语言能力标准的理论、方法和技术：

第一，丰富语言能力结构理论，提高对语言教学、语言测试以及语言习得的内在规律的把握。目前，国内关于语言能力的理论还相对缺乏，虽然语言学、心理学、教育学领域在语言能力相关研究上都已经获得了很多成果，但各学科的研究观点和成果、理论研究和应用研究还缺乏融合。因此，可以通过多学科的努力，构建出具有汉语特色的语言能力结构理论。

第二，构建制定汉语能力标准的理论体系。发达国家已经制定出各自的语言能力标准，但我们不能盲目地照搬或模仿这些标准。从社会层面上讲，语言能力标准必须符合国情，符合社会的实际需要；从学术层面上讲，认知科学的研究已经发现并证实，汉语语言加工的脑区和英语语言加工的脑区存在差异，二语学习者学习汉语和学习英语的脑加工过程及激活的区域也不一样。因此，无论是从社会层面还是从学术层面，我们都有必要根据国情和汉语语言的实际情况构建既科学又实用的汉语能力标准理论体系。

第三，丰富与补充语言能力标准及其应用研究的方法与技术体系。方法是理论的组成部分，目前国内外语言能力标准的制定多以定性研究为主，缺乏足够的定量研究的支撑，多描写而少实证。未来希望研究者们能够从方法和技术层面拓宽语言能力标准研究的思路，使用实证研究和测量统计技术从定量的角度研究语言能力水平等级划分、描述语的参数估计，以及测验和量表的链接等关键问题。

第四，完善汉语语言能力的测评体系。目前国内外有许多汉语能力测验，这些测验虽说都是根据不同的需要开发的，但没有语言能力标准的统一指导和规范，因此测验之间没有可参照性，考生和社会无法知道考了一个测验得到的某个等级相当于其他测验的哪一个等级。

时至今日，对外汉语教学领域还没有一部真正意义上的语言能力标准。而制定这样一部用以规范和指导汉语教学、学习和测试的标准是我们整个行业的当务之急。

上篇

汉语作为第二语言的能力标准研究

第一章

汉语能力标准制定的理论与构想

第一节　汉语国际推广的语言标准建设与竞争策略①

一、问题的提出

经济全球化带来了汉语学习市场的空前高涨。据称，目前海外学习汉语的人数达到了3000万，这在对外汉语教学史上是前所未有的。面对海外汉语教学这种大好形势，我们一方面感到振奋，同时我们也陷于前所未有的困扰。这种困扰主要来自两个方面：一是缺少适合海外的所谓“精品”教材，二是缺少所谓“合格”的汉语师资。这是目前困扰汉语国际推广的两大问题。

关于对外汉语教材，特别是面向海外的汉语教材，近些年来受到国内外专家、学者和汉语教师乃至汉语学习者的诸多批评。面对这些批评，从事多年汉语教材编写和研究的专家学者和汉语教师感到非常困惑，大家一时不知道该怎么为外国人编写教材。

关于汉语师资，特别是汉语师资的培训与选拔，海内外的专

---

① 本节摘自王建勤《汉语国际推广的语言标准建设与竞争策略》，《语言教学与研究》2008年第1期。

家学者在什么是“合格”的汉语教师的问题上争论不休，甚至在教学观念上和教学实践中产生了激烈的冲突。

这些问题促使我们不得不重新思考对外汉语教学中的一些基本问题。在过去看来，为外国人编写教材以及汉语课堂教学是我们的“看家本事”，但在汉语国际推广的新形势面前似乎变得有些陌生了，而且成了我们不得不面对的新课题。

冷静地思考困扰汉语国际推广两大问题的争论和冲突，我们认为，产生这些争论和冲突的一个重要原因是，我们缺少一个大家普遍认同的汉语教学与评估标准。汉语教学与评估标准体系的研究和建设严重滞后，使汉语国际推广处于非常被动的局面。相比之下，国外在外语教学与评估标准的建设方面发展迅速。近些年来，欧盟和美国外语教学与评估标准相继出台，这给我国汉语教学与评估标准体系的建设带来严峻的挑战。

在这种形势下，我们需要放眼世界，看看国外的同行在外语教学标准建设上做了些什么，是怎么做的。认真分析和面对我们面临的挑战，在此基础上来研究汉语教学与评估标准，制定具有竞争力的标准竞争策略。为此，本节拟探讨以下三个问题：（1）欧盟与美国外语教学标准的新理念；（2）汉语国际推广标准建设面临的影响和挑战；（3）汉语国际推广的语言标准建设与竞争策略。

二、欧盟与美国外语教学标准的新理念

20 世纪末，世界各国，主要是欧美国家在外语教学标准体系的建设上做了许多可资借鉴的工作。美国 1996 年正式公布了《21

世纪外语学习标准》[①]。2000 年，加拿大也发布了《加拿大语言测试等级标准 2000》[②]。欧盟 2001 年正式公布了《欧洲语言学习、教学、评估共同参考框架》（*A Common European Framework of Reference for Languages: Learning, Teaching, Assessment*，简称 CEF）[③]。这些标准的发布反映了在全球化背景下外语教学的新潮流，代表了新型外语教育的新理念。在此，本节简要介绍欧盟 CEF 标准和美国《21 世纪外语学习标准》。

（一）欧盟的 CEF 标准

欧洲委员会（the Council of Europe）根据欧洲部长会议确定的“三项基本原则”于 1992 年开始着手制定《欧洲语言学习、教学、评估共同参考框架》[④]。该标准的研制历时九年，于 2001 年正式公布，2003 年修订后正式出版。欧盟推出的“共同参考框架”就是欧盟各国外语教学和评估的标准。其目的是为欧洲语言教学的大纲设计、课程指南、测试和教材编写提供一个共同的基础。该标准全面地描述了语言学习者进行有效交际所必须掌握的知识与技能、语言活动、语言运用的环境与水平标准。概括地说，CEF 可以描述为以下六个方面：

1. 整体语言能力分级（common reference levels）。CEF 作为语言能力标准，首先将学习者的语言能力分为三等六级：一等为

---

① National Standards in Foreign Language Education Project, *Standards for Foreign Language Learning in the 21st Century*. KS: Allen Press Inc, 1999.

② Center for Canadian Language Benchmark (2000) Canadian Language Benchmarks. http: / /www. language. ca.

③ 有人将 CEF 译为“欧洲语言教学共同纲领”，本节不采纳这种译法。

④ Council of Europe, *A Common European Framework of Reference for Languages: Learning, Teaching, Assessment.* Cambridge University Press, 2001.

初级使用者（A），包括入门级（A1）、基础级（A2）；二等为独立使用者（B），包括进阶级（B1）、高阶级（B2）；三等为熟练使用者（C），包括流利运用级（C1）、精通级（C2）。这些等级的设置并非是封闭的，使用者可以根据学习者的具体情况，在每一等的两个级别的基础上再分级，以对某一等级的语言能力进行细致的划分。语言能力等级划分确定了 CEF 作为内容标准的主要框架。

2. 语言能力描述。CEF 从理论上对语言能力的构成进行了描述。CEF 将语言能力分为两个方面："一般语言能力"（the general competence）和"语言交际能力"（communicative language competence）。一般语言能力包括语言知识、语言技能、语言个性（existential competence）[①]、学习能力；语言交际能力包括语言学能力、社会语言学能力和语用能力三个方面。语言能力的理论描述奠定了 CEF 的语言理论基础。

3. 语言交际活动。CEF 研制者认为，学习者的语言交际能力只有在语言交际活动中才能被激活，学习者只有通过语言交际活动才能完成交际任务。为此，CEF 将语言交际活动分为三种："语言理解"（reception）、"语言产出"（production）和"互动"（interaction）。CEF 强调通过语言活动来实现交际任务，充分体现了该标准以"行动为导向"（action oriented）的特点。

4. 语言运用的环境。语言学习者参与的语言交际活动总是在一定的语言环境中进行的，因此，CEF 将学习者语言运用的环境

① 指学习者的个性特点以及与目的文化相关的态度。CEF 认为该"语言个性"是一般语言能力的一部分。

大致分为四个方面，即个人交际环境、公共场合的交际环境、工作环境和教育环境。CEF 强调语言运用环境，强调“学习者作为社会成员在特定社会环境完成特定交际任务”，充分体现了 CEF 将语言作为交际工具强调其社会效用的理念。

5. 语言交际策略。为了进行有效的交际，学习者必须调动一切策略手段来满足交际需要。因此，语言交际策略也是学习者语言交际能力的一个重要方面。CEF 结合语言交际活动将交际策略分为三大类：在语言理解过程中识别线索和进行推断的策略；在互动环境中，采取讨论、合作和确认等策略；在语言表达活动中，采取计划、补偿、监控等策略。

6. 测试与评估。CEF 不仅是外语学习的内容标准（content standard），而且可以作为测试和评估的水平标准（proficiency standard）。CEF 根据“整体能力分级”标准的六个等级制定了学习者可以自测的“自我评估量表”和“口语质量量表”。这两个量表详细地描述了不同等级的学习者在听、说（包括“互动”和“产出”）、读、写四个方面应该达到的目标。此外，CEF 出台后，各种考试都参照该标准，使各种语言测试证书之间建立了联系和统一的评估标准。

从上述六个方面可以看出，CEF 不仅包含了内容标准，而且可以作为能力标准（performance standard）和水平标准。作为内容标准，CEF 全面地描述了学习者必须掌握的语言知识和技能；作为能力标准，CEF 通过语言交际活动的三种方式描述了各个等级的学习者应该达到的目标；作为水平标准，CEF 兼有测量和评估尺度的功能。学习者不仅可以参照内容标准对自己的语言能力做出评价，而且可以为各种考试编制建立参照标准。从上述六个方面还可以看出，CEF 是一个新型的外语教学标准。这些标准反映了时代和社会对外语教育的需求，体现了欧盟在政治与教育环境下的新理念。

（二）美国《21 世纪外语学习标准》

美国《21 世纪外语学习标准》是美国外语教学委员会（ACTFL）联合法语、德语、西班牙语教师协会，经过三年的研制，于 1996 年正式发布的。1999 年美国外语教学委员会与九个语种的外语教师协会携手制定了反映各语种特点的外语学习标准。此外，全美中小学外语教师协会根据美国《21 世纪外语学习标准》制定了中小学中文学习课程标准，即《中文学习目标》。美国《21 世纪外语学习标准》的主要内容可以概括为 5 个目标、11 项标准。

5 个目标构成了该标准的核心内容，11 项标准构成了该标准的基本框架。

第一个目标是“交际”（Communication）。该标准认为，交际是语言学习的核心，无论这种交际是面对面的还是以书写和阅读的方式进行的。这个目标包括三项标准，即三种交际模式：（1）人际交流（Interpersonal Communication），要求学习者在谈话中能够提供信息和获得信息，表达情感，交流观点。这项标准强调双向交际技能。（2）理解诠释（Interpretive Communication），要求学习者能够理解、诠释书面语或口语的各种话题。这项标准强调正确地理解和解读各种话题内容。（3）表达演示（Presentational Communication），要求学习者能够向听众或读者展示和表达有关话题的概念和观点。这项标准强调相关话题概念和观点的表达。

第二个目标是“文化”（Cultures）。这个目标要求学习者通过语言学习了解和理解目的文化。该标准认为，只有深刻地了解特定的目的文化，才能真正掌握目的语。因此，该目标要求学习者从两个方面来了解目的文化的文化观念、文化习俗、文化产物之间的关系：（1）要求学习者能够理解目的文化观念与文化习俗的关系；（2）要求学习者能够理解目的文化观念与文化产物的关系。

第三个目标是“贯连”（Connections）。外语学习为学习者提供了增长其他学科知识的机会。因此，这一目标强调语言学习与其他学科的联系。在这一目标中确定了两条标准：（1）要求学习者能够通过外语加强和扩展其他学科的知识；（2）要求学习者具备通过外语和目的文化获取信息、认识不同观点的能力。

第四个目标是“比较”（Comparisons）。这个目标要求学习者通过语言与文化的比较，了解语言和文化的本质，了解对世界的不同认知方式。该目标包括两条标准：（1）要求学生具备通过语言对比了解语言本质的能力；（2）要求学生具备通过文化对比理解文化概念的能力。

第五个目标是“社区”（Communities）。即要求学习者恰当地运用目的语和目的文化知识参与国内外多语社区的语言交际。强调在特定语言环境中运用语言的能力。该目标包括两项标准：（1）要求学习者不仅能够在校内而且能够在校外环境运用外语；（2）学习者能够以语言学习为乐趣，以丰富自我为目的，并成为终身学习者。

从上述目标和标准可以看出，美国《21世纪外语学习标准》改变了以往以语言知识为核心的教学理念，强调交际、强调综合运用语言的能力、重视文化认知能力的培养。

此外，美国《21 世纪外语学习标准》主要是“内容标准”。美国外语教学委员会为此还公布了基于内容标准的“能力标准”（performance standard），即《美国外语教学委员会 K212 学习者能力标准指南》①。“能力标准”是在该委员会 1982 公布的《水平标准指南》②的基础上研制的。“内容标准”规定了学习者应知应会的语言知识与技能；而“能力标准指南”则是规定学习者语言运用的具体标准，目的主要是为教师制定教学目标提供参照。

（三）欧盟与美国外语教学标准新理念

比较欧盟与美国制定的外语教学标准，我们可以看到，两个标准虽内容各异，但二者所体现的新理念有许多值得研讨和借鉴之处。

1. 标准建设的全球化视野。欧盟和美国的外语教学标准体系建设的一个共同之处，就是具有高屋建瓴的全球化视野。

CEF 在陈述该标准的政治目标时指出，通过提高欧洲人多语多文化能力“以迎接急剧的国际流动性的挑战”。欧盟认识到，经济全球化带来国际交流的频繁，这种流动性要求欧洲公民具备多语多文化能力。另外，欧盟希望通过制定外语教学标准促进国际交流，以避免由于缺少必要的语言交际技能而被边缘化的危险。英国在其国家语言战略中，更为明确地提出，掌握外语技能是当今全球化背景下合格的世界公民的基本素质。

美国制定的《21 世纪外语学习标准》则把全球化意识融入具

① American Council on the Teaching of Foreign Language, ACTFL Proficiency Guidelines for K212 Learners, 1998.

② American Council on the Teaching of Foreign Language, ACTFL Proficiency Guidelines, 1982.

体的标准之中。该标准文化目标的设定，充分地体现了美国的全球化意识。该标准的文化目标要求学习者不仅要了解自己的语言和文化，还要通过外语学习了解世界其他国家的语言和文化。该标准之所以如此重视文化目标，与美国的国家语言战略密切相关。2004 年 6 月，美国在马里兰大学召开了全国语言大会。大会在发表的白皮书《国家外语能力行动倡议书》[①] 中呼吁，提高国家外语能力以及理解目的文化的能力，以确保美国在全球化竞争中保持领导地位。

2. 标准建设服务于国家语言战略。欧盟的外语教学标准充分地体现了欧洲的多语多文化战略。欧盟建立语言教学与评估的共同标准，并非要通过这一标准统一欧洲的语言，而是在这个共同框架下保护和开发欧洲多语多文化资源。面对欧洲多语多文化的现实，欧盟的语言战略是极具建设性的。CEF 的制定始终坚持欧洲部长会议提出的“三项基本原则”[②]，通过标准的制定，使欧洲语言文化的多样性由交际障碍变为双方彼此拥有、相互理解的交际资源。这是解决全球化与多元化矛盾非常有预见性的语言策略。

3. 注重交际、注重能力、注重文化。这是这两个标准最突出的特点。美国《21 世纪外语学习标准》虽然也是“内容标准”，但是标准的内容并不是由传统意义上的语言结构、功能等项目构

---

① White Paper of the National Language Conference, A Call To Action For National Foreign Language Capabilities, 2004.

② 欧洲部长会议提出的“三项基本原则”，简要地说，包括三点：一是将欧洲语言文化多样性由障碍变为交际的资源；二是促进欧洲的流动性；三是通过合作实现欧洲的凝聚力。详见 CEF 第 2 页。

成的。正如该标准阐述的那样，“从前大多数外语课堂教学集中在‘怎样说’（语法）和‘说什么’（词汇）。当然，这些语言要素的确是重要的。但是当今外语教学研究的组织原则是‘交际’。交际强调的是‘为什么说’‘对谁说’‘什么时候说’。所以，语法和词汇是交际的基本工具，交际则是交际能力的获得，即以有意义和恰当的方式与说其他语言的人进行交际的能力的获得。这是当今外语教学课堂的最终目的”。很显然，该标准“打破传统的结构大纲或功能大纲的目标定位与分级模式，以培养交际能力为核心”[①]。此外，该标准强调语言能力与文化认知能力同等重要，并在标准中较好地解决了文化学习和教学内容在课堂教学中的定位问题。

4. 突出交际活动和交际任务。CEF 是以“行动为导向”的语言标准，因而强调在“交际活动”中实现交际任务。CEF 通过交际活动将听、说、读、写四种技能很好地结合在一起，突出了语言综合交际能力的培养。在这一点上，美国《21 世纪外语学习标准》同样采取了基于交际任务构建标准的方法。美国外语教学委员会（ACTFL）《K212 能力标准指南》中指出，交际目标中的三种交际模式（语言沟通、理解诠释、表达演示）与传统的听、说、读、写四种技能相比是更为丰富、更为自然的交际方式。Brecht 和 Walton（1994）[②] 认为，三种交际模式强调的是交际的环境和目的，而不是孤立的某个语言技能。由此可见，两个标准通过交际活动和交际任务很好地解决了综合交际能力培养的问题。

---

① 罗青松《美国〈21 世纪外语学习标准〉评析——兼谈〈全美中小学中文学习目标〉的作用与影响》，《世界汉语教学》2006 年第 1 期。

② 引自 ACTFL Performance Guidelines for K212 Learners。

综上所述，CEF 和美国的《21 世纪外语学习标准》的确是以全新的视角来看待外语教学，体现了外语教学的新理念。这些标准的建设将对世界汉语教学产生重要的影响，对世界汉语教学标准与评估体系的建设具有重要的借鉴意义。

三、欧美外语教学标准对汉语国际推广的影响和挑战

《欧洲语言学习、教学、评估共同参考框架》和美国《21 世纪外语学习标准》打破以往传统的语言教学标准框架，为语言教学研究领域带来了新鲜空气。这些新理念对汉语教学标准与评估体系的建设将产生积极的影响。与此同时，这些新理念也将给汉语国际推广语言教学与评估标准建设带来巨大的挑战。这些挑战主要有以下几个方面。

（一）欧美外语教学标准对我国汉语教学观念的影响和挑战

美国《21 世纪外语教学标准》在阐释其教学理念时指出，“当今外语教学研究的组织原则是‘交际’”，强调交际能力的培养。这与第二语言学习者的学习需求的变化密切相关。因为，大多数学习者不是把语言学习本身作为最终目标，而是把语言作为工具在政治、经济、文化各个领域去完成某种交际任务。CEF 在标准陈述中，把学习者看作在特定环境和领域完成任务的“社会成员”（social agents），而不是单纯的语言学习者。这充分地反映了欧盟外语教学观念的变化。无论是 CEF 还是美国《21 世纪外语学习标准》在这一点上都是一致的，即都把语言交际能力的培养放在首位。

然而，对外汉语教学在过去的 50 年里，在“教什么”的问

题上基本上是在字词句上做文章。教学研究关注的仍然是词汇的多少和重现率问题，语法点的多少及如何排序的问题；教材编写，关注的是甲级词、乙级词的编排问题，哪个语法点应该在哪出现的问题；教师上课，关注的是先教哪些词后教哪些词，语法点“冒没冒”的问题。不错，语言要素当然是应该关注的问题，但是这种只注重语言知识传授，忽视交际能力和文化认知能力的教学观念已经不能适应时代发展的需要。现实社会的发展对语言教学“教什么”的问题提出了新要求。我们的汉语教学已经不能满足海内外汉语学习者的多种需求。因此，汉语要走向世界，汉语国际推广面临的第一个挑战就是更新汉语教学观念。

（二）欧美外语教学标准给我国汉语教学标准与评估体系的建设带来挑战

欧美国家在语言教学标准建设上积累了丰富的经验。在语言教学标准体系的建设上，他们不仅建立了内容标准，而且还有配套的能力标准、水平标准和实施标准。美国《21 世纪外语教学标准》发布后，许多州根据国家标准制定了各自的标准以及大纲和课程指南。相比而言，我国汉语教学标准的研制却相对滞后。1988 年中国对外汉语教学学会公布了我国第一部《汉语水平等级标准和等级大纲（试行）》[①]；1995 年国家汉办组织修订出版了《汉语水平等级标准与语法大纲》[②]。这两个标准的发布在规范对外汉语课堂教学、教材编写以及测试等方面起到了一定的作用。

---

① 中国对外汉语教学学会《汉语水平等级标准和等级大纲（试行）》，北京：北京语言学院出版社，1988。

② 国家对外汉语教学领导小组办公室汉语水平考试部《汉语水平等级标准与语法大纲》，北京：高等教育出版社，1996。

但是，这个标准仅仅是一个以语言要素为主要内容的标准，而且主要是语法大纲。虽然这个标准也划分了“言语能力”等级，但语言能力等级的划分最终还是依托语言要素的等级划分。然而问题在于，这个标准并不是以交际能力为目标来确定语言知识（词汇、语法、汉字），而是以语言知识来限定交际能力[①]。在这种标准指导下的课堂教学、教材编写以及语言测试只能局限于语言知识的系统性，而无法实现交际能力培养的目标。娄毅、朱瑞平（2006）[②]对美国 AP 汉语文化考试和 HSK 考试中语言技能和语言知识的分布做过初步统计。统计表明，AP 中文三种交际能力分别占考试总成绩的 40%、30%、30%，HSK 语言知识的内容将近 30%；AP 中文听、说、读、写各占总分的 25%，而 HSK 只涉及听、读两种技能。这一统计结果表明，AP 中文注重考察语言运用的综合能力，而 HSK 考察的是单项的语言知识和技能。这从一个侧面说明《汉语水平等级标准与语法大纲》已经不能适应汉语教学的新形势。标准研制的落后，势必对汉语国际推广带来极大的影响。

（三）欧美外语教学标准给我国汉语教材，特别是面向海外的汉语教材走出国门带来重大挑战

20 世纪 80 年代前，我国对外汉语教材数量并不多，但是国外汉语教学使用的大都是那个时代出版的教材。90 年代后，我国每年出版的汉语教材上百种，然而国外普遍反映仍然找不到合适

---

① 伯冰《第二语言教学与评估标准综述及建立汉语相关标准的设想》，北京语言大学硕士学位论文，2006。

② 娄毅、朱瑞平《关于 AP 汉语文化考试——兼与中国 HSK 考试、日本“中国与检定”考试比较》，《语言文字应用》2006 年第 2 期。

的汉语教材。直到目前为止，国内出版的对外汉语教材绝大部分依然是在国内市场打转。除去低水平重复的汉语教材，对外汉语教学 50 年，总应该有几本大家公认的好教材。但是，为什么国外仍然不买账。原因有多种。原因之一，是标准问题。按照我们以往的标准，就语言知识的科学性和系统性而言，我们应该有几本值得称道的对外汉语教材。但是，我们的标准只注重语言知识的系统性，对交际能力重视不够，忽视文化认知能力。基于这种观念和标准编写的教材以至课堂教学自然不能满足海外学习者的需求。标准研制落后，教材就难以走出国门。特别是欧美外语教学标准的出台，将使这种情况更加严峻。这意味着汉语教材进入市场的门槛提高了，不符合标准的教材将难以走向市场。从市场竞争的角度讲，未来汉语教学市场的竞争就是标准的竞争。我们不得不面对这种挑战。

四、汉语国际推广的标准建设与竞争策略

为了加快汉语走向世界的步伐，迅速改变汉语国际推广的被动局面，我们必须着眼于未来，面向海外市场、面向海外学习者需求，在标准建设上采取以下策略。

（一）树立全球化意识，更新教学观念，满足海外汉语教学需求。在汉语国际推广的新形势下，对外汉语教师必须具有全球化视野，汲取欧美国家外语教学的新理念，突破以语言结构和功能为框架的传统教学观念，把交际能力和文化认知能力纳入汉语课堂教学目标，改革和创新教学模式，不断满足海外学习者汉语学习的新需求，使汉语和中华文化真正走向世界。

（二）尽快研制面向全球的世界汉语学习、教学与评估标准。建立自己的标准是汉语国际推广的长久之计。汉语要走向世界，必须要有世界汉语教学公认的标准。这就要求标准建设要面向世界各国的汉语教学、面向世界各地的汉语学习者，为世界汉语教学提供一个具有先进教学理念、科学的标准体系，为教学评估、教材评价以及汉语师资的评估提供一个公认的客观标准。

（三）建立面向全球的世界汉语学习、教学与评估标准的兼容机制和竞争机制。在全球化背景下，标准的建立就意味着标准竞争。面对欧美标准的挑战，我们要么建立具有世界竞争力的标准，要么跟着国外的标准跑。第三条路就是建立标准兼容机制，这是参与世界公平竞争的重要方法。我们应该充分利用已有的汉语教学资源，通过建立以汉语学习者语言能力常模为参照的标准体系，实现与其他国家外语教学标准的兼容，为汉语国际推广，为汉语教材和汉语师资走出国门铺平道路。

（四）开发基于标准的、面向海外的新型汉语教材，满足海外汉语教学市场的需求。对外汉语教学 50 年，我们一直希望能够通过开发所谓“通型教材”包打天下。但是随着对外汉语教学市场的细分，海外学习者需求的多样化，通型教材的市场将会越来越小。因此，汉语国际推广要解决面向海外学习者汉语教材的瓶颈问题，今后的教材编写与出版必须针对海外学习者的多种需求，编写面向不同类型学习者的汉语教材。此外，教材的类型可以多样化，但必须与面向世界汉语教学的教学标准挂钩，即编写和出版基于世界汉语教学界公认的标准的汉语教材。

在全球化背景下的汉语国际推广过程中，标准显得越来越重要。因为，标准不仅仅是规范，而且是目标和导向。因此，我们不能只在自足的语言系统中打转，我们必须转变观念，加速汉语国际推广的汉语教学与评估标准的建设。在全球化竞争中，忽视标准的建设，我们的汉语教学与汉语教材都将面临被边缘化的危险。未来的汉语国际推广的实践将会证明，离开标准，汉语教材难以走出国门，离开标准，汉语国际推广也将寸步难行。

第二节　汉语国际传播标准的学术竞争力与战略规划①

自从国家提出“走出去”战略之后，汉语如何走出国门成为汉语国际传播研究的一个中心议题。汉语要走向世界靠什么？靠枪，这种历史显然是不可复制的；靠钱，我们的国力有限；当今明智的选择当然是靠标准。制定语言标准对我们来说并不陌生，但汉语国际传播的语言标准是需要世界各国认可的国际标准，是买方市场，因此，如何制定权威的、有影响力的汉语国际标准成为我们目前亟待研讨的一个新课题。有鉴于此，本节主要探讨三个问题：语言标准的产品属性与核心竞争力；汉语国际传播语言标准制定与规划面临的问题；汉语国际传播语言标准竞争的战略规划与对策。

① 本节摘自王建勤《汉语国际传播标准的学术竞争力与战略规划》，《云南师范大学学报》（对外汉语教学与研究版）2010 年第 1 期。

一、语言标准的产品属性与核心竞争力

在知识经济时代，标准竞争是一个企业乃至国家建立核心竞争力的重要手段和途径。标准竞争战略已经成为世界各国在各个领域参与竞争的基本战略。世界各国之所以如此重视标准竞争战略，是因为通过标准竞争可以获得以其他方式难以获得的收益。企业的标准可以通过技术创新建立技术壁垒来获得巨大的经济效益，因而具有一定的排他性和竞争性。然而，语言标准作为一种特殊的产品与企业标准有很大的不同。

（一）语言标准的公共产品属性

按照语言经济学理论，语言本身是一种公共产品。所谓“公共产品”，按照萨缪尔森的观点，是指某一消费者对某物品的消费不会降低其他消费者对该物品消费水平的物品①。即公共产品具有消费的非排他性和非竞争性。“非排他性”是说公共产品对所有社会成员开放，所有成员都可以免费消费；“非竞争性”是指任何人对公共产品的消费都不会影响和降低其他人对该产品的消费质量和消费水平。通常，大家用航标灯来阐释公共产品的非排他性和非竞争性。也就是说，任何通过航标灯的船只都可以消费航标灯的效用，无论多少船只分享航标灯的效用，都不会增加边际成本，而且不影响任何其他船只享有航标灯指示功能的效用。本节讨论的语言标准同样具有公共产品的非排他性和非竞争性特点。即语言标准本身也是一种公共产品。

---

① Samuelson, P., *The pure theory of public expenditure*. The Review of Economics and Statistics. 1954.

语言标准的非排他性主要表现在：（1）语言标准作为公共产品通常是由政府或标准制定机构免费提供的。理论上，所有的社会成员都可以使用语言标准；（2）语言标准作为公共产品具有不可分割性。每一个社会成员对语言标准的消费都是对整个产品的消费，个人消费等于全体消费；（3）语言本身作为公共产品会吸引不同族群成员的消费，即所谓的“网络外部性”。语言标准作为公共产品的重要功能之一就是加强语言网络的外部性，提高语言产品的功效。语言标准作为公共产品的非竞争性主要表现在：任何语言教学机构、教学管理部门以及任何学习者对标准的使用都不会对其他语言教学机构和部门以及学习者个体对标准的使用产生限制和影响。前者与后者对语言标准的消费不会构成竞争关系。语言标准的消费非竞争性，为满足学习者需求，为语言推广机构实现社会和经济效益最大化提供了最为有效的手段和途径。

（二）语言标准之间的竞争性

如上所述，语言标准本身作为公共产品不具有竞争性特点。但是，这并不意味着语言标准之间不具有竞争性。语言标准之间的竞争性主要表现在语言标准供给和实施的“局部性”和“外部性”的矛盾。一方面，任何一种语言标准的制定和实施都有明确的使用范围，适用于特定的人群。标准实施的功能之一就是“画地为牢”，标准一经实施，在客观上对同类标准的实施和推广具有一定的排他性；另一方面，有些标准的适用范围往往超出了国家和地区的边界，比如汉语国际传播标准，这种国际标准的制定和实施为语言的传播和推广铺平了道路，因而具有很强的“外部性”。这种语言标准的外部性与国家和地区语言标准的局部性矛盾必然导致语言标准的竞争性。

此外，语言标准之间的竞争方式与商业标准的竞争方式具有不同的特点。商业标准通过技术创新形成核心竞争力，通过建立技术壁垒锁定消费者，保护和扩大市场。而语言标准本身作为公共产品对所有公众开放，建立技术壁垒不符合其开放性特点。商业标准的竞争主要是以技术创新为支撑，语言标准的竞争主要是标准本身的竞争。

（三）语言标准的核心竞争力

由于语言标准本身的特点，它不可能通过技术壁垒建立核心竞争力。语言标准的功效主要是通过标准本身对标准的适用者，如语言教学机构以及语言学习者施加影响。而这种效用主要是通过语言标准的学术竞争力来实现的。这种学术竞争力主要体现在以下几个方面：

1. 语言标准的学术权威性

语言标准，按照制度经济学的理解，是一种学术含量比较高的语言制度或语言制度安排。语言制度，通俗地说，就如同其他社会制度一样，是一种社会规约。这种规约是基于语言、语言学习、语言教学、语言评估的规律制定的一种语言制度。这种制度规定了语言学习与语言教学的目标、测量尺度和评价标准，因而具有一定的约束力。语言标准在本质上应该属于一种语言的社会规约。由于这种语言制度确定了国家语言教育与语言传播总的方向，它不仅承担了巨大的社会承诺和责任，而且也具有巨大的危险[①]。

---

① Sandrock, Pual, *State standards:connecting a national vision to local implementation*. ACTFL News letter,Winter 1997.

因此，语言标准研制的学术含量，语言标准发布机构的学术资质，是构成语言标准学术竞争力的重要因素。

2. 语言标准的理论创新

语言标准是一种以理论创新为基础的语言资源。这种资源开发的理论创新是构成语言标准学术竞争力的核心。企业标准以技术创新这种资源来形成核心竞争力，语言标准则需要通过理论创新这种资源使标准发挥效力，从而形成学术竞争力。另外，基于理论创新的语言标准应该具有全球化的学术视野和前瞻性，从而引领世界语言教学发展的新潮流。

早在20世纪八九十年代，欧美一些国家就已经开始为新世纪的到来，为下一代着手制定语言教学发展的蓝图。如美国《21世纪外语学习标准》（*Standards for Foreign Language Learning in the 21st Century*, 2006）、《欧洲语言共同参考框架：学习、教学、评估》（*A Common European Framework of Reference for Languages: Learning, Teaching, Assessment*, 2001），这些耗费十几年时间打造的语言标准充分体现了其教学观念的前瞻性和国际化视野。这些语言标准资源的开发显示了欧美国家在语言标准制定方面雄厚的学术实力和学术竞争力。

3. 语言标准的社会效用和经济效用

语言标准的学术竞争力取决于标准的社会效用和经济效用，是国家软实力的具体体现。一方面，语言标准是实现国家语言战略的重要手段和途径；另一方面，也可以给国家带来直接或间接的经济利益。美国的《21世纪外语学习标准》直接服务于美国的“关键语言战略”，以保持美国未来的国家安全和经济繁荣、使美国继续成为世界的领导者而培养人才为目标；英国的外语学习标准则以培养21世纪在全球化竞争中具有竞争力的世界公民为目标；欧盟的共同参考框架的政治目标则是为了保护欧洲多语多文化资源，增进欧盟更加紧密的团结。很显然，这些标准在促进国家、地区繁荣和发展过程中起着不可估量的作用。

总之，由于语言标准本身的特点，其核心竞争力是由标准的学术权威性、标准的理论创新与巨大的社会效用和经济效用构成的。汉语国际传播的语言标准只有具备上述竞争力，才能使汉语真正走出国门，走向世界。

二、汉语国际传播标准制定的现状与面临的问题

（一）汉语国际传播语言标准研制的历史与现状

对外汉语教学领域的语言标准研制，以国家提出汉语国际传播战略为界，可以分为前后两个阶段。在汉语国际传播之前，对外汉语教学领域的语言标准研制与对外汉语教学实践、汉语水平考试的推广密切相关。这个阶段，由于受结构主义语言学理论的影响，对外汉语教学标准的研制基本上是以语言要素和语言技能为纲。1988年，中国对外汉语教学学会制定了我国第一部语言教学与测试标准，即《汉语水平等级标准和等级大纲（试行本）》。1992年、1995年，国家汉办组织研究人员先后对1988年的“试行标准”进行了修订和完善。这一标准将语言能力分为五个等级，并根据言语交际情景（“话题内容”）规定了每个等级应该具备的语言知识（“语言范围”）和语言技能（“言语能力”）。这一标准的内容反映了当时对外汉语教学的基本理念。无论是教材、教法还是测试，都强调语言知识和技能的重要性，以语言知识和

技能来定义语言能力。由于大家普遍接受知识与技能是可以转换的，因此，在实际的教学中，汉语教师更注重语言知识的系统传授，即语言要素的系统教学。

20世纪90年代，受Hymes（1967）“语言交际能力”（communicative competence）[①]和Bachman（1990）“交际语言能力”（communicative language ability）[②]理论的影响，对外汉语教学界开始关注汉语学习者语言交际能力的培养。国家提出汉语国际传播的语言战略之后，在语言交际能力理念的影响下，国家汉办目前已组织编写了“两个标准”“一个大纲”，即《国际汉语能力标准》《国际汉语教师标准》和《国际汉语教学通用课程大纲》。《国际汉语能力标准》是“指导国际汉语教学的纲领性文件”，“可作为制定国际汉语教学大纲、编写教材和测评汉语学习者语言能力的参照标准”。这就是说，该标准是制定其他标准和大纲的基础。那么，这个标准的框架和内容的设计上有哪些特点呢？

该标准在“说明”中指出，《标准》“以交际语言能力理论为指导，注重语言的实际运用”，“以‘能做某事’作为语言能力描述的出发点，真实反映语言的实际运用”。显然，该标准在某种程度上体现了对语言交际能力的关注，这是新标准在教学理念上的一个进步。但是，仔细审视该标准的框架和内容设计，我们发现，该标准的国际汉语能力描述仅包括语言能力，没有涉及交际语言能力的其他因素，如社会语言能力和语用能力。该标准

---

① Hymes, D., Models of the interaction of language and social setting. *Journal of Social Issues,* 1967, 23.

② Bachman, L.F., *Fundamental Considerations in Language Testing*. Oxford University Press, 1990.

的另一个特点是，标准从汉语能力、交际方式、理解与表达三个层面来描述和定义学习者的汉语能力。尽管该标准对语言能力的描述涉及三个层面，但是，在第三个层面，即评估的具体标准上，学习者的语言能力依然被分解为听、说、读、写四种孤立的技能。至于标准框架的三个层面各自的功能和三者之间的关系，该标准未做详细阐述。

从汉语国际传播战略提出前后汉语能力标准研制的历史与现状可以看出，新标准与旧标准最大的不同，就是教学理念的不同。新标准强调语言交际能力，强调语言的实际运用。但是，我们不得不承认，就整体而言，我国汉语国际传播的语言标准建设还有一些理论问题需要进一步探讨，还有许多挑战需要面对。

（二）汉语国际传播语言标准研制面临的问题与挑战

上述分析表明，与国外外语学习标准相比，我国汉语国际传播语言标准建设无论在标准研制的理论基础上，还是标准设计的体系以及标准的战略规划上都还存在一些值得探讨的问题，其学术竞争力还有待进一步提高。我们认为，汉语国际传播标准要进一步提高学术竞争力，需要对以下几个问题进行深入的思考。

1. 汉语国际传播语言标准研制的理论基础

关于语言标准研制的理论基础涉及两个基本的理论问题，一是语言技能与语言能力的关系，二是语言技能与交际能力的关系。

按照结构主义语言学的观点，语言能力是由语言知识和技能构成的。也就是说，语言能力可以分解为语言知识和语言技能。这一观点代表了20世纪五六十年代的语言能力观。但是，这种语言能力观在70年代遭到许多批评和挑战。学者们认为，由于受结构主义的影响，这种语言能力观只注重语言行为的描写，不注重语言能力的解释；只研究语言本身，不注重与语言有关的心理因素和社会因素[①]。Bachman（1990）认为，这种语言能力观“更为严重的局限在于它忽视了语言使用的环境，即话语和语境”[②]。基于这种认识，我们来看看《国际汉语能力标准》是怎样描述语言能力的。通过《标准》说明，我们可以看出，该标准虽然强调语言的实际运用，以“能做某事”作为语言能力描述的出发点，但该标准的框架和内容从描述的起点到落脚点仍然是听、说、读、写四种技能[③]。其理论基础依然是以知识与技能为核心的语言能力观。就这点而言，与旧标准相比，新标准的理论基础并没有实质性改变。

关于语言技能与交际能力的关系问题，按照 Bachman（1990，1998）关于“语言交际能力模型”（communicative language ability）的阐述，其语言能力并不包括语言技能。语言能力仅仅是组成其交际能力模型的三个组成部分之一。显然，不能将听、说、读、写四种技能等同于语言交际能力。按照《国际汉语能力标准》的说明，其主旨是要通过学习者的汉语知识和技能对其交际能力进行分级描述。这说明，该标准在语言交际能力结构的描述与阐释上缺乏坚实的理论基础。

---

① 王佶旻《国外语言测验领域对语言能力的研究评述》，见张凯主编《HSK语言测试及测量理论研究》，北京：北京语言大学出版社，2005。

② Bachman,L.F., *Fundamental Considerations in Language Testing*. Oxford University Press,1990.

③ 该标准的具体表述是：“第一层面是国际汉语能力总体描述。该层面对把汉语作为外语的学习者在听、说、读、写活动中所表现的语言能力进行综合描述。”第三层面所说的口语和书面语的理解和表达能力，实际上就是听、说、读、写四种技能。

从技术层面讲，语言标准是对学习者或语言使用者语言能力进行测量或评价的标杆和尺度。这种用于测评的标杆和尺度需要依据某种理论来建构。因此，任何一种语言标准的建立，需要对这种测评尺度的构想效度做出详细的理论阐述。如果这种构想效度缺少坚实的理论基础，就难以保证语言标准的有效性和可靠性。

在这方面，欧美国家的外语学习与教学标准研制的经验值得借鉴。美国《21世纪外语学习标准》通过三种交际模式，即“人际交流”“理解诠释”“表达演示”，来阐释语言交际能力。这三种交际模式是比传统的听、说、读、写四种技能更为丰富、更为自然的交际方式。Brechtand Walton（1994）[①]认为，三种交际模式强调的是交际的环境和目的，而不是孤立的某个语言技能。这种交际模式的设计能够充分体现语言的交际原则。此外，欧盟的CEF标准在听、说、读、写四种技能的基础上，在口语表达中增加了“互动”和“产出”任务，也较好地体现了语言表达的交际性原则，使语言标准的设计建立在科学的理论基础之上。

总之，无论是美国《21世纪外语学习标准》，还是欧盟的CEF都是建立在大量的理论研究的基础之上的。特别是欧盟的CEF标准不仅提供了详细的语言能力的测评尺度和标准，而且对标准建立的理论基础进行了深入的阐释。与欧美国家语言标准建设的学术实力相比，我国的汉语国际传播标准的设计，以及对标准理论依据的阐释尚显薄弱。这在一定程度上影响了汉语国际传播标准的学术权威性和学术竞争力。

---

① 引自ACTFL Performance Guidelines for K-12Learners。

2. 汉语国际传播语言标准设计的体系

就语言标准的设计而言，标准设计的目的不同，标准的类型也不同。不同类型的标准具有不同的功能。制定语言标准的目的主要是为了指导语言教学、教材编写以及对学习者语言能力进行测评。因此，语言标准的设计应该建立科学的标准体系。从语言标准的功能和可操作性角度来看，汉语国际传播标准体系的设计至少应该包括三种不同类型的标准，即“内容标准”（content standards）、“能力标准”（performance standards）和“水平标准”（proficiency standards）。“内容标准”规定了学习者应该达到的总体目标，这些目标应该包括学习者“应知应会”的具体内容。内容标准是制定教学大纲，确定教材编写原则以及语言测评所遵循的基本标准。美国的《21世纪外语学习标准》就是典型的内容标准。“能力标准”是在内容标准的基础上规定学习者应该达到的具体目标，其功能主要用于评价学习者语言运用的能力，即评价学习者对内容标准所规定的知识和技能运用得怎么样。这个标准为教师评价学习者语言运用能力提供了具有可操作性的工具。美国外语教师学会制定的《K-12学习者语言能力指南》（ACTFL Performance Guidelines for K-12 Learners，1998）正是与《21世纪外语学习标准》配套的能力标准。“水平标准”用更为具体的量化指标来测量学习者语言运用所达到的水平和程度，如《美国外语教师学会水平标准指南》（*The ACTFL Proficiency Guidelines*，1986）。这3种标准具有不同的功能，构成了基于内容标准的测评体系。相比较而言，我国汉语国际传播语言标准在标准体系的设计上尚显不足。一方面，汉语能力标准设计不仅没有区分内容标准、能力标准和水平标准，而且在某种程度上混淆了三种标准的区别；另一方面，由于汉语能力标准设计在功能上没有区分这三种标准，因而无法建立基于内容标准的测评机制，标准的可操作性比较差。

此外，汉语国际传播标准设计缺少统一的理论框架和衔接机制，标准之间缺少内在的一致性，形成各吹各的号、各唱各的调的局面。这势必影响国际汉语标准的有效性和可靠性，削弱了标准的学术竞争力。

3. 汉语国际传播语言标准设计战略规划

汉语国际传播标准的设计应该体现国家语言传播的战略，为国家语言战略目标服务。因此，汉语国际传播标准的设计需要长远的战略规划。但是，目前我国汉语国际传播标准的研制缺少统一规划。这一问题主要表现在以下几个方面：

一是文化标准设计战略缺位。纵观欧美国家语言标准的设计，他们非常重视学习者跨文化交际能力的培养，非常重视文化标准的设计。这与欧美国家的语言战略密切相关。2005 年美国全国语言大会“白皮书”（A call to action for national foreign language capabilities）曾指出：“我们的构想是，通过外语能力和对世界文化的了解，使美国成为更强大的全球领导者。”[①] 美国国会前议员 Rich Lazio（2004）更直言不讳，他认为：“全球化并没有带来英语的全球化，说英语的人仍然是少数。美国要想获得经济上的持续发展，要想生产吸引世界的产品，并通过有效手段将产品推向世界，必须具备强有力的外语能力和理解他国文化的能

① White Paper. *A call to action for national foreign language capabilities*. Published by The National Language Conference. 2005.

力。"[①]为此，美国《21世纪外语学习标准》中增加了"文化标准"，而且明确说明，语言标准要服务于国家语言战略。既然欧美国家如此重视文化标准，作为国际汉语能力标准，在标准设计上增加文化能力标准应该是题中应有之意。语言传播的目的无非是增进世界对中国文化的了解，赢得世界各国对中国文化的认同。因此，文化标准设计的战略缺位不能不说是一大缺憾。

二是标准适用范围过于狭窄。《国际汉语能力标准》在"说明"中指出，"《标准》面向汉语作为外语的学习者"，从而明确了该标准的适用范围。然而，问题是"汉语作为外语的学习者"这一概念大大限制了标准的适用范围。因为该标准沿袭了Ellis, R.（1994）的观点，即把那些在汉语为非母语的国家学习汉语的学习者定义为汉语作为外语的学习者[②]。如法国人在法国学习英语，英语是作为外语来学习的。如果沿袭这种观点，汉语作为第二语言的学习者被排除在标准的适用范围之外，同时也排除了海外华裔汉语学习者。在此，我们有必要再次澄清"汉语作为母语""汉语作为外语"和"汉语作为第二语言"这三个概念之间的区别。首先，"母语"是指学习者的本族语。对于海外华裔学习者，无论他出生后说的第一语言是什么语言，汉语都是他的母语。汉语并不因为他出生后说的第一语言是其他语言而变成外语；其次，按照Van Patten（2003）观点，根据语言学习环境来区分"外语"和"第二语言"是一种误解。"第二语言"是指学习者学习

---

① Rich Lazio, National Language Conference: A Call for Action. 2004.

② Ellis,R., *The Study of Second Language Acquisition*. Oxford University Press.,1994.

的除其第一语言之外的任何一种语言[①]。也就是说，第二语言是根据习得先后顺序来定义的。因此，对那些汉语为非母语者，无论是在美国还是在中国学习汉语，按照时间顺序，汉语都是他的第二语言，只是学习的环境不同。在中国，汉语是在“第二语言环境”（second language context）习得的，在美国，汉语是在“外语环境”（foreign language context）习得的。换句话说，第二语言与习得环境无关。由此看来，《汉语国际能力标准》在标准适用的范围上，忽略了汉语作为第二语言的学习者，忽略了海外华裔汉语学习者。汉语国际传播如果忽略了占全球汉语学习者 70% 左右的华裔汉语学习者，这不能不说是国家在汉语国际传播语言标准体系规划上一个重要的战略疏忽。

三是汉语国际传播语言标准规划缺少竞争意识。如前所述，语言标准作为公共产品，无法通过技术壁垒形成竞争力。但在标准林立的今天，语言标准的实施和推广必须具有竞争意识和参与竞争的手段和途径。因此，汉语国际传播语言标准除了提高自身的学术竞争力之外，还应该利用标准的开放性特点，尽可能扩大标准的适用范围。因为，语言标准的消费者规模直接影响语言标准的竞争力。另外，语言标准竞争需要国家从战略上进行规划，必须建立与标准相配套的推广措施。而目前的汉语国际传播语言标准与国内外语言教学的课程设置、教材编写、师资认证以及与语言测试的衔接均无明确的规划和实施措施。那么，汉语国际传播的语言标准难以逃脱被束之高阁的命运。

---

① VanPatten, B., *From Input to Output: A Teacher's Guide to Second Language Acquisition*. The McGraw-Hill Company. 2003.

综上所述，我们必须认真对待汉语国际传播标准制定所面临的问题和挑战。这些问题不解决，国际汉语标准就难以形成竞争力，汉语走向世界将更待时日。

三、汉语国际传播语言标准的战略规划与竞争对策

鉴于语言标准的公共产品特性，以及汉语国际传播标准制定与实施所面临的问题和挑战，汉语国际传播标准必须加强战略规划，提出标准推广与竞争的对策。

（一）加强标准体系的战略规划，提高汉语国际传播标准的学术竞争力

语言标准竞争力的形成是一个长期的、复杂的过程，而且受到多种因素的影响。比如标准研发机构的学术权威性，标准研制的理论创新能力，标准的推广机制，等等。针对目前汉语国际传播标准研制面临的问题，首要的任务是加强汉语国际传播语言标准体系的统筹规划。首先，要凝聚对外汉语教学及其相关研究领域的学术力量，在深入研究的基础上，建立以汉语作为第二语言的学习者语言能力为核心的内容标准，与此同时，建立以内容标准为核心的语言运用能力的评估标准，以及与之配套的以汉语水平测量为目的的水平标准。这个标准体系的建立，将为海内外汉语教学课程设计、汉语教材编写以及汉语水平测试提供具有可操作性的评估机制和测量标准。其次，汉语国际传播标准的设计应与其他相关标准配套，如面向华裔的汉语学习者的语言能力标准，面向中小学汉语学习者的语言能力标准，面向汉语师资培训的项目标准以及汉语教学与课程标准等。这些标准体系的建立将

大大推动汉语国际传播标准的实施，将实实在在地推进汉语走向世界。

（二）建立汉语标准联盟，扩大汉语国际传播语言标准的使用范围

汉语国际传播的语言标准作为公共产品无法像商业标准那样通过技术壁垒或技术转让以及产品专利的方式获得收益，但是，汉语国际传播的语言标准可以充分利用公共产品的开放性和非排他性，在世界范围内推广国际汉语标准，以获得最大的社会效益。欲达此目的，一个行之有效的方法，就是建立国际汉语标准联盟。国家可以通过政府间的合作，教学管理部门以及非政府组织之间的合作协议建立联盟关系，在联盟范围内实施和推广国际汉语标准。与此同时，为联盟机构提供使用国际汉语标准的配套产品和服务。如基于国际汉语标准研发的汉语教材、课程设计、师资培训以及语言测试等服务。随着联盟的不断扩大，逐步提高国际汉语标准的竞争力。

（三）建立标准兼容机制，促进国际汉语标准推广的外部性

商业标准可以通过技术壁垒垄断市场，相反，语言标准作为公共产品会充分利用其开放性达到市场覆盖的最大化。但是，由于同类语言标准的地区性和局部性，限制了语言标准消费市场的最大化。那么，汉语国际传播标准怎样才能实现消费市场的最大化呢？商业标准竞争的经验为我们指明了实现这一目标的途径，即语言标准的兼容机制。欧美国家语言标准兼容做法值得我们借鉴。如美国外语教师协会的语言水平标准以及欧洲语言测试委员

会的ALTE参考框架[①]都以美国外交学院的ILR能力量表[②]为参照，建立了相互兼容的机制，从而使基于不同水平标准的测评结果进行转换和分数解释。国际汉语能力标准虽然是一个国际性的标准，但是，如果期望利用这个标准一统天下是不可能的。因此，汉语国际能力标准也应通过兼容机制与国外的外语学习标准，特别是汉语学习标准建立衔接机制，通过这种技术联盟实现国际汉语标准外部性的最大化。

（四）建立国家语言标准研究与规划机构，提高国际汉语标准的权威性

汉语国际传播标准的研制水平是国家软实力的体现，语言标准的制定和实施是实现国家语言战略的重要手段。国家语言标准的制定与颁布是一种国家行为，这不是一般的研究机构所能胜任和承担的。因此，建立国家语言标准研究与规划机构，有助于汉语国际传播语言标准研制水平和质量的提高，有助于国内对外汉语教学、海外汉语教学以及海外华语教学领域语言标准制定的统筹规划，有助于汉语国际传播语言标准学术竞争力和权威性的提升，有助于国家语言战略正确、有效的实施。

---

① ALTE:Association of Language testers in Europe. 即欧洲语言测试委员会的语言能力评估标准。

② ILR:Interagency Language Roundtable. 即美国外交学院的语言能力量表。

第三节　制定汉语作为第二语言的能力标准的初步构想[1]

一、汉语作为第二语言的能力标准及其制定意义

（一）什么是汉语作为第二语言的能力标准

汉语作为第二语言的能力标准旨在对汉语学习者不同的语言能力水平等级进行定义和描述，从而为对外汉语教学、学习和测验提供统一的标准参照体系。这个体系包括：对不同能力水平的区分，即能力等级的制定与测评；对不同等级的总体描述，包括语法和字词的掌握程度；对不同等级听、说、读、写的“能做（can-do）”描述，即描述在现实生活中处于不同等级的学习者能够完成的语言任务。

1. 制定汉语能力标准的意义

（1）对汉语教学的意义

对外汉语教学的现实情况是，不同的教学单位采用不同的大纲和教材，而大纲的制定以及教材的编写没有统一的标准，各个单位的教学目标和教学内容大不相同。如果有了汉语能力标准，我们就可以将学习者的能力水平放到一个统一的框架下，并对水平等级做出划分和具体描述。学校和教师也就可以根据能力标准制定教学目标，即希望学生通过学习达到哪一个等级，具备怎样

---

① 本节摘自王佶旻《制定汉语作为第二语言的能力标准的初步构想》，《语言文字应用》2012 年第 1 期。

的语言能力。这样，汉语教学就有了一个统一的参照体系，教学目标具有可比性，教学评估也有了统一的标准。

（2）对汉语学习的意义

现代教育理念已经从以教师为中心转向以学生为中心，学习者应该学什么，怎么去学成为语言学习的核心问题。汉语能力标准将为汉语学习提供良好的平台，学习者可以对照语言能力等级的具体描述评估自己的语言水平处于哪一个级别，这种语言能力的自我评估可以使学习者了解要提高语言能力应该学会哪些语言知识和技能，学习者就会有意识地去获得这些能力，从而对汉语学习产生正面的影响。

（3）对汉语测试的意义

汉语能力标准对语言测试的意义体现在四个方面：

第一，汉语能力标准可以为定义语言测验的考生对象提供统一的参照标准。测验开发的第一步就是要对考生对象进行定义，根据考生的能力水平来开发合适的测验。一直以来我们在对考生对象进行定义时缺乏统一的标准，各个考试研发部门的定义没有可比性。在能力标准参照体系下，考生对象的定义有了规范和统一的描述，我们可以知道某个考试是为哪个能力等级的考生设计的。

第二，能力标准可以为测验内容的设计提供良好的素材，特别是对于口语考试和作文考试。能力标准对各水平等级在现实交际活动中能够做什么都给出详细的描述，这些描述将为口语和作文考试提供最能代表现实语言运用情况的测验任务，从而提高测验的有效性和真实性。

第三，能力标准可以为主观性考试的等级评分量表提供统一依据，能力标准中对语言水平等级的划分和描述将为主观等级量表的制定提供依据，从而使等级评分量表具有可比性。

第四，能力标准可以丰富测验的分数解释。我们目前提供给考试使用者的分数报告主要有以下几种形式：原始分数、百分等级、报道分数、及格线和证书等级。然而这些信息对于考试使用者来说是远远不够的，因为仅凭这些信息他们无法判断考生在现实生活中能够做什么，也就无法做出正确的决策（比如学校录取或人事录用）。根据能力标准开发的测验能够把分数和考生的实际语言运用能力对应起来。在报告分数时能够告诉用人单位考生达到了能力标准的哪一个等级，能够完成哪些语言作业任务。

二、国内外第二语言能力标准的历史与现状

（一）国外的语言能力标准

在应用语言学领域，研究者对制定语言能力量表的想法由来已久，但这种朦胧的想法一开始都是出于开发测验或者教学大纲的需要，在形式和功用上与真正的能力标准有一定距离。经过将近半个世纪的发展，国外的语言能力量表逐步得到完善，出现了以欧洲语言共同参考框架为代表的真正意义上的能力标准。

1. 语言能力标准的雏形——FSI 量表的产生

国外的语言能力标准起源于语言能力量表和类似于等级大纲的规范性文件。最早可以追溯到 20 世纪 50 年代由美国外交学院（Foreign Service Institute，FSI）制定的 FSI 量表。FSI 量表制定的初衷是为了开发一个口语测验来选拔外交人员。该量表最初只有一个包含六个等级的总体量表，等级 1 代表没有外语使用能力，

等级 6 代表具备母语者的语言水平，而等级 4 则是作为外交人员的最低标准。为了能够在实践中更加客观地评价外交人员的口语水平，1958 年，美国外交人员服务局在六等级量表的基础上增加了一个分量表。修订后的 FSI 量表逐渐得到各方的信任，包括国防语言学院、中央情报局以及维和特种部队等多个要害部门使用 FSI 量表。1968 年，国防语言学院、中央情报局等部门又在 FSI 量表的基础上制定了联邦政府语言协调会（Interagency Language Roundtable，ILR）能力量表。

无论是 FSI 量表还是 ILR 量表，主要用途都是为了测试，特别是口语测试，这种表现性测试需要有一个统一的量表来规范测验的操作和评分，这种需要催生了语言能力量表。到了 20 世纪 70 年代，FSI 量表被各州和许多大学用作双语教师资格考试，并逐渐开始走入美国教育领域，成为一种类似于语言评价标准的规范性量表。

2. 语言能力量表的发展——ACTFL 大纲的出现

20 世纪七八十年代外语教学进入了一个新时期，功能—意念法开始占据外语教学领域，语言测试越来越重视真实的测试环境。在这样的大背景下，在美国诞生了一个非常重要的语言能力量表——ACTFL 大纲。ACTFL 大纲是美国教育测验服务中心（Educational Testing Service，ETS）和美国外语教学委员会（American Council for the Teaching of Foreign Language，ACTFL）在 ILR 量表的基础上修订而成的，1982 年推出试行版。这个大纲着眼于对能力测验和能力大纲的开发，是美国能力运动的产物。1986 年，美国外语教学委员会在试行版的基础上出版了著名的《ACTFL 能力等级大纲》（ACTFL Proficiency

Guidelines）[①]。86 版大纲沿袭了能力运动的特点，对听、说、读、写四项分技能做了总体等级描述，对学习者的评估侧重于真实的能力，而不细究学习者在何时何地以何种方式学习语言，因此大纲是以语言能力为中心而非以学业成就为中心的。在 86 版大纲推出后的十余年间，美国外语教学委员会又几次对大纲进行了修订和完善。

ACTFL 大纲是一个对语言教学、学习、测试以及语言政策都产生了长远影响的能力量表。它对能力等级的划分、等级标准的界定和语言表现的描述都为以后的能力标准的制定提供了参考。可以说，ACTFL 大纲是第一个真正意义上具有能力标准性质的纲领性文件。但这个大纲也有一个明显的问题，它对能力等级的划分和描述缺乏定量的依据，这个问题在 ACTFL 大纲的几次修订过程中都没有得到应有的重视。

3. 成熟的语言能力标准——欧洲语言共同参考框架（CEF）

《欧洲语言共同参考框架》（*Common European Framework*，CEF）[②] 是全欧洲的一个共同参考基础，它可用于制定现代外语教学大纲和考试大纲，也可用于设计外语能力评估体系，还可作为编写教材的指南。CEF 的主体由两部分构成，第一部分是能力描述，第二部分是参考框架。能力描述是详尽的，是关于学习者能做什么的描述，即“can-do”描述，包括三项内容：共同语言

---

① American Council on Teaching of Foreign Languages, ACTFL Proficiency Guidelines. ACTFL Inc. 1986.

② Council of Europe, *A Common European Framework of Reference for Languages: Learning, Teaching, Assessment*. Cambridge: Cambridge University Press, 2001.

能力量表、语言的使用与学习者能力的关系、语言学习者的能力。参考框架是对教学、学习和测试的指导，包括任务式教学、多元文化背景下的学习模式和语言测试的基本方法。CEF 把学习者的能力水平分为三等六级，并对每个等级都做了详细的能做描述。欧洲语言共同参考框架的产生标志着能力标准的制定进入了一个成熟的阶段，CEF 对外语学习者能力水平的界定、划分和描述，对欧洲各国的语言教学、学习和测试都起到了指导和规范作用。在 CEF 诞生后，包括托福考试在内的许多著名的语言测验也都纷纷把它作为分数比照和解释的参考框架，这也在一定程度上体现了一个成熟的能力标准所应起到的作用和影响力。

CEF 虽然是一个被广泛认可的能力标准，但它在制定过程中也存在一些问题，其中一个突出的问题是缺乏定量描写。除了缺乏定量描写以外，Weir（2005）[①] 还指出了 CEF 的另外两个问题：（1）CEF 虽然在作业类型以及使用背景等方面对若干影响语言运用的因素做了描写，但它并没有说明这些因素会对学习者产生什么样的影响；（2）CEF 没有说明学习者的能力是由哪些成分构成的，如果对学习者的能力结构缺乏说明或定义，考试的开发者就很难开发出有效的考试。

（二）对外汉语教学界的能力标准

1.《汉语水平等级标准和等级大纲》的制定

对外汉语教学界很早就有了制定语言能力标准的意识。1987 年，中国对外汉语教学学会成立了一个七人小组，着手研究制定

① Weir, Limitations of the Common European Framework for Developing Comparable Examinations and Tests. *Language Testing,* 2005, V22, N3.

“等级标准”。一年以后（1988），《汉语水平等级标准和等级大纲（试行）》[①]（以下简称《标准和大纲》）出版。《标准和大纲》的制定标志着我国对外汉语教学工作者已经有了明确的“标准”意识，并且迈出了实质性的一步，填补了汉语作为第二语言教学领域的一项空白，对规范我国的对外汉语教学起到了很好的作用，对课程设置、教材编写、成绩测试和水平测试均有很高的参考价值。至今，仍有很多教材和考试以这个《标准和大纲》为依据。

《标准和大纲》虽然有特色和优点（比如对字、词、语法点的掌握量要求得比较细致），但和国外的一些标准相比有以下四点不足：（1）现有的大纲对能力和水平等级的描写不细致；（2）现有的标准几乎没有关于学习者在实际语言交际中能够做什么，即“can-do”的描写，而是仅仅用掌握的字、词、语法结构的数量来定义能力水平；（3）现有的标准覆盖的范围不够大。《标准和大纲》把能力等级从低到高分为甲、乙、丙、丁四级，丁级虽然是最高级，但其水平仅相当于 CEF 的 B 级，对于超过这个水平的学习者（CEF 的 C 级），《标准和大纲》没有涉及；（4）现有的标准缺乏兼容性，没有试图在不同的语言间建立联系（如我们从不回答这样的问题：ACTFL 中级高与《标准和大纲》的哪一级相当？）。

2. 新问世的汉语能力标准——《国际汉语能力标准》[②]

2007 年，国家汉办发布《国际汉语能力标准》，作为海外汉

---

① 中国对外汉语教学学会汉语水平等级标准研究小组《汉语水平等级标准和等级大纲（试行）》，北京：北京语言学院出版社，1988。

② 国家汉语国际推广领导小组办公室《汉语国际能力标准》，北京：外语教学与研究出版社，2007。

语学习与教学的标准。《国际汉语能力标准》由五个水平等级组成，每个水平等级都有三个层面，第一个层面是汉语能力总体描述，第二个层面是汉语口头和书面交际能力描述，第三个层面是汉语口头和书面理解与表达能力描述，分为“语言能力描述”和“任务举例”两个部分。

《国际汉语能力标准》的制定符合汉语国际教育的需求，但遗憾的是它并没有很好地解决20世纪80年代制定的《标准和大纲》所存在的不足。《国际汉语能力标准》对能力的描述仍旧不够细致，仍旧没能和国际接轨（比如与CEF兼容），同时也没有实现与水平测验的等级对应。

三、汉语作为第二语言的能力标准的制定原则

汉语作为第二语言的能力标准是汉语教学、学习和测试的标准体系。它在制定过程中应该遵循四个基本原则：科学、全面、实用和兼容。实现这四个基本原则，要考虑以下三方面的问题。

（一）量表的性质与特点

能力标准应当是一个科学的量表，能够准确地定义汉语学习者的能力水平。制定一个能力量表，要明确三个要素：测度、全距和单位。

测度即测量的对象或属性，量表的测量对象是语言能力，因此对语言能力进行理论定义和操作定义是制定量表的首要工作。

全距即量表的起点与终点之间的距离，它关乎能力标准所能描述和解释的能力范围。ACTFL大纲对起点（Novice）的描述是：“能够用有限的程式化语言、背诵下来的语句、孤立的词或

短语来进行表达，交际能力十分有限。”CEF 中对起始级别 A1 的描述是：“能了解并使用熟悉的日常用语和词汇，满足具体的需求；能介绍自己及他人，并能针对个人细节，例如住在哪里、认识何人以及拥有什么事物等问题做出问答；能在对方说话缓慢而且清晰，并随时准备提供协助的前提下，做简单的互动。”这两个量表对起点的水平定义是有区别的，ACTFL 大纲的起点水平比较低，处于起点水平的学习者基本没有创造性的自主表达能力，句子表达能力和交际互动能力也十分有限。而 CEF 中 A1 水平的学习者已经具备一定的句子表达能力和交际互动能力，能够满足基本的生活需求。我们认为，从语言水平认定和测量的角度看，起点不应定得过低，也不应过高，在这点上，CEF 的定位是比较合适和可行的，我们在制定标准时可以借鉴。量表的起点可以以能够使用语言满足最基本的交际需求为基准，比如外出旅行中所需要的最基本的语言能力。量表的终点位置是另一个需要考虑的问题，ACTFL 大纲对最高级别（superior）的定义是：“能够就具体和抽象的话题发表议论，支持论点、假设，能够处理不熟悉的语境。”CEF 中的最高等级 C2 的能力可以描述为：“能轻松地了解几乎所有听到或读到的信息。能将不同的口头及书面信息作摘要，并可以连贯地论述及说明。甚至能于更复杂的情况下，非常流利又精准地畅所欲言，而且可以区别更细微的含意。”这两个描述又是有区别的，显然，ACTFL 大纲的最高级别的水平要略低于 CEF，CEF 中处于 C2 水平的学习者是一个近似母语者（native-like），具有比较完备的语言交际能力。在语言能力的定义和解释中，“母语者”是个十分重要的概念。从某种意义上说，外语（第二语言）学习的终极目标就是母语者或近似母语者。

因此，语言习得和语言测验中的很多标准都是与母语者直接或间接相关的。母语者及其特征对语言能力研究具有特别重要的意义，因为评价语言能力的唯一可靠标准就是母语者。因而我们认为，汉语能力标准的终点应该定在近似母语者的水平上。

单位指量表中相邻两个刻度之间的距离，制定单位时我们要明确两个问题：单位的大小和性质。单位的大小与测量的精度有关，单位大则量表内的等级数目就比较少，测量的结果就相对粗一些，单位小则测量的精细程度就高，但同时带来的问题是等级划分时决策错误的概率也会增加。制定量表的单位要根据测量的对象、测量误差以及实际需要来综合考虑，能力量表是根据能力水平对学习者群体的等级划分，因而单位宜粗不宜细。单位的性质主要指单位是否等距，在 CEF 的制定过程中，研究者用垂直等值的方式试图建立等距量表（North，B.，2000）[①]，但效果并不理想。我们认为，能力等级量表要做到等距是比较困难的，但等级间要有一定的跨度，使得相邻的两个等级之间具有一定的能力真空带，也就是说，学习者若要从一个等级上升为另一个等级，需要一定的学习过程。

（二）语言交际能力的定义与描写

制定标准首先需要定义语言交际能力并明确其描写方式。语言交际能力以策略能力为枢纽，由语法能力、篇章能力、以言行事能力、社会语言学能力诸方面组成。语法能力包括涉及语言规则（usage）的那些能力，这些能力决定了学习者在要表达特定意

---

① North, B., *The Development of a Common Framework Scale of Language Proficiency*. New York: PeterLang, 2000.

思的时候，对词汇、句式进行选择，并用语音或文字等物理形式使其实现。篇章能力指的是按照语言应用的惯例把句子等语言片段组成成段话语的能力，这包括连贯、照应和修辞能力。以言行事能力包括言语行动和社会功能两个要素。社会语言学能力是指对语言发生的社会文化环境的敏感程度和驾驭能力[①]。

在语言运用过程中，听、说、读、写四项技能既有联系又有区别。J. D.，Brown（1996）[②]在模式（mode）和渠道（channel）两个层面上区分了口语、听力、阅读和写作四种语言技能。Brown 认为模式有两种，一种是接收的（receptive），另一种是表达的（productive）；渠道也有两种，一种是书面的（written），另一种是口语的（oral）。四种语言技能在模式和渠道上的表现是不同的，口语渠道和书面语渠道都有接受性和表达性两种模式，正是通过这两种模式的相互作用，一定渠道的交际任务才得以完成。我们最近的研究表明，听、说、读、写四项技能呈现相对独立和分散的趋势，并且这一趋势在初级水平学习者和高级水平学习者中都有体现[③]。因而我们认为对学习者语言能力的描述应从听、说、读、写四个方面分别进行。在每一种技能中，我们都从三个层面进行描述，第一个层面是能力概说，以概括的语言对每一水平等级进行描述，描述的主要任务是找出每一水平等级的区

---

① Bachman, L. F., *Fundamental Considerations in Language Testing*. Oxford University Press, 1990; Bachman, L. F. & Palmer, A. S., *Language Testing in Practice*. Oxford University Press, 1996.

② Brown, J.D., Testing in Language Programs. Prentice Hall Regents, 1996.

③ 周聪《综合式测试方法对初级水平汉语学习者的适用性研究》，北京语言大学硕士学位论文，2010；原鑫《高级水平汉语学习者听说读写四项技能的关系研究》，北京语言大学硕士学位论文，2011。

别性特征。第二个层面是能做（can-do）描述，通过语言任务的形式对不同水平等级的学习者能够做什么进行详细描述。能做描述也要从不同的子能力维度展开，以典型的作业任务为描述的依据，而非随意描述。第三个层面是量化指标，主要从字词掌握数量、阅读和听力的速度等方面来区分不同水平的学习者。

（三）汉语能力标准与 CEF 的兼容性

自从欧洲语言共同参考框架（CEF）问世后，欧洲以及美国的许多测验和教学机构都以此为纲。汉语教学要在全球顺利地开展起来，很重要的一条就是要与 CEF 挂钩。因而制定汉语能力标准的重要原则之一就是要与欧洲语言共同参考框架兼容，这一点我们过去不够重视。《标准和大纲》以及《国际汉语能力标准》都未能与之兼容，因而在推广上就受到了制约。与 CEF 兼容包括等级数目、等级标准和内容维度等方面的一致性和可比性。也就是说，两个能力量表之间要具备一定的换算关系。

四、制定汉语能力标准的方法与步骤

从方法上讲，标准的制定要突破只定性不定量的模式，《标准和大纲》[①]与《国际汉语能力标准》都是建立在定性基础上的，没有定量研究的支撑，这就面临着量表的刻度不够精确的问题。我们希望通过定性与定量相结合的方式来构建汉语作为第二语言的能力标准基本框架，该框架包括三个方面：语言水平等级描述、

① 国家对外汉语教学领导小组办公室汉语水平考试部《汉语水平等级标准与语法等级大纲》，北京：高等教育出版社，1996。

水平测验以及语法、字词大纲。语言水平等级描述为标准的主体部分，水平测验为与等级描述配套的测量工具，语法、字词大纲为标准的量化参考体系。具体的方法与步骤如下。

（一）商定语言能力的结构及其参数体系

通过文献梳理和专家访谈，首先搭建起关于语言能力的结构框架，这一框架反映了标准中关于能力维度及其描述的参数体系。根据听、说、读、写四项技能在模式和渠道上的不同，我们分别讨论了每一种技能所涉及的子能力及其描述参数。比如阅读技能中，描述的维度包括总说、文本说明、阅读过程和量化指标四个方面。总说是关于某一水平等级阅读能力的概括说明，主要描述该水平等级学习者阅读能力的主要特征以及区别于其他等级的标志。文本说明部分主要根据阅读材料的体裁和篇章来对学习者进行区分。阅读过程关注阅读时所涉及的各种技能，包括总结和概括、寻找细节、查找段落关系、推论、与目的语文化背景的结合、阅读技巧以及使用参考书和词典的能力。量化部分主要涉及词汇量、阅读速度等数量指标。

（二）建立描述语指标库

能力标准中对能力的划分和界定主要依靠各种描述语来完成，因此建立描述语指标库是一项必要的工作。建立描述语指标库有不同的方法，比如向专家征集对学习者语言能力的评述语，根据确定的语言能力结构及其参数体系来编写描述语等等。我们采用的方法是收集国内外已有的语言能力量表和大纲，把其中的描述语挑选出来，然后根据确定的语言能力维度和参数体系将合适的描述语放进去，最后再进行描述语的修订。挑选和修订描述语要遵循几个基本原则：（1）描述语的单维性，即除总说部分外，每条描述语只描述一个参数或一项能力；（2）描述语的排他性，即任意一条描述语中都不含有其他描述语所描述的内容，描述语之间不重复；（3）描述语都采用正向描述的方式，不使用否定词语；（4）尽量避免大量使用程度词来修饰描述语，如“比较准确”等；（5）描述语在表达上做到准确、简洁。

（三）划分水平等级，完善描述语指标库

这项工作的重点是确定水平等级的数目，并找出具有区别性特征的描述语作为等级划分的界限，然后把描述语归入各个等级中。这样，我们就搭建起了具有横向的能力维度和纵向的等级维度的双维度描述语指标库，为下一步研究奠定了基础。为实现与CEF兼容，等级的数目定为三等六级，分别为初级低、初级高、中级低、中级高、高级低和高级高。

（四）讨论和修改描述语指标库

请专家商讨描述语指标库的内容，对描述语的等级归类和语言表述进行逐条审核，提出删改意见。

（五）编制与标准配套的能力测验

根据科学抽样确定标准中各个等级的代表样本，编制探索性和研究性的语言测验对不同水平等级的学习者样本进行测验，运用测验法评估和分析各个语言水平等级的学习者的特点，并在测验的基础上，制定各个语言水平等级的常模。研发和实施与标准配套的水平测验是汉语能力标准的特色之一，使用测验的方法来了解和掌握汉语学习者的学习状况，能够使我们更加全面和理性地评估汉语教学的实际情况，使能力标准更具实用性。

（六）编制与标准配套的语法、字词大纲

学习者所掌握的语法知识、汉字和词汇是界定其能力水平的重要指标，也是汉语教学、学习和测试的重要参考依据。ACTFL大纲和欧洲共同参考框架都不包含这些，主要的原因是研发者认为以词汇量来界定水平等级不够准确。我们不反对上述观点，但我们认为，在汉语学习中，字、词和语法是语言知识的基本构成要素，汉语能力标准中应该包含这方面的内容，以更好地发挥对教学、学习和测试的指导作用。

（七）对描述语指标库进行定量层面的分析与研究

通过大规模的教师和学生问卷调查，对描述语指标库的等级划分和水平描述进行定量研究，以获取关于描述语能力维度归类和等级归类方面的实证研究数据。实证研究也是对能力量表效度的检验，我们可以根据实证研究的结果进一步修改描述语指标库。

五、结语

随着对外汉语教学的蓬勃发展，我们迫切需要一套科学、全面、实用和兼容的规范性纲领，汉语作为第二语言的能力标准的制定正是这种需求的体现。在我们的初步构想中，这套标准是一个关于汉语教学、学习和测试的参考体系，它由能力等级描述（描述语指标库和工具书）、配套测验以及语法、字词大纲三方面组成，这三方面是能力标准的三个支撑点，也是汉语能力标准的主要特点。我们希望通过这三个支撑点，努力实现汉语教学的规范化、科学化与国际化。

第四节 泰国汉语能力标准研究[①]

目前，国际上关于语言能力标准制定的分析和评选已有很多，比如关于《欧洲语言共同参考框架：学习、教学、评估》[②]和美国《21世纪外语学习标准》[③]的分析和评述较多，然而关于如何制定汉语能力标准的讨论则较少见到。中国对外汉语教学界关于泰国汉语教学的研究虽有不少，但重在对泰国汉语教学历史与现状的梳理及对泰国汉语教学中的教师、教材、教法问题的探讨，而针对泰国本土情况进行的汉语能力标准研究尚未见到。在泰国，关于外语能力标准的研究较多，但对于汉语能力标准的研究尚未引起关注。朱拉隆功大学亚洲研究所的一份调查报告《泰国汉语教学》指出了泰国汉语教学及学习者汉语能力等方面的一些问题，如本土师资素质偏低、课程安排混乱、教材五花八门等。本节认为，虽然这些都是影响学习者汉语能力的因素，但缺乏一个完整的汉语能力标准才是该问题产生的根本原因。

---

① 本节摘自龙伟华《泰国汉语能力标准研究》，《汉语国际传播研究》第1辑，商务印书馆，2012。

② 欧洲理事会文化合作教育委员会编《欧洲语言共同参考框架：学习、教学、评估》，刘骏、傅荣主译，北京：外语教学与研究出版社，2008。

③ American Council on the Teaching of Foreign Language(ACTFL), *Standards for Foreign Language Learning:Preparing for 21st Century.* New York:Yonkers, 1996.

一、制定泰国汉语能力标准的必要性

（一）泰国汉语教学现状及存在的问题

现今的泰国社会，学习汉语已逐渐成为一种时尚。基于经贸或其他服务行业的需要，汉语已成为泰国商业社会的重要交流工具之一，这也就使得学习汉语成为一种必然的趋势。目前，泰国教育部基础教育委员会下属已有500到600所公立中小学开设了汉语课。整个泰国中小学学习汉语的人数已达60万之多。相较于7万日语学习者和3万法语学习者，汉语在泰国显然已经成为仅次于英语的第二大外语。泰国上至皇室、政府部门，下至普通百姓，均对汉语青睐有加。泰国汉语教学的蓬勃发展亦得益于中国政府及各级院校的大力支持，现在泰国已建有孔子学院12所，孔子课堂11个。

2003年以来，中国国家汉办先后派出9批共5658名汉语教师志愿者到泰国任教，以解决泰国汉语教师短缺问题，这一举措极大地支持和带动了泰国汉语教学的发展。当然，在看到成绩的同时，我们也要看到泰国汉语教学中存在的问题。目前，以下三个问题比较突出：第一是各学校各自为政，课程安排、培养方案和目标的不同导致学生的汉语能力参差不齐。第二是教学资源浪费严重，在12—16年的培养中，因为存在“四个零起点”现象（即学习者在小学、初中、高中、大学四个阶段反复从零起点开始学习汉语），使大部分学习者始终处于“哑巴汉语”状态。第三是教材五花八门，所选用的教材仅符合学校自己规定的汉语能力和培养方案。

（二）制定泰国汉语能力标准的必要性

1．国家层面的标准缺失

泰国汉语教学总体设计较薄弱，国家标准缺失，急需制定一个具有针对性的“泰国汉语能力标准”。虽然泰国教育部于2008年制定了汉语教学大纲，但是该大纲主要以《2008版外语教学大纲》为制定依据，缺乏对汉语教学的针对性。本节根据汉语本身的特点及泰国学习者的语言偏误情况、文化差异等学习特点，尝试制定“泰国汉语能力标准”，希望可以为泰国汉语教学工作提供参考，以提高泰国汉语教学质量。

2．需要标准中的标准

“泰国汉语能力标准”是标准中的标准，对制定汉语教学大纲、教材编写、课程设置、水平测试均具有一定指导作用。这一标准将就汉语教学目标、教学内容和教学方法做出统一、明确、规范的描述，制定之后能够使教学大纲的制定、汉语能力测试体系的建立、相应教材的编写及汉语课程的设计有法可依、有据可循。按照该标准或相应大纲所规定的学习者应达到的汉语能力，泰国各院校便可根据自身的办学情况来制定教学计划，保证教学质量。

3．激励汉语学习

“泰国汉语能力标准”在对汉语能力的分级上遵循科学化、系统化的原则，有助于激发学习者的学习兴趣，具体体现在两方面：（1）学习者将系统、渐进地学习汉语知识，为达到各级所规定的汉语交际能力而努力。如果能够做到目标明确，有的放矢，看到自己的阶段性进步，学习汉语的兴趣自然也就更高。（2）汉语能力的分级与汉语教学测试体系及课程设置结合，测试成绩与学习者汉语能力等级相呼应。学习者能够知道自己的汉语水平是否符合各个等级的要求，并进入相应等级的课程进一步学习汉语，而不像以前一样，在每一个学习阶段总是反复地从零起点开始学习汉语，无法确定自身的汉语能力水平。

二、泰国汉语能力标准的制定

相关标准的制定对汉语教学有着十分重要的意义，其中最关键的是汉语能力标准，因此，我们应该优先考虑制定符合泰国汉语教学实际的能力标准。而制定“泰国汉语能力标准”，首先需要明确标准的框架结构，确定能力的目标范围，做好前期准备。

（一）框架结构及能力目标范围的确定

1. 框架结构

“泰国汉语能力标准”的制定应以语言交际能力理论为指导，内容方面应涵盖语言能力、社会语言能力和语用能力，包括输入、输出、互动和中介四种语言活动类型，涉及公共领域、个人领域、教育领域及职场领域的语言活动，采用树形图分级法，以便于使用者根据泰国实际的教学情况进行灵活的分级。本标准的总框架由三大部分组成：语言知识（语音、词汇、汉字、语法、功能、话题、语篇）、语言技能（听、说、读、写、译）和语言文化（中国及泰国文化）。

2. 能力目标范围

作为针对泰国汉语学习者的语言能力标准，对汉语能力的目标范围应做出明确界定。我们认为，对于最初级的汉语学习者，要求掌握汉语拼音的基本规则，能大体理解与课堂教学或个人日常生活密切相关的基本语言材料，能够借助肢体语言或其他手段，用简单词汇介绍自己或与他人沟通，初步接触中国文化习俗。最高级的汉语学习者，要求正确理解有一定难度的听、读材料，语言表达比较自如，能够较准确完整地进行概述，对汉语和中国文化有较深入的了解，能够就汉泰语言和文化差异进行比较，能用汉语写调查报告和学术文章，并能对汉语的学术文章进行评论。

相对于其他标准，“泰国汉语能力标准”的起点较低，这主要是考虑到了泰国的汉语教学低龄化趋势明显、汉语教学效率不乐观的现状。而且将入门阶段的能力指标也分解得更细，这有利于学习者和使用者更清楚地了解汉语能力进步的程度，以激发学习者对汉语的兴趣。

相对于其他标准，“泰国汉语能力标准”的最高能力目标也较低，这主要出于以下考虑：（1）泰国汉语学习环境是非目的语的，学习者使用汉语的机会相对较少；（2）根据泰国外语教育大纲对于外语教学课时的规定，以普通学校的汉语课程设置为准，到高中毕业为止，汉语课时仅在480—980时之间，进入大学之后，汉语学习者的起点仍然偏低；（3）本土汉语教师的汉语能力有限，即使是在中国进修深造过的，大部分也仅仅够得上本标准的最高目标。

（二）前期准备

国际上已有一些相关标准和教学大纲，既有成熟的理论基础，又对语言教学（尤其是汉语教学）有积极的指导作用。我们应对这些标准和教学大纲进行细致的分析研究，吸收其可借鉴之处，为拟定科学的“泰国汉语能力标准”做好前期准备。

1. 汉语能力等级划分

划分汉语能力等级是制定“泰国汉语能力标准”的基础。为了制定符合泰国本土实际情况的汉语能力标准，综合考虑泰国国内外相关标准和教学大纲中的相关规定，并参考泰国《2008年基础教育大纲》，可以将学习者的汉语能力划分为5等16级（从A1到E4），然后对相应的标准做出规定，以体现其科学性和系统性。

就泰国汉语教学的实际情况来看，学习者的起点普遍较低，绝大部分学习者属于初级水平，课程、教材和师资均较为薄弱。泰国的汉语学习者通过系统的学习，有可能达到准精通水平甚至精通水平。作为一个相对完整的标准，“泰国汉语能力标准”应将精通汉语定为最高等级，但考虑到学习者通常需要在目的语国家学习或工作方可达到精通水平，因此，笔者认为，所制定的能力标准可以只对初级阶段至准精通阶段进行详细的指标划分。

2. 学习者总体目标

泰国《2008年基础教育大纲》中从语言与交际、语言与文化、语言与其他学科、语言与社会及世界四个方面规定了学习者的总体目标，为达此目标，培养出不但具有语言能力，而且熟悉和了解中国文化和社会生活的汉语人才，拟制定的汉语能力标准要有利于学习者汉语听、说、读、写能力的培养，使学习者能够理解各种场合中的语言材料，以合适的口头或书面交际方式交流和表达观点，并能与其他学科的知识相结合，将汉语作为学习深造或工作就业的工具。

3. 各等级的学习目标和语言知识字词量

（1）各等级的学习目标

初等：掌握拼音规则和发音规则，能够借助拼音学习汉语，理解与个人、学习或日常生活密切相关的语言材料。能就常见话题以简单的方式与他人沟通或介绍基本情况，有时需要借助肢体语言或其他语言手段的帮助。

中等：能理解与日常生活、学习和工作相关的以及在一般交际场合遇到的基本的语言材料，就熟悉的话题与他人进行沟通交流，并能简单地描述与这些话题相关的基本情况。

准高：能理解学习、活动、工作等一般社交场合所进行的表达和内容熟悉的语言材料，能抓住重点，把握细节，就熟悉的话题与他人交流，表述清楚且有一定连贯性；能描述经历，表达自己的看法并给出简单的解释。

高等：能理解多种场合、多个领域（包括个人专业领域或所要从事的领域）中较复杂的语言材料，能够把握重点，进行概括、总结和分析；能使用多种交际策略较自如地参与多种话题，包括专业领域内一般性话题的交流和讨论，表明自己的观点和态度，并能就各种意见进行阐释，表达连贯得体。

准精通：能轻松理解所读或所听的语言材料，连贯完整地概述各类口头和书面信息，表达自如、精确、流畅，并能把握复杂主题中细微的含意差别。

（2）语言知识字词量的规定

根据上文对学习者总体能力及各等级学习目标的描述，并参照《欧洲语言共同参考框架》、中国国家汉办制定的《国际汉语教学通用课程大纲》和《新HSK考试标准》，遵循由易到难、从交际出发的原则，我们对汉字和词汇量进行了调整分量：

初等A3，应有词汇量约150个，相当于新HSK一级，《欧洲语言共同参考框架》A1，同时掌握约100个常用汉字。

中等B3，应有词汇量约300个，相当于新HSK二级，《欧洲语言共同参考框架》A2，同时掌握约 200 个常用汉字。

准高等 C3，应有词汇量 600 个，相当于新 HSK 三级，《欧洲语言共同参考框架》B1，同时掌握 550 个常用汉字。

高等 D3，应有词汇量 1200 个，相当于新 HSK 四级，《欧洲语言共同参考框架》B2，同时掌握 1000 个常用汉字。

准精通等 E4，应有词汇量约 3000 个，相当于新 HSK 五级，《欧洲语言共同参考框架》C1，至少掌握 1500 个常用汉字。

三、泰国汉语能力标准的特点及作用

（一）泰国汉语能力标准应具备的特点

“泰国汉语能力标准”应该符合泰国教育部的规定，并且在汉语词汇、汉字、语法及相关话题方面都体现出本土化的特色。以下几个方面反映了《泰国汉语能力标准》的特点：

1. 词汇贴近学习者的生活情况，使学习者对汉语产生兴趣

泰国人学习汉语词汇的时候，除了基础词汇以外，还应该吸收和掌握足够量的贴近泰国文化习俗、社会生活和国情的特殊词汇。因此在制定分级能力标准时，我们有意选取贴近学习者生活的词汇，这一方面有助于培养学习者学习汉语的兴趣，另一方面这些内容学后可以直接使用，有利于最大程度地发挥汉语的交际功能。

2. 繁简字并用于教学，提升汉语的使用能力

目前泰国汉语教学中汉字使用情况有五种：完全使用简体字；简体字为主，繁体字为辅；完全使用繁体字；繁体字为主，简体字为辅；繁简并用。我们制定的泰国汉语能力标准主张在汉

语教学中繁简并行，原因是学会两种字体，就业机会更多。此外，有些学习者对古汉语感兴趣，学会繁体字有助于学习者检索查阅资料、进行研究。

3．了解汉泰语语法的异同，在比较中加强对汉语语法的理解

汉泰两种语言存在许多差异。以语序为例，泰语和汉语各有自己的特点，既有共性，又有差异。泰国学习者在学习汉语的过程中，不仅要了解汉语的语法规则，也应该知道汉泰语语法之间的异同，以促进对汉语的了解和掌握，减少学习者的使用偏误，因此在12级中规定初步具备汉泰语的语法比较能力。

4．掌握汉语相关话题，在理解的基础上更好地使用汉语进行交际

语言是文化的载体，因此使用不同语言进行交际时，往往传达出不同的文化信息，处理不好这种文化差异会导致交际双方产生误解。在制定标准时，我们在语言知识能力表中将话题单独列出，并给出建议的汉语话题。这些话题有助于泰国学生了解中国文化，增加对汉语文化的认知，进而促进汉语交际能力的发展。

5．分级科学且系统，便于使用以及检查各阶段学习者的汉语能力

为了科学地进行教学安排，本节将学生按水平分为5等16级，又将语言能力分解为语言知识和语言技能两个部分，并从这两个方面对每个等级的汉语能力进行了详细的描述。按此标准，我们便能对新入学的学生进行汉语能力测试，以此作为评估学生汉语能力和分班的标准。汉语教学的标准一旦形成连续性，就可以解决泰国汉语教学中的“四个零起点”现象。

（二）泰国汉语能力标准对泰国汉语教学的指导作用

具备上述特点的“泰国汉语能力标准”将对泰国的汉语教学发挥积极的指导作用，具体来说，这种指导作用表现在以下三个方面：

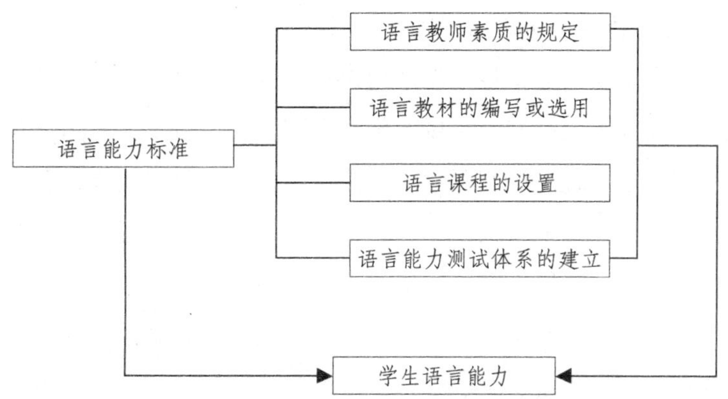

图1 “语言能力标准”与语言教学引导说明图

1．对泰国汉语教学的指导作用

一个国家汉语教学顶层设计中，汉语教学相关标准的制定十分重要。汉语能力标准相对于课程大纲、测试标准、师资标准、教材编写大纲等标准来说是一个基础性标准，其他标准的制定均需要以其为依据。研制出“泰国汉语能力标准”以及其他相关标准之后，汉语教学相关人员就能科学、系统地准备教学工作，有效提高学习者的汉语能力，提升泰国汉语教学的质量。

2．对编写和选用汉语教材的指导作用

在编写或选用教材的时候，教材编者或教师应该以“泰国汉语能力标准”为依据，根据标准中对各级学习者规定的学习目标编写或选用教材。不仅要考虑到学习者汉语能力目标和时限的不同，还要适应学习者的年龄、国别、文化程度。此外，如果编写或选用成套教材，每套教材的各部分要分工合理、互相呼应；不同阶段的教材内容要有衔接，综合技能课和专项技能课教材要相互配合，还要适当考虑到辅助教材的问题。

3．对建立泰国汉语考试体系的指导作用

“泰国汉语能力标准”中规定了汉语教学目标，设计考卷的人员可以以此目标确定考试范围和考试类型，使设计出的考题难度更加合适，且能够判断学习者在认知、情感和技能等方面是否达到教学目标所期待的水平。与此同时，“泰国汉语能力标准”也可以作为教师能力测试的依据，测试某教师对汉语的使用能力和掌握程度，以判断该教师对标准中各级知识的掌握程度，便于将教师分配到合适的教学阶段。

四、思考

目前，泰国各个院校的汉语教学各行其是，各自定教学目标，随意性较大，缺乏科学的、统一的依据，同一个等级的学习者的汉语能力测评没有统一的标准。泰国汉语能力标准的缺失已经严重制约了其他汉语教学相关标准的建立。在一个国家汉语教学的顶层设计中，能力标准乃标准中的标准，必须优先建立，基于此，笔者提出了“能力标准优先论”。

“能力标准优先论”具有丰富的内涵，能力标准既是规范学生能力要求的依据，是规范教师素质要求的依据，是编写和选用汉语教材的依据，也是建立考试体系的依据，对提升汉语教学质量具有重要意义。在任何语言教学中，为了让学习者的能力和教学效率有明确的保障，首先需要制定出一套统一的能力标准，并以之作为指导教学的依据，促进教学的顺利完成，培养出达标的语言人才。

总而言之，泰国政府相关职能部门应充分发挥顶层设计的作用，考虑如何制定适合泰国国情的汉语教学相关标准，并且优先考虑制定“泰国汉语能力标准”，以其作为制定教师、教材、考试体系等其他标准的依据，自上而下推动泰国汉语教学的健康有序发展，为泰国培养更多优秀的汉语人才[①]。

第五节 国际汉语教学的语言文字标准问题[②]

无论着眼当下，还是放眼未来，汉语国际化都将是不可逆转的趋势。国际化意味着汉语教学类型和层次、学习目标和学习需求、教学模式和教学方法等的多元化。中国作为汉语的母语国，有责任和义务对国内外多元化的汉语教学进行总体规划，包括国际汉语教学学科体系的建构与完善，汉语水平等级标准及测试体系的研制和完善，汉语教学模式及各类大纲的制定和完善，等等，而国际汉语教学语言文字标准的学术研究与战略规划，则是其中

---

① 吴应辉《汉语国际传播研究理论与方法》，北京：中央民族大学出版社，2012。

② 本节摘自李泉《国际汉语教学的语言文字标准问题》，《语言教学与研究》2015 年第 5 期。

最为重要的一项顶层设计。正因为如此，学者们发表了不少相关的意见。

李宇明（2005）[①]曾指出，新形势下仅有普通话的概念是不够的，应该在语言规划的层面有一个新概念——华语，即“以普通话为核心的全世界现代华人的共同语”。海外华语的地位很重要，“不能轻视更不能轻弃”。郭熙（2006）[②]认为，从当今国际汉语传播以及跨国、跨境使用情况看，中国的语言规划不仅要为中国使用汉语的人服务，还要为全世界学习和使用汉语的人服务。郭龙生（2007）[③]建议，应对“对外汉语教学中的问题”和解决“各种问题的对策”进行规划。王建勤（2008）[④]说，汉语教学与评估标准体系的研究和建设严重滞后，使汉语国际推广处于非常被动的局面。“在全球化背景下的汉语国际推广过程中，标准显得越来越重要。因为标准不仅仅是规范，而且是目标和导向。”白乐桑、张丽（2008）[⑤]认为，无论是澳大利亚《国家语言水平计划（1988）》、美国《21世纪外语学习标准（1996）》，还是加拿大《语言等级标准（2000）》、欧洲的《欧洲语言共同参考框架：学习、教学、评估（2001）》，无不体现建立统一语言教育政策及标准的全球视野及教育新理念。彭俊（2012）[⑥]说，

---

① 李宇明《中国语言规划论》，东北师范大学出版社，2005。

② 郭熙《论华语视角下的中国语言规划》，《语文研究》2006年第1期。

③ 郭龙生《略论中国当代语言规划的类型》，《语言教学与研究》2007年第6期。

④ 王建勤《汉语国际推广的语言标准建设与竞争策略》，《语言教学与研究》2008年第1期。

⑤ 白乐桑、张丽《〈欧洲语言共同参考框架〉新理念对汉语教学的启示与推动——处于抉择关头的汉语教学》，《世界汉语教学》2008年第3期。

⑥ 彭俊《汉语国际化与推广普通话》，《语言文字应用》2012年第1期。

建立汉语国际规范，是发展汉语和顺应国际化的现实需要。侍建国、卓琼妍（2013）[①]说，我们国家的语言包括通用语和标准语两种形式，将通用语跟标准音脱钩是“汉语国际化的一条终南捷径”，“放宽语音标准是汉语国际化的重要一步”。上述观点很有启发性、建设性和参考价值。

本节拟在前人相关研究基础上，着眼海内外汉语教学的现状和发展趋势，具体探讨现阶段国际汉语教学语言和文字的标准及其适用范围等问题，希望有助于相关讨论与共识形成。

“现阶段”指汉语国际化初始阶段的当下及可预见的未来相当长一个时期，这是汉语走向世界的战略机遇期，语言文字标准的宽严与取舍，不仅影响当下的国际汉语教学，更影响未来汉语国际化的进程。

一、*标准确立的理念和原则*

（一）标准确立的基本理念

把汉语教学长远目标跟现实目标、国内语言文字规划与海外汉语教学的语言文字规划联系起来，综合考量、区别对待，应是制定国际汉语教学语言文字标准的基本理念。

国际汉语教学的长远目标是使汉语成为普遍教授和学习的语言，进而成为一种国际化的交际工具。而要实现这样的长远目标就更需立足当下，从现实目标做起。我们认为：现阶段应以“培

---

① 侍建国、卓琼妍《关于国家语言的新思考》，《语言教学与研究》2013年第1期。

育汉语市场，扩大汉语市场”作为国际汉语教学的总目标。也即不遗余力满足外国人学汉语的愿望，并千方百计吸引更多的人学汉语[①]。进一步说，语言文字标准的确立应为现阶段国际汉语教学的总目标服务。

把海内外语言文字标准的规划联系起来，我们看到：国内汉语教学中的语言标准和汉语拼音的文字功用问题尚需讨论（参见下文）。海外汉语教学的语言文字标准则处于一种缺乏学术研究和共识的各行其是的状态，如有普通话及海外华人使用的汉语，文字有简体字和繁体字，注音多采用汉语拼音（但也不尽然）[②]；而海外对汉语拼音文字功能及文字标准地位的需求和认可亦值得关注。这些问题都需要在充分讨论的基础上逐步形成共识，从而使海内外不同类型的汉语教学，都能够有标准可依，有规范可循。

（二）标准确立的基本原则

1. 基于国际化视野，标准应兼顾国内外。汉语教学、学习和应用的国际化表明：汉语教学不仅是中国的事情，更是世界的事情。因此，国际汉语教学语言文字标准的确立和规范，不仅要遵循国内的语言文字政策，也要兼顾和尊重世界各地汉语教学的实际需要，从而使海内外的汉语教学规范发展、共同发展。

2. 基于多元化需求，标准应避免单一化。外语学习、教学和

---

① 李泉、张海涛《汉语国际化的内涵、趋势与对策》，《语言文字应用》2014 年第 2 期。

② 王晓钧（2004）指出：美国各大学中文教学项目往往有不同的汉字策略，有的先繁后简，有的先简后繁，有的繁简并用，有的识繁写简。汉语的拼写系统也存在不统一的情况。在美国，至少有 5 种拼写汉语的方式。可喜的是，使用汉语拼音系统的学校占了压倒优势，约为 92%。参见王晓钧《美国中文教学的理论与实践》，《世界汉语教学》2004 年第 1 期。

应用的实践表明，外语学习目标从来就不是单一化的，听、说、读、写综合语言能力的培养虽是主要目标，但绝非唯一目标。汉语学习目标、教学需求和汉语应用的多元化，要求语言文字标准也不应单一化、刚性化，而应采取有包容性的多元化标准策略。

3. 基于市场化考量，标准应刚柔相济。标准的确立是从严、从宽还是宽严结合，直接影响各类汉语学习者的人数、教学的方式方法及效益、汉语教学与传播的国际化程度。如以培育和扩大汉语教学市场为国际汉语教学的总目标，则标准的确立就不宜仅仅选择从严的策略，而应宽严相济，即当严则严，需宽则宽。

总之，现阶段国际汉语教学语言文字标准的规划和确立，应有全球化和务实的考量，应有接地气和服务的意识。标准的确立应具有建设性，应是顺应和适应，而不是限制和抵触；应是引导性的规范，而不是排斥性的规范。

二、国内汉语教学的语言文字标准

（一）法定的语言标准——普通话

自 20 世纪 50 年代中期，在学术研究基础上，由国家层面明确普通话的含义并提倡在全国推广普通话以来，国内对外汉语教学界便自觉以普通话为语言标准，教材编写和课堂教学均以普通话语音、词汇、语法为教学规范，并将普通话水平作为衡量对外汉语教师是否合格的一项基本标准。以普通话作为对外汉语教学的语言标准，既合法又合理。一方面，《中华人民共和国宪法》（1982）第十九条规定：“国家推广全国通用的普通话。”《国家通用语言文字法》（2000）第二十条规定：“对外汉语教学应当教授普通话和规范汉字。”另一方面，第二语言教学首选的语言标准是目标语国家的标准语。标准语语言地位高、交际用途广、学习价值大，方言或其他非标准语则不然。可见，以普通话作为对外汉语教学的语言标准和教学内容，不仅符合中国的法律法规和语言规范的方向，亦有第二语言教学学理上的依据。

然而从实施上看，标准的普通话是一种理想化的标准，是需要努力去实现但不容易完全实现的标准。其一，普通话除语音标准较为明确（但也不尽如此，如轻声、儿化的范围问题），词汇、语法与方言的界限并非泾渭分明。其二，即使教材都是标准的普通话，那么教师是否能进一步用标准的普通话开发、深化和诠释教材的内容？教师课堂上输出的汉语是否都是地道的普通话？这是存疑的。其三，多数学习者习得和输出的汉语语音、词汇和语法是否都是标准的普通话？这更是存疑的。因此，我们可以认为普通话是一种理想化的语言标准。

（二）合格的语言标准——地方普通话

推广普通话是国家的基本国策，几十年来也取得了很大的成绩。但是，迄今普通话普及率还不够高，“真正能讲一口完全符合标准的普通话的人很少，即使是北京人，也不一定讲的都是标准的普通话”[①]。这是事实，然而，几十年来随着普通话的推广、电视等媒体的普及，特别是国内经济发展的需要和人员的大量流动，能讲带有方言色彩的普通话——地方普通话的人越来越多。李宇明（2014）[②]指出，带有地域方言色彩的普通话，称为“地

---

① 陆俭明《关于建立“大华语”概念的建议》，见《汉语教学学刊》编委会编《汉语教学学刊》第1辑，北京：北京大学出版社，2005。

② 李宇明《汉语的层级变化》，《中国语文》2014年第6期。

域普通话”，也称“地方普通话”等，“所谓地域方言色彩，包括方言口音、方言词语、方言语法以及方言的特殊表达方式等”。就对外汉语教学看，不少方言区汉语教师讲的是带有不同程度方音的普通话，同时受语言环境的影响，长期在方言区学汉语的留学生的语音语调、话语方式和用语习惯等也会多少带有该方言区的语言特点。这就是说，无论是全国范围的大环境还是对外汉语教学的小环境，事实上都存在这种地方普通话现象。

推广普通话虽是法定的国策，但不是强制和刚性的，而是规范和引导性的。《国家通用语言文字法》（2000）第十九条：以普通话作为工作语言的播音员、节目主持人、教师、国家机关工作人员“应当具备说普通话的能力”，其普通话水平“应当分别达到国家规定的等级标准；对尚未达到国家规定的普通话等级标准的，分别情况进行培训”。侯精一（2006）[①]指出，“国家通用语言文字法以教育为主”，“对学术上仍有争议的问题保留进一步讨论的余地。针对不同的社会群体和不同使用范围做出了不同的规定，重在引导”。这表明，国家提出推广普通话的重点领域是：国家公务员；教育战线；新闻出版；公共服务行业[②]。即使对这些领域人员的要求也是有弹性的，允许有提高的过程。这是语言的复杂性和语言的交际性所决定的，也是语言文字法不同于其他法律的特殊性所在。

综上，我们建议，将地方普通话确立为对外汉语教学合格的语言标准。无视地方普通话的存在，或者不认可其规范的语言地

① 侯精一《汉语规范化50年——谨以此文纪念〈语文研究〉出刊100期》，《语文研究》2006年第3期。

② 李宇明《中国语言规划论》，长春：东北师范大学出版社，2005。

位，均不具有建设性。应该尊重地方普通话已经存在并将长期存在的事实，看到它现在和未来都将是普通话使用的最大群体[①]，特别要看到它虽带有方言色彩，但从根本上已经不属于方言而是属于普通话范畴。因而，有必要从标准上明确说地方普通话的教师是合格的汉语教师，使用地方普通话进行汉语教学视同规范的语言教学，承认外国人所讲的带有方言味道的汉语是规范汉语[②]。

（三）法定的文字标准——规范汉字

以掌握汉语听、说、读、写能力为目的的常规对外汉语教学必须教授汉字。国内几十年的对外汉语教学教授的是简体汉字，与今所谓规范汉字大体相当。规范汉字是国家通用语言文字的法定文字，是通行于中国大陆现代社会一般应用领域的标准汉字。语言文字法明确规定对外汉语教学应当教授规范汉字。以规范汉字作为对外汉语教材编写、课堂教学的标准文字，既合乎国家通用语言文字法，也合乎对外汉语教学的传统。因此，国内对外汉语教学界以规范汉字作为汉语、汉字教学的法定文字标准是不成问题的。

需要关注的是，汉字如何与拼音结合起来进行"打字"（输入拼音辨认和提取汉字）教学，打字是否应确立为汉字教学的一项基本原则，都需要研究并达成共识。事实上，打字已经是世界性语文生活方式，对外汉语教学必须更新汉字教学的策略和教法，

---

① 李宇明（2014）指出，国家普通话水平测试分出三级六等，除一级属于标准的普通话之外，其他都应属于地域普通话。参见李宇明《汉语的层级变化》，《中国语文》2014 年第 6 期。

② 以往在高标准、严要求的理念下，对地方普通话教学采取的是"默认"其合格的态度。但是，"默认"与从事理上、标准上明确予以认可和承认，给相关教师和汉语学习者带来的心理感受是不同的，对学科发展和建设带来的促进作用是不同的。

将打字教学纳入汉字教学的核心体系之中。

（四）合格的文字标准——汉语拼音

《汉语拼音方案》自1958年问世后，各类对外汉语教材和课堂教学即广泛使用汉语拼音。汉语拼音的使用极大地改变了汉语教学的面貌，大大提高了教学的质量和效率。迄今汉语拼音已然成为国际汉语教学不可替代的重要工具。（1）它便于语音教学。学习汉语首先要学习语音，汉字形音脱节，难以进行音素分析。汉语拼音字母是音素字母，用它来分析汉语语音，进行声韵调的系统教学和训练，十分便利[①]。（2）它便于汉字和词汇教学。汉字缺乏表音机制，难于认读和记忆，而汉语拼音正可以弥补这一缺憾。用拼音给汉字、词汇注音，声韵调一目了然。拼音便于学习者查字典、词典，有利于字义、词义的认知。（3）它便于口语教学。"汉字脱离口语，拼音字结合口语，有利于推广普通话。"[②]实际上，拼音也便于外国人学习汉语口语。语音是语言的物质基础和存在形式，而拼音记录的正是汉语的语音形式。因此，通过拼音学习汉语语音，通过音节组合来学习汉语词汇和语法，通过语流学说话，是汉语口语教学和学习的有效途径。

可以认为，汉语拼音承担了汉语的准文字乃至文字的功能。《国家通用语言文字法》（2000）第十八条规定："国家通用语言文字以《汉语拼音方案》作为拼写和注音工具。《汉语拼音方案》是中国人名、地名和中文文献罗马字母拼写法的统一规范，并用于汉字不便或不能使用的领域。"可见，《汉语拼音方案》是法

---

① 苏培成主编《当代中国的语文改革和语文规范》，北京：商务印书馆，2010。

② 吕叔湘《汉字和拼音字的比较》，《光明日报》1987年1月6日。

定的“拼写和注音工具”，虽然没有明确其法定的文字地位，但从以下三方面看，仍然可以将汉语拼音确立为国内对外汉语教学领域合格的文字标准。（1）从法理上看，语言文字法规定：汉语拼音是汉语的“拼写工具”，“并用于汉字不便或不能使用的领域”。显然，拼写工具即是拼音文字所具有的属性和功能，而汉语语音学习和训练、只学口语的教学正是“汉字不便的领域”。可见，将汉语拼音确立为合格的文字标准与语言文字法并无抵触。（2）从应用上看，规范汉字是汉语法定的书写工具，汉语拼音是汉语法定的拼写工具，二者在功能和文字属性上并没有本质区别。不仅如此，由于现行汉字书写形式不实行分词连写，汉语拼音书写形式有可能在一定程度上实现分词连写，使语言的表义单位能够在书面形式上得到一定程度的体现，而这正符合拼音母语者的书写和阅读习惯。（3）从需求上看，常规汉语教学已经离不开汉语拼音的辅助，而且许多情况下拼音所发挥的作用实际上是文字的功能，如语音和语流教学、词汇教学等。从以学习汉语口语为目的的学习者的实际需要来看，拼音更是他们实现目标的最佳文字工具。

综上，我们认为，至少在对外汉语教学领域，应将汉语拼音确立为合格的文字标准。此所谓合格的文字标准即是规范的文字标准。这样，不仅可以为拼音在现有常规汉语教学中发挥的文字功能正名，更可以为它在只学口语的说听教学模式中的文字地位正名。当然，正名是手段、是策略，目的在于追求“名正则言顺，则事成”的效果，可以更好地开展汉语拼音作为对外汉语教学规范文字的功能研究、书写规范研究、不适应之处的对策研究以及汉语拼音教材编写研究[①]、拼音化教学模式及其与汉字化教学模式的接轨研究，等等，使汉语教学进入一个良性互动、多元发展的新局面。

三、海外汉语教学的语言文字标准

（一）理想的语言标准——普通话

普通话是中国大陆的法定语言，是中国各民族、各方言区通用的汉语标准语。各类汉语出版物、信息处理及相关的技术产品等均以普通话书面语为规范的语言形式。因此，海外常规的汉语教学以普通话为核心的语言教学标准和教学内容，既符合外语教学的目标，也符合学习者语言学习的最大利益[②]。事实上，海外汉语教学大都自觉自愿地以普通话为汉语教学的语言标准，不少教学机构就以“普通话中心”命名。多年来中国外派的一批批汉语教师，近年来大量派出的汉语教师志愿者都具备合格的普通话水平，并以普通话为汉语教学标准，面向海外编写的教材也以普通话为语言标准和教学内容。

普通话应该是国际汉语教学首选的、理想的语言标准，这是可以期待的共识。但是，由于教学传统和师资条件等原因，以及语言环境和世界各地华语的复杂性等因素，海外汉语教学实际上不可能都以普通话为汉语教学的语言标准。“首选的、理想的语

① 目前，国内编写的拼音化的汉语教材很少，权威性、经典性的汉语拼音教材尚属空缺，这跟汉语拼音的文字地位不明确有直接关联。

② 李泉、关蕾《普通话在国际汉语教学中的核心地位》，《汉语学习》2009年第2期。

言标准”是就理念和策略上、学理和事理上而言，而不是必须和强制的，是作为汉语母语国对国际汉语教学和传播的一种规划和愿望，是我们积极引导、努力促进的方向。从根本上说，海外各地的汉语教学是海外有关国家及教学单位的事情，学什么样的汉语，想达到什么样的预期目标等等，都应由他们自己来决定。尽管如此，从国际汉语教学语言规划和学术服务的角度看，我们建议，将普通话确立为国际汉语教学的理想语言标准。“理想标准”意味着是有吸引力的、学习价值最大的，因而也是最佳的、首选的语言标准，但从实施的角度看也意味着是理想化的高标准，并且对海外来说不意味着是唯一可选的语言标准。

（二）合格的语言标准——大华语

基于海外华语一直存在着并将继续长期存在的现实，显然，我们不能认为只有说普通话和教普通话才是规范的。对海外华语、台港澳“国语”、世界各地的方言汉语等，我们“不能轻视更不能轻弃”。也许正因如此，不少学者探讨有关华语的各种说法和所指[①]，以期更好地开发国际汉语教学和传播的语言资源。

周有光（1995）[②]指出，汉语的共同语，大陆叫它“普通话”，台湾地区叫它“国语”，新加坡和外国华人叫它“华语”。“这三种说法不是相互矛盾的，而是相互补充的。”郭熙（2004）[③]指出，华语的大本营在中国，普通话作为标准已是大势所趋。因此将华语定义为：华语是以现代汉语普通话为标准的华人共同语。

---

① 相关的讨论和分析，可参见郭熙《论“华语”》，《暨南大学华文学院学报》2004 年第 2 期。

② 周有光《语文闲谈》，北京：生活 · 读书 · 新知三联书店，1995。

③ 郭熙《论“华语”》，《暨南大学华文学院学报》2004 年第 2 期。

陆俭明（2005）[①] 指出，为了使汉语走向世界，有必要提出和建立“大华语”的概念，并定义为“以普通话为基础而在语音、词汇、语法上可以有一定的弹性、有一定宽容度的汉民族共同语”。赵金铭（2005）[②] 指出，“鉴于目前全球华人所说的汉语的一致性还较差，我们认同大汉语的概念”。除普通话和汉语方言外，台湾地区所说的“国语”，新加坡华人所说的“华语”，东南亚华人、华侨所说的汉语及其方言，以及北美、西欧及全球各地华人社区所用汉语，均可属大汉语范畴。李宇明（2014）[③] 的表述是“大华语是以普通话 / 国语为基础的全世界华人的共同语”，并对大华语变体的成因进行了阐释。

可见，人们对海外华语的重要作用、对建立大华语的概念，有高度共识，并对大华语的所指、性质进行了揭示和概括，这无疑非常具有建设性。然而，我们不仅应承认海外华语的存在，以及为大华语下一个恰当的定义，还要对大华语的语言标准地位做出明确的认定，这样才更有利于开展和规范海外的汉语教学。对此，陆俭明（2005）[④] 认为，在教学要求上，“达到普通话要求”，那是高标准；“达到大华语”要求，那是基本要求。陆先生强调：“一方面要提倡以普通话为规范标准，另一方面我们又不做死的规定，不一定要求境外华语非要不折不扣地完全接受中国普

---

① 陆俭明《关于建立“大华语”概念的建议》，《汉语教学学刊》编委会编《汉语教学学刊》第 1 辑，北京：北京大学出版社，2005。

② 赵金铭《汉语与对外汉语研究文录》，北京：外语教学与研究出版，2005。

③ 李宇明《汉语的层级变化》，《中国语文》2014 年第 6 期。

④ 同①。

通话规范不可，也可以有一个容忍度。”

综上，我们建议：（1）将大华语界定为：以现代汉语通用语为基础、以普通话为发展和规范方向、通行于世界各地的华人共同语。包括大陆的普通话、地方普通话，台湾地区“国语”，新加坡华语，海外各地华人社区的汉语等。（2）将大华语确立为海外汉语教学“合格的语言标准”。此所谓合格表明达到了最低要求，同时也意味着是规范的。（3）大华语作为汉语教学合格语言标准的基本条件是：讲这种大华语者之间能够进行普遍性交际，与讲标准的普通话者能够进行普遍性的交际。换言之，作为汉语教学标准的大华语，应具有相当程度的规范性，并且与普通话在语音、词汇和语法上差别不宜太大。

将符合一定条件的大华语确立为国际汉语教学合格的、规范的语言标准，就从标准规划上提升了大华语在国际汉语教学与传播中的语言地位，并有利于在这一语言标准下的汉语教学的研究和规范。语言标准地位不明确，不仅仅是个名分问题，重要的是不利于大华语资源的整合、利用和规范，不利于学科的建设和事业的发展。

（三）理想的文字标准——规范汉字

近几十年的海外汉语大都以教授简体汉字为标准，但也有少数地区和教学单位教授繁体汉字。“规范汉字”是经过系统整理、通行于中国大陆现代社会一般应用领域的标准文字。《通用规范汉字表》既由中国政府发布，“大陆又是使用汉语汉字人口最多的主权国家，其他非汉语国家与中国交流，要把汉语作为第二语言来学习，也就需要遵循中国大陆的汉字规范”[①]。也就是说，规范汉字应是国际汉语教学首选的文字标准。

然而，迄今海外还有少数教学单位教授繁体字，港澳台地区仍以繁体字作为书写工具，海外有的教学单位只用或主要用汉语拼音教授汉语，因此，应将规范汉字看作是海外汉语教学“理想的文字标准”。此所谓理想既意味着是最好的选择，因为它是中国大陆的法定文字，各类出版物的标准文字，也意味着理想化的标准，因为我们无法要求海外汉语教学必须教授规范汉字。但是，可以相信并期待，规范汉字在海外将占有越来越大的汉语汉字教学市场。

（四）合格的文字标准——汉语拼音

拼音在汉语教学中所具有的不可替代的作用及其文字属性与功用，前文已有所论述，这里试进一步说明。（1）从学习者角度看，《汉语拼音方案》采用国际化的拉丁字母，这对大多数汉语学习者来说并不陌生，不但易认易写，也很容易掌握拼写规则。“十天左右的语音阶段结束后，不但基本掌握汉语的发音，而且能较熟练地进行拼写，可以用汉语拼音做练习、记笔记。”许多学生使用汉语拼音方案“比有些老师还熟练”[②]。（2）从教学角度看，汉语拼音便于汉语语音、文字、词汇和口语的教学和训练。不只如此，实际上整个汉语教学和学习过程都离不开它的帮助，它深刻地影响了汉语教学的模式和方法、质量和效益。比如，拼音在突破汉字难读、难认、难写以及字词检索和认知等方面发挥

① 王宁主编《〈通用规范汉字表〉解读》，北京：商务印书馆，2014。

② 吕必松《〈汉语拼音方案〉在汉语作为外语教学中的应用》，《文字改革》1983年第6期。

着最为有效的作用。（4）从实际功用来看，在海外的汉语教学中，拼音在相当程度上承担着文字的功能。吕必松（1983）[①]就曾指出，外国人编写的汉语教材有很多“都是直接用汉语拼音写课文，课文中根本不出现汉字”。“从某种意义上来说，汉语拼音实际上已局部地起到了文字的作用。”

学界对拼音在汉语教学中的文字属性和功用已有不少论述和实践。柯彼德（2003）[②]指出：“外国人学习和使用汉语时，汉语拼音除了其重要的辅助作用以外，早已具有了文字的性质和价值。”马庆株（2003）[③]强调，当今世界是拼音的世界，充分利用《汉语拼音方案》是实现汉语汉字与世界接轨的必由之路。耿有权（2007）[④]详细介绍了法兰克福大学的“准汉语教学模式”：教材是全拼音课本，课堂教学中的词语、语句展示及教学测试全部拼音化。赵金铭（2009）[⑤]指出，用汉语拼音学习和拼写汉语，会学得快得多。在国外，初级汉语学习者大都只学拼音，教师也只用拼音教汉语。这无疑有助于汉语的国际传播。赵先生还说，“事实上国内也存在只教拼音的教学班”，并介绍了相关的教学及效

---

① 吕必松《〈汉语拼音方案〉在汉语作为外语教学中的应用》，《文字改革》1983 年第 6 期。

② 柯彼德《汉语拼音在国际汉语教学中的地位和作用》，《世界汉语教学》2003 年第 3 期。

③ 马庆株《关于对外汉语教学的若干建议》，《世界汉语教学》2003 年第 3 期。

④ 耿有权《基于拼音化理念的“准汉语教学模式”及其应用》，见北京外国语大学国际汉语教学信息中心编《国际汉语教学动态与研究》第一辑，北京：外语教学与研究出版社，2007。

⑤ 赵金铭《〈汉语拼音方案〉：国际汉语教学的基石》，《语言文字应用》2009 年第 4 期。

果："他们的口语表达不错，听力也达到一定水平。"不难看出，在以培养说、听能力为主的教学模式中，拼音承担了文字的功能。这种利用拼音学习汉语，不学或只学少量汉字的"拼音化教学模式"，在世界各地的汉语教学中早已被广泛采用，大有与"语文并进"的汉字教学模式并驾齐驱之势。

综上，从使汉语拼音名正言顺地发挥其文字的功用，从扩大汉语教学与传播的途径，从尊重学习者只学口语的愿望，从弥补汉字不表音以及难写、难记的缺憾等诸多角度看，宜将汉语拼音确立为海外汉语教学"合格的文字标准"。"合格的"不仅意味着是可行的，也意味着是规范的。如此，则可以使成千上万的汉语口语学习者的愿望得到更好的满足，使"拼音化教学模式"成为一种规范的教学模式，使国际汉语教学事业与学科得以更好地发展和建设。显然，将汉语拼音确立为海外汉语教学的规范文字，是一种多赢的标准策略。

四、标准的确立与标准的实施

按照开阔视野、更新观念、着眼大局、服务现实的思路，下面对国际汉语教学语言文字标准的确立与实施的问题做进一步讨论。

其一，承认标准的普通话教学无论是作为法定的语言标准还是作为理想的语言标准，都是一种高规格的语言标准，特别是在语音标准上。树立这样一种观念，可以使我们的教学立足于实事求是的基础，而不是立足于理想的境界。在教学实施上尊重和依托标准，但不迷信和神话标准。比如，不必为了掌握所谓地道的标准音而纠音纠得学生“不知所措”，为了所谓字正腔圆而练音练得学生“心灰意冷”，而应该把更多的时间和精力用在语言知识的学习和语言交际技能的掌握上。对此，外语教学界的反思可以给我们很好的启示。傅荣（2008）[①]指出，纵观20世纪60年代的听说法和80年代的交际法，一个共同的指导思想是“要求学生讲外语必须达到讲本族语的人的水平，听说读写四会能力全面发展”。教学实践却告诉我们，这其实是认识上的一个误区。“绝大多数外语学习者，尤其是成年的外语学习者既无可能，也无必要将外语说得跟当地人一样完美地道，这是外语教学特有的复杂性所决定的。”桂诗春（2010）[②]也指出，“恐怕没有哪一个国家把培养接近本族语者的语音水平列入普通教育的教学计划里”。

其二，承认地方普通话、大华语的客观存在及其在汉语教学中应有的语言标准地位，不把它们与普通话绝对地对立起来、分割开来。事实上，“在相互沟通的基础上，普通话从它们那里吸收了不少有用成分，它们也从普通话这里吸收语言营养”[③]。这几种“语言”终归都是汉语，终归是“同根生”。实际上，从地方普通话和大华语本身来看，它们没有什么不规范的，不规范是从标准普通话的角度来评估的。因此，只认可普通话是国际汉语教学的标准，既不现实也不策略。语言本质上不过是一种交际工

---

① 傅荣《〈欧洲语言共同参考框架：学习、教学、评估〉述评》，见北京外国语大学国际汉语教学信息中心编《国际汉语教学动态与研究》第四辑，北京：外语教学与研究出版社，2007。

② 桂诗春《关于我国外语教学若干问题的思考》，《外语教学与研究》2010年第4期。

③ 李宇明《信息时代的语言文字标准化工作》，《语言文字应用》2009年第2期。

具，没有多少人仅仅为了学习某种所谓标准的外语而学习外语，学习一种语言根本上是为了跟这种语言社群的人进行交流，而能够进行交流即是语言学习的目标所在。事实上，国家推广普通话的主要目的是使普通话成为全国各民族通用的交际语言，而不是要求每个人都要讲一口地道标准的普通话（这既无必要也无可能）。对此，英语教学所面临的情况同样可以给我们启示：随着英语的全球化，各种不同的第一语言英语，如英式英语、美式英语、澳大利亚英语、新加坡英语等等，正被“复数化的英语”（World Englishes）所取代[①]。谁是“本族语者”，哪个才算“第一语言英语”成了一个模糊概念。即便有所认可，那么对其他各式英语的教学都将产生诸多负面影响，包括语言和标准地位的公平性、学习者自信或自卑的心理、求职就业的歧视现象等等。可见，排斥性、单一化的标准，不利于语言教学与传播。

其三，承认非常规汉语教学是一种重要的教学目标，给予汉语拼音在这类教学模式中应有的文字地位。显然，非常规不等于不规范，更不等于不需要规范。规范的策略在于顺应，目的在于服务，而不是抵触和限制。认为只学拼音不学汉字会造成“汉字文盲”，这是不必要的担心。许多学习者由于种种原因而只想学口语，进行口头交际；不想学汉字，也不想看汉字文献，这完全是他们的权利，也是汉语教学应有的一种模式。事实上，具备了一定的口语基础，再学汉字无疑更容易，至少不难。汉语母语者都是先有了口语基础，再学汉字的。对此，欧洲外语教学界在总

---

① 沈惠忠、袁轶锋《中国英语教学与研究的新构架：感知、实践与范式》，《外语教学理论与实践》2013 年第 1 期。

结和反思外语教学理论和实践的基础上，形成的现代外语教学的某些理念，同样切合国际汉语教学，值得借鉴。比如，他们明确表示“不再以培养‘理想中的讲本国语的人’为终极目标”。明确提出“部分语言能力”的概念——“某一特定阶段尚不完善的外语能力其实正是多元化语言能力的一部分，是对多元化语言能力的丰富和发展”。它既是一种“多容的能力”，也是一种为实现某个既定目标应具有的“功能性能力”①。

其四，承认汉语拼音在国际汉语教学中是规范的文字标准，可以使汉语教学和传播利益最大化。许多学者都呼吁要扩大汉语拼音的应用范围，可是对认可和提升汉语拼音的文字属性和文字地位却又有所担心。事实上，给予汉语拼音在国际汉语教学领域合格文字标准的地位，并不会对国内的语言文字标准和应用造成混乱。不能因为国内的语言文字规划不再走拼音化的路线，就忽视和淡化汉语拼音在国际汉语教学中可以承担文字功能并可以成为书写汉语的“第二文字”的研究。周有光（1992）②指出，“汉语拼音方案”的初稿，起名为“汉语拼音文字方案”，在成为“草案”公开发表征求意见时，把“文字”二字删去了。周先生强调：“流通性不足，法定性没有，拼音当然不是‘正式文字’。但是，它有文字的功能，能够担任某些汉字担任不了的工作。事实上它是一种‘没有文字名义的文字’。”当然，这不意味着汉语拼音就是一种完善的文字，在同音词的分化、词语连写等问题上都还

① 欧洲理事会文化合作教育委员会编《欧洲语言共同参考框架：学习、教学、评估》，刘骏、傅荣主译，外语教学与研究出版社，2008。

② 周有光《中国语文纵横谈》，北京：人民教育出版社，1992。

需要研究[①]。

五、结语

下面将本节对“国际汉语教学语言文字标准体系”的建议，以表1形式呈现：

表1　国际汉语教学语言文字标准体系

	国内汉语教学		海外汉语教学	
	标准	性质	标准	性质
语言	普通话	法定标准	普通话	理想标准
	地方普通话	合格标准	大华语	合格标准
文字	规范汉字	法定标准	规范汉字	理想标准
	汉语拼音	合格标准	汉语拼音	合格标准

该体系最大特点是：国内和海外的语言和文字标准均采用“双轨制”。语言标准上，国内采取“普通话”和“地方普通话”双标准制，海外采取“普通话”和“大华语”双标准制。其中“普通话”在国内是法定的语言标准，在海外是理想的语言标准。文字标准上，国内和海外均采用“规范汉字”[②]和“汉语拼音”双

① 可喜的是，已有学者不仅呼吁应完善《汉语拼音方案》作为拼写工具的职能，更要基于推进中国语文现代化的进程和汉语国际传播，而具体探讨汉语拼写方案的必要性、科学性和可行性（马庆株 2003、2014）。这样一些研究和探索对汉语拼音真正实现其文字功能是具有实质意义的。

② 这是站在汉语母语国立场上，基于学术规划的考虑。对于海外迄今和将来仍采用繁体字作为汉字教学标准的做法，亦应视为合格的乃至规范的，因为我们无权要求海外相关教学单位必须使用规范汉字，何况繁体字也是汉字，并被认为是“正体字”。

标准制，前者在国内是法定的文字标准，在海外是理想的文字标准；后者在海内外汉语教学领域均为合格的文字标准。

该体系最大的突破是：将国内的地方普通话和海外的大华语均认定为“合格的语言标准”，将汉语拼音认定为国际汉语教学“合格的文字标准”。所有“合格的”语言和文字标准都意味着是规范的、“合理合法”的标准。当然，“合格”本身也意味着是入门的、基本的、可行的标准，而不是理想的、高规格的、从严的标准。我们认为，这些突破是必要的、值得的。语言标准的突破以海内外汉语事实和汉语交际事实为基础，文字标准的突破（将汉语拼音确立为规范的文字标准）以教学实践及其对标准的需求为依据。

该体系的核心标准是：普通话和规范汉字，无论是作为法定的标准还是作为理想的标准，都应是海内外首选的、核心的语言和文字标准。二者在国际汉语教学语言和文字标准体系中占据核心标准的地位，是汉语国际化语言和文字标准规划和发展的方向。其中，非核心的语言文字标准（地方普通话、大华语，汉语拼音）作为相关的双轨标准中的“一轨”，同样具有规范的语言文字标准地位，并具有特定的应用范围和应用价值。

该体系的主要优势是：海内外汉语教学语言和文字标准的两个“双轨制”，体现了标准体系的多元化，而多元化的标准体系才能使多元化的国际汉语教学各得其所、和谐发展。相反，单一化的标准体系既不符合海内外复杂的汉语现实，也不符合海内外复杂的汉语教学状况及其对多元化标准的需求，难免削足适履，事倍功半。

第二章

语言能力标准评介

第一节　美国《21 世纪外语学习标准》评析[①]

一、《标准》及其“5C”核心框架

《21 世纪外语学习标准》（*Standards for Foreign Language Learning in the 21st Century*，Allen Press Inc.，1999. 以下简称《标准》）是由美国教育部门以及多个外语教学学会共同研制的国家外语课程标准，于 1996 年出版，1999 年经修订补充再版，并增加了好几种语言的学习目标[②]。《标准》包含从幼儿园到高中阶段外语学习的总体目标和基本内容及等级标准。全美中文教师协会（CLTA）和全美中小学中文教师协会（CLASS）参与编制的《全美中小学中文学习目标》（下简称《中文学习目标》）为《标准》的一个组成部分。

《标准》的核心主题是以 5 个 C 字母打头的词：Communication（交际）、Cultures（文化）、Connections（贯连）、Comparisons（比

---

① 本节摘自罗青松《美国〈21 世纪外语学习标准〉评析——兼谈〈全美中小学中文学习目标〉的作用与影响》，《世界汉语教学》2006 年第 2 期。

② 《标准》在核心框架和基本内容之后，附加了汉语、古典语言（拉丁语和希腊语）、法语、俄语、德语、意大利语、日语、葡萄牙语、俄语、西班牙语等语言的学习目标。

较）、Communities（社区），即在语言交际、文化认知、外语与其他学科的联系、语言文化方面的比较以及到社区等校内外环境运用语言等5个方面来制定外语教育的培养目标。下面为5C的主要内容：

交流（Communication）。交流被作为5C的核心项目，是“最为重要的目标”。《标准》提出的交际模式包括三个方面：（1）人际交流（Interpersonal Communication）。要求学生参与对话，提供并获得信息。表达感觉和情感，交流看法。（2）理解诠释（Interpretive Communication）。学生能够理解并阐释/翻译各种话题的书面或口头表达方式。（3）表达演示（Presentational Communication）。能够传达各种话题的信息、概念或观点给听众或读者。对语言交际能力这样划分比传统的听、说、读、写技能划分更真实地体现出语言运用的实际状况：一方面从表达和理解关注交际过程的语言输入和语言输出两个基本方面；另一方面，将人际沟通作为一个项目，表现出对文化认知、交际策略等因素在语言交际中作用的关注。

文化（Cultures）。进行得体的语言交际，应让学生了解哪些方面的文化知识，这是一个见仁见智的论题。在一个大纲里设立文化目标，首先要对文化的内涵有明确的界定。《标准》的文化目标，首先提出从三个方面来认识文化：文化观念（perspectives，包括含义、态度、价值观、观点等）、文化习俗（practices，包括社会交往方式）与文化产物（products，包括书籍、食品、工具、法律、音乐、游戏等）。三者互相联系、互相影响。习俗和产物都与观念相关，并都体现出社会文化的观念形态。基于这种对文化内涵及其关系的理解，《标准》的文化目标包含两项标准：（1）学生应理解目的文化习俗和文化观念之间的关系；（2）学生应理解目的文化产物与文化观念之间的关系。前者强调文化习俗，后者强调文化产物。《标准》以成功交际所应具备的文化认知为出发点来确定文化目标，两项标准各有侧重，但都从实际社会生活中的文化现象，如社会习俗及文化产品入手，将其与更为深层的文化观念联系起来，从而达到认知目的文化的目标。这样不仅符合学习者的认知特点，也使得文化及其内部的各个层面概念明确，便于教师与教材编写者在课堂教学内容的设计中贯彻体现。

贯连（Connections）。作为一个系统的教育体制中的外语教学标准，《标准》制定的这一目标强调外语与其他学科的联系，也包含两个项目：（1）学生通过外语学习加强并扩展其他学科的知识；（2）学生利用外语和目的文化知识获取信息并认知不同的观点。《标准》注意外语学习在教育环境中的位置，将外语课程与其他学科的学习联系起来，以此为学生“打开一扇新的信息和体验的大门，它将充实丰富学生的整个的学习和生活体验”。

比较（Comparisons）。《标准》指出：通过学习语言及其文化背景，学生可以认识语言的本质特点，语言在社会上的交际功能以及语言和文化之间相互作用的复杂关系。比较的两个项目分别为比较语言与比较文化：（1）通过比较母语和目的语理解语言特点；（2）通过比较母语和目的语理解文化观念。比较是认知的基本方式，母语和文化背景是学生认知新的语言的起点。在外语教育中注重通过比较训练能力是必然的选择，建立这样的桥梁，无疑是合理利用教学资源达到最好的学习效果的方式。

社区（Communities）。《标准》体现出在运用中学习（learning by doing）的指导思想，要求学生在校内外环境中运用语言。《标准》指出：这一目标不仅是运用语言的问题，还包含运用文化知识，联系其他学科以及进行语言文化的比较等方面的能力。这个项目分为两个标准：（1）学校内外，包括在学校社区、国外运用外语；（2）把学习外语作为获得个人乐趣和发展的重要方面，成为终身的学习者。前者强调应用型的学习方式，后者则侧重于将语言学习与个人的发展联系起来。

5个C互相联系，不可分割，共同构成外语学习的框架体系。《标准》的子文件之一《德语学习目标》指出，“《标准》用全新的眼光来看待外语学习和教学问题”。这种新的视角与全面的标准，表明美国外语教育顺应新时代的要求，将外语作为课程教育的核心内容；在具体的教学规划中，也体现出注重学生的交际能力培养与综合素质培养的指导思想。从第二语言教学的发展来看，这种基于交际能力的各个因素设计的宏观目标体系，代表了第二语言教学理论方法的发展趋势。

下表是《标准》及《中文学习目标》对5个目标和11项标准的简略表述（表中汉语采用中文学习目标》对各项标准的表述）：

目标 goal	1. 沟通 Communication	2. 文化 Cultures	3. 贯连 Connections	4. 比较 Comparisons	5. 社区 Communities
标准 stan-dard	1.1 语言沟通 Interpersonal Communication	2.1 文化习俗 Practice of Culture	3.1 触类旁通 Making Connection	4.1 比较语言 Language Comparisons	5.1 学以致用 School and Community
	1.2 理解诠释 Interpretive Communication	2.2 文化产物 Product of Culture	3.2 博闻广见 Acquiring information	4.2 比较文化 Cultural Comparisons	5.2 学无止境 Lifelong Learning
	1.3 表达演示 Presentational Communication				

二、《标准》的主要特点

20 世纪 90 年代以来，随着外语教学理论的发展以及社会环境对外语教育的需求，出现了一些从新的角度审视语言教学内容、进程与目标的外语教学大纲，如《英国国家外语教学课程大纲》①、加拿大地方教育部门制定的汉语教学大纲②等。这些大纲超越了依据词汇、语法、功能等教学项目设立目标框架的传统，在人际交流、学习策略、文化认知、语言运用能力等更为广泛的层面提出教学目标。这大大拓展了外语教学的内容，使之与语言交际能力的培养及整体教育目标的实现之间的联系更为密切。《标准》可以说是这类新型外语教育理念的一个典型代表。

（一）以培养交际能力为核心，构建了一个综合全面的外语教学目标体系

对于交际能力的内涵，一般认为包括语言学能力、社会语言学能力、话语能力和策略能力四个方面③。在传统的外语教学大纲中，往往主要反映语言学能力的要求，对其他方面较少涉及。原因之一是语言项目容易被切分，而其他方面则很难进行分

---

① The National Curriculum for England：Modern Foreign Languages (UK)（1999），该大纲的主要教学目标为目的语知识和理解（Knowledge and Understanding of Target Language）、语言技能（Language Skills）、语言学习技能（Language Learning Skills）与文化意识（Cultural Awareness）四个方面。

② Chinese Language and Culture Nine-Year Program（Alberta Learning，Alberta Canada）（2004），该大纲的主要教学目标为应用（Applications）、语言能力（Language Competence）、世界公民（Global Citizenship）和策略（Strategies）四个方面。

③ Richards, Jack. C. & Rodger, Theodore. S., *Approaches and Methods in Language Teaching*. Cambridge: Cambridge Uniuersity Press, 1986.

级[①]。但如果只是通过语言项目，或包括一些功能项目来设定一个语言教学的目标体系，则难以全面涵盖交际能力的各项因素。《标准》打破传统的结构大纲或功能大纲的目标定位与分级模式，以培养交际能力为核心，并简洁明了地表述达到成功交际的标准："Know how, when, and why, to say what to whom"。在达到这一总体目标的学习过程中，始终以学生应该知道什么和能做什么为主线来设定标准，涵盖交际能力培养进程中对语言认知和语言实践的各项要求。

《标准》将社会需求和人才培养紧密联系在一起，把握教育环境与语言教学的相互作用和影响，关注语言教学理论与教学实践的联系，重视学生的认知特点与语言教学的环境因素，在此基础上提出一个全面系统的目标框架。这一框架涵盖了交际能力的相关因素，又通过教学内容设计，将实现目标的学习进程循序渐进地展现出来（与5C目标配套的7方面教学内容我们将在下面讨论）。《标准》虽然没有把语言结构、功能项目作为目标定位，但并没有忽略这些因素，而是将它们融入更加全面的整体框架之中。

5C目标中，"交流"和"文化"是建立新的语言交际能力的基本内容；第3C"贯连"则从教育环境、课程体系的角度提出；第4C"比较"关注学生的认知角度，第5C"社区"则从在社会环境实际运用的角度衡量交际能力的培养。总之，围绕语言交际能力这一中心，各有侧重。《标准》强调这些目标的联系和影响：

---

① 〔英〕S. 皮特·科德《应用语言学导论》，上海外国语学院外国语言文学研究所译，上海：上海外语教育出版社，1983。

语言交流，这是第二语言学习的核心；而文化认知，则强调通过学习别的语言，能获得和理解目的语文化的知识，而这又是真正掌握目的语的前提；学习语言提供了与其他学科的联系的可能性，通过外语又能够获得其他学科的信息与知识；通过语言和文化的比较，可以培养对语言和文化的洞察力，理解世界的多元性；具备这些条件则让学生有可能参与国内外的多元化的社团活动。总之，5C框架包括了交际能力的四个方面，比焦点对准语言结构或功能项目的教学大纲更加全面丰富，而与之配套的教学内容则反映出具体交际能力培养过程的方方面面，下面要讨论《标准》的另一个重要特点。

（二）提出与目标一致的教学内容框架

《标准》不但构建出一系列新的教学目标，而且通过提出课程相关内容使这些目标具有可行性。《标准》的课程基本内容包括7个方面：语言系统（Language System）、交际策略（Communicative Strategies）、文化内容（Culture Content）、学习策略（Learning Strategies）、其他学科的内容（Content From Other Subjects）、严谨的思考能力（Critical Thinking Skills）和技术运用（Technology）等。不难看出，这些课程内容中，除了与5C目标相关的语言交际、文化认知以及各个学科的关联等得到进一步阐述，还注重与全面培养学生素质相关的方面。

语言系统：在5C目标中，没有直接提出语言系统的项目，但《标准》指出，一些传统的语言教学项目，如语法、词语、词语连接等，仍具有重要的作用。但应从表达意义的角度关注语言项目的作用。《标准》在课堂教学基本内容项目中，首先提出语言系统的问题，强调了语言系统在教学中的重要地位。

文化内容：在5C目标中提出了文化的各个方面；指出，要让学习者学习说目的语的人如何理解与看待他们的本族文化；并指出面对浩如烟海的文化内容，要注重对语言交际起作用和有影响的文化因素。

交际策略：要求学生学习运用各种策略填补由于语言文化差异导致的交流隔阂（communication gaps），具体包括迂回表达、猜测、通过语境推测等。这些都是语言学习中的有效手段。交际策略是交际能力的一个重要方面，但在传统的语言教学大纲中很少涉及。《标准》对此给予了充分的关注，指出"学习交际策略，可以使学生终身受益"。

学习策略：学习策略包括一些具体的学习方法，如预习与复习、浏览教学计划、提出疑问得到解释、运用课文内容等。

其他学科内容：主张让学生用目的语阅读、讨论、分析一些有趣味、有挑战性的话题和观点，这些话题往往来自其他课程，如科学、社会科学、数学等，不仅可以让学生学习语言，也让学生拓展了知识面。

思考能力：严谨的思维能力是在整个教育过程中都要注意培养的。《标准》提出，在外语学习过程中，学生能学习如何归纳分析问题，如何通过查阅资料获取知识，并在交际活动中运用等。

技术运用：《标准》是顺应时代需求提出的，而技术领域尤其能表现出时代特点，所以《标准》把技术作为教学内容的一个方面，训练学生运用各种计算机辅助手段和多媒体新技术的能力。这不仅影响到语言学习的效率，更能够使交际手段与时代需求接轨。

以上各项内容，尤其是后四项，有的不只是针对外语学习的，也可以运用于其他学科的学习中。《标准》在陈述其基本原则时，首先强调外语教学是教育过程的一个重要组成部分，提出这些相关学习内容也反映出这一主导思想。“外语教学5C目标的实现，与上述7项教学内容是密切相连的，它们在整个外语教学过程中，纵横交错，相互依托”①。《标准》用一个编织型结构图，形象地展示出二者的关系——5C提出目标，7个方面的课程内容则侧重提出达到目标的手段。二者共同构成完整的外语教育规划。

（三）提出标准化的阶段目标

《标准》没有以语言项目或功能项目为主体的分级描述，但作为一个具有指导作用的语言教学规划，分级是有效引导课堂教学的基础，《标准》在全面构建教学目标的同时，又提出了细致周密的阶段目标。这表现在几个方面：

一是提出了在教学内容、测试设计等方面都具备可行性的基本框架。除了5项主要目标之外，《标准》对各项目标分别进行了细致的表述，提出5C的总目标与11项标准。这些标准可以帮助理解各项目标的内涵，并突出各项目标的不同侧面。如“交际”由理解、表达、人际交往三个模块组成，“文化”则分别体现在产品文化和习俗文化两个主要方面等。各项标准使教学目标更加具体，也为在教学设计上全面落实总体目标做了必要的铺垫。

二是提出了4、8、12三个年级的教学进程样本（Sample Progress Indicators）。这些样本是用来帮助老师衡量教学成果，不是用来测试学生的程度②。虽然三个层次还是比较粗略的划分，

---

① 陆效用《美国21世纪的“5C”外语教育》，《外语界》2001年第5期。

② 竹露茜《全美中小学中文学习目标大纲》，《文教新潮》2000年第5期。

但为不同阶段的外语教学提供了参照。《标准》提出的“学生应该知道什么，可以用语言做什么”通过这些样本体现出来，又在教学中落实。也因为这是一个比较粗略的阶段标准，运用起来比较灵活；教学进程样本在提出教学参照的同时，又给出一个信息，即在具体教学中有很大的调整空间，应根据学生情况和学制调整。这样的标准在教育环境中既有规范性，又有广泛的适应性。这在配套文件《全美中小学中文学习目标》中强调了这一特点，并以此作为设计教学范例的前提。我们后面还将讨论这一问题。

三是提示出学习方案（Learning Scenarios）。这些学习方案类似教案，贴近教学实际，聚焦语言文化，又有不同的侧重点；每个范例都列举出它所对应的目标与子目标。以中文教学的“中国日历”教学示例为例，其目的标准（targeted standards）包括语言理解、文化产品、比较文化等。这样可以进一步让教师充分理解《标准》的理念，把握在具体的教学任务中综合实现《标准》各项目标的操作方式。

（四）关注语言教学的环境因素

《标准》对各项目标与进程的表述，都体现出对语言教学环境的关注。语言教学环境包括社会环境、教育环境，也包括具体的课堂环境等方面。这些环境因素在《标准》中都占有重要的位置。

首先，可以说，《标准》的“起点”和“终点”都与社会环境有密切关系；也就是说，在确定目标和落实目标的环节上，都可以看到社会环境因素的影响。总体目标——培养学生的交际能力，就是根据社会发展对于语言交际能力的需求提出的。而《标准》中的具体目标之一——“社区”，则把语言与社会生活环境紧密联系起来，把学校的学习与终身的学习联系起来。将教学从课堂环境延伸到社会。

其次，《标准》强调语言教育在整体教育中的重要位置。教育环境包括教育制度、课程系统、教学资源、课堂物理环境等因素，也是社会环境的一个特殊部分。《标准》没有孤立地设计外语学习目标框架，而是将外语教学与教育的总体目标结合起来。注重语言学习与历史、地理、社会、科学、数学、美术等学科的联系，把其他学科的学习作为运用语言的舞台，获得学习动机的源泉。将语言学习渗透到整个学习进程中，这也是《标准》提出的语言教育理念——语言教育是教育系统的核心项目之一。

第三，对于环境的联系也表现在《标准》通过设定目标，将学生的认知视野、认知方式拓展到全球化的大背景中，引导学生在语言文化的对比中，既获得对其他语言文化的认知，也深化对自己本族语言文化的理解。这种认知方式的培养，与全球化大背景对新世纪人才的需求是一致的。

综上所述，《标准》从一个全新的视角来透视各个教学相关因素，并将这些目标与标准构成一个可行的网络。作为外语教育的纲领性文件，《标准》具备很强的指导作用和实用价值。它是针对美国所有的外语教学的文献，具有概括性、原则性及全面性。它没有必要、也不可能具体提示语言教学内容，这需要通过具体语种的大纲来完成。与《标准》配套的九个语种的大纲就是在《标准》核心原则和框架指导下具体指导语言教学的桥梁，《中文学习目标》的意义和作用也在此。

三、《中文学习目标》的作用和影响

《标准》包含九种外语的配套文件，分别针对具体语种列出目标与标准，《中文学习目标》就是其中之一。《中文学习目标》基于《标准》的总体框架与基本理念，构建了中文教学的各项目标和标准，并根据中文教学的特点进行了一些具体项目的设计①。

（一）对美国中文教学进行总体说明

作为一个进入美国主流教育体系的纲领性文件，《中文学习目标》首先提出中文教学的几个相关方面：第一，《中文学习目标》从中国在国际舞台的角色、美国的对外政策及经济利益、中国移民对美国社会的影响、中文学习对美国多元化社会的意义、理解中国及其古老的文化传统等多个方面阐述了学习汉语的重要性。第二，《中文学习目标》回顾了美国汉语教学的发展过程。汉语仍是《标准》所列举的尚未普遍教学的语种（less commonly taught languages）。《中文学习目标》说明中文教学的发展过程，通过各种数据展示出中文教学在美国日益发展的趋势。第三，概述了汉语的特点。目的语的基本特点是所有外语教学应充分重视的。《中文学习目标》针对英语为母语的学习者，说明汉语在语音系统、语法规则、词汇、汉字等方面的基本特点。这种从学习者角度的透视，对教师在教学中关注目的语的特点，以及教材编写者确定教材的内容重点，都是很有价值的。

---

① 竹露茜2000年介绍了《中文学习目标》的产生背景、编写过程及基本框架与特点。参见竹露茜《全美中小学中文学习目标大纲》，《文教新潮》2000年第5期。

（二）对《标准》内容进行调整与拓展

《中文学习目标》对《标准》各项内容的调整和拓展表现在以下几个方面：

《中文学习目标》对《标准》的目标与各项标准，就中文教学做了具体描述；对《标准》整体框架提示的“教学进程样本”进行了调整与拓展，并列举出中文教学的项目范例。《中文学习目标》的调整除了注重教学中的可行性之外，主要针对中文教学的具体情况以及学习对象的特点，如有家庭语言背景的华裔子弟比较多，他们可以往更高的层级拓展[①]，对此提出了针对中文基础较好的学生的一些训练项目，使《中文学习目标》具有更广泛的适应性。

《中文学习目标》提出了中文学习方案，由不同学校、不同主题及侧重点的 10 套学习方案组成。这些学习方案不仅很好地体现了《标准》的基本教学理念，即通过一些综合的学习任务，达到训练语言交际能力的目标；而且通过一些具体生动的教学示例，展示如何针对目标与标准，设计教学内容和组织课堂教学。

这些教学进程样本以及学习方案不同于教材，它们无法全面表现出阶段目标、教学内容的多样性，但为设计教学内容和方法、进行教材编写提供了有益的借鉴，可以启发教材编写者从新的角度设计教学内容以适应新的教学模式。

（三）《中文学习目标》对美国中文教学的促进作用

首先，《中文学习目标》树立了中文教学的标杆，为课堂教学和教材编写提出了切实可行的内容框架和基本等级标准。目前就海外中小学的中文教学现状而言，教学模式上具备丰富性、多

---

① 竹露茜《全美中小学中文学习目标大纲》，《文教新潮》2000 年第 5 期。

样性的特点，但规范性和系统性方面则有待改进。一般来说，由于可参照的标准有限，实际情况又比较复杂，尚未形成针对国家标准的、丰富多样的教材资源库。《中文学习目标》为促进海外中文教学和教材编写提供了很有价值的思路。

第二，《中文学习目标》符合中学外语教育的实际情况和学生需求。如前所述，它提出一些适用于较高水平学生的项目。由于美国是多元文化社会，对教学对象背景多样化的考虑是必要的。《标准》介绍美国外语教育现状时，就涉及有家庭语言文化背景的学生（home background students）。《中文学习目标》注意教学层面的拓展，提出有一定挑战性的练习项目，符合教学对象多样化的特点。这也是一般国外中学外语教育大纲的思路。

第三，《中文学习目标》具有灵活性和拓展性的教学项目设计使中学课程便于跟大学课程接轨。目前美国中文教育发展迅速，大学预科中文课程和考试项目（AP Chinese[①]）将正式启动。中文教学呈多层级、多样化趋势，搭建大学和中学中文教学之间的阶梯也是研究者关注的问题[②]。《中文学习目标》的思路拓展符合美国中文教学发展的需要。

（四）对《中文学习目标》的几点思考

作为一个主流外语教育框架下的教学标准，《中文学习目标》具有开创性，为美国及更大范围的同年龄层次的中文教学及教材编写提出了一些新的课题。

我们已经提及，一些较为新型的语言教学大纲，都比较注重

---

① Advanced Placement Program, Chinese Language and Culture.

② 谢天蔚（2004）《美国大学中文教学与中学衔接问题》，http: // www.csulb.edu/~txie/papers.

全方位地设定教学目标；但另一方面，这些大纲一般仍保留一些结构、功能大纲的传统设计模式。这样，在针对大纲组织教学或编写教材时，仍有一些传统的语言、功能项目的选择、组织、排序方式可以参考。而《标准》则在改革传统编写大纲的思路上走得更远，基本上脱离了传统模式。如有的研究者指出，"《目标》的侧重点在于学习者能够使用汉语做什么事情，而不是以语法和词汇作为出发点，它不关心学习者对语言知识、语言规则或功能数量掌握的最终目的状态，是一份注重学习过程本身的大纲体系"[①]，这种大纲一方面给教学充分的自由度和创造空间，同时也带来了更大的挑战。针对《标准》及《中文学习目标》进行教学，要求教师和教材编写者在根据各项标准组织教学的过程中，要进一步综合平衡语言系统、功能项目、各项标准的关系，通过合理设计，使得各项目标及标准能够实现。

因此，在教学中应注意到《中文教学目标》的特点，它提出的教学进程样本是注重过程的体系，配套的教案都是任务型的教学设计。这样的模式能综合体现出对知识和能力、语言和文化、认知方式和学习策略等方面的要求，贴近交际实际；而另一方面，要使得这些项目具备可行性和有效性，应在知识和技能、语言和文化的教学内容上进行具体规划，应有循序渐进地贯彻到教学中去的总体设计。这是大纲规划与课堂教学接轨的问题，在整个中文教学乃至外语教学中具有普遍性。

就《中文学习目标》本身而言，应在多大程度上导入汉语的

---

① 马箭飞、张旭《大纲分析与设计报告》，见国家汉办教学处《中美网络语言教学项目文件汇编》，2004。

语言系统，是一个值得进一步考虑的问题。在《标准》的原则文件中，除了交际目标中的交际能力标准之外，还有两个项目提供了导入目的语系统的空间。一是课程教学内容中的“语言系统”项目，一是目标“对比”中的“语言对比”。对于前者《中文学习目标》说明采用与《标准》一致的框架，没有进一步展开；对后者《中文学习目标》则有所关注。对语言对比及其教学进程的描述和举例，涉及一些汉语语音声调、汉字书写、语序、文体等体现汉语特点的方面。这提供给教师与教材编写者一个很好的思路。从进一步完善《中文学习目标》的角度来说，如果能在体现《标准》基本理念的基础上，对汉语系统涉及得更为深入全面一些，则可以为中文课堂教学和教材编写提供更丰富的基准和参照。

以上问题都是从新视角提出教学目标后，在实现目标的过程中面临的挑战。如《中文学习目标》的编写者所指出的那样，“《中文学习目标》的编订完成，是中文教学各界精英人士的合作成果，进而提高了中文教学在美国主流教育体系的地位，但是这还只是一个抛砖引玉的起点。中小学中文教师的师资培训，教学研究，教学资源发展，考试测验的评鉴，以及如何运用新科技使中文学习趣味化等，皆有待继续努力”[①]。

四、结语

《标准》及其配套文件《中文学习目标》对中文教学的指导作用是毋庸置疑的，但也应注意到它的使用范围和局限：首先，

---

① 竹露茜《全美中小学中文学习目标大纲》，《文教新潮》2000年第5期。

作为规划性文件，各种学习模式、不同阶段的语言教学都可以从它的教学理念中受到启发，并参照它的整体框架设计教学；同时也应根据教学环境与教学对象的实际情况，调整、发挥与拓展。如《标准》指出，它只是作为一个标准，提供给各级教育机构、学校、课堂作为参照，并不是一个限定，实行过程中还要结合具体情况重新设计教学内容与方案。第二，由于《标准》及《中文学习目标》的体例与结构方式的影响，提出的一些“教学进展样本”只是举例性的，它只是教学要点的列表；另外，这些例子都是侧重在某个方面的，或语言，或文化，或比较。在实际教学中，应注意整合各个方面来进行教学设计。

大纲制定与教材编写、课堂教学是互相促进的。将《标准》及《中文学习目标》真正贯彻到课堂教学和教材中去，并通过教学实践和理论探讨不断丰富完善教学标准，还需要一个过程。但通过这个新的目标框架，可以看到中文教学与教材编写的新思路、新方向，这也应该是一个新发展的开端。

第二节 从 AP 中文课程看美国外语教学的标准[①]

2006 年 9 月，美国的一些高中已经正式开设了“AP 汉语与文化（AP Chinese Language and Culture）”课程（以下简称 AP

① 本节摘自陈绂《从 AP 中文课程看美国外语教学的标准》，《语言文字应用》2007 年第 3 期。

中文），这标志着汉语教学已经光明正大地走进了美国中学的主流课堂，也标志着汉语教学开始全方位地走向世界。我们在看到AP中文课成功开设提供给我们的机遇时，更要看到这一课程提出的各种要求及其反映出的美国外语教学的整体理念以及在新的形势下对外语教学提出的新的要求。

无论是美国的教育官员还是从事汉语教学的大学、中学教师，大家普遍认为，从美国大学理事会制定的有关AP中文课程及其测试的种种规则来看，AP中文课程全面而准确地体现了美国针对新世纪的外语教学所提出的各项标准。不少学者著书撰文，对AP中文课程以及它所反映出的美国外语教学标准等进行了专门的介绍与探讨。

结合目前的形势和专家学者们的论述，我们感到，其中的许多问题都需要我们认真思考。

一、关于教学目标的思考

谈到教学目标，就必须认真分析学习者的情况，必须根据学习者的学习目的、学习需求来制定我们的教学目标。

多年在美国从事汉语教学工作的北京大学潘兆明教授曾经给我们分析过当前美国学习汉语的人群与几十年前学习汉语的人群在学习目的上的差异。他说，20世纪六七十年代热衷于学习汉语的人主要是喜欢汉语和中国文化，他们学习汉语、学习中国文化的目的是研究汉语、研究中国文化。而现在学习汉语的人群的主要目的是要了解中国、了解中国人，进而和中国人交往，从事与中国有关的工作，他们所希望的是能在具体的工作中使用汉语。

针对这样的学习群体，我们要对以往的汉语教学目标进行重新审定，我们必须认真思考这样一个问题，就是学习者们究竟要从我们这里得到些什么？答案是很明显的——当今，学习汉语的人群最希望学到的是运用汉语进行交际的能力。

潘兆明教授的这一分析完全符合美国大学理事会对 AP 中文课程的设想与要求，与美国《21 世纪外语学习标准》以及《AP 中文课程概述》中体现的教学理念也是完全一致的。美国《21 世纪外语学习标准》公布了美国外语教学学会制定的五大外语教学目标，即沟通（Communication）、文化（Cultures）、贯连（Connections）、比较（Comparisons）、社区（Communities），这就是著名的 5C 要求。5C 的核心就是"重视实际语境中的沟通交流能力"①，这就是目前得到普遍认可的外语教学标准。

在《AP 中文课程概述》中，撰写者们也多次阐述了"语言教学的根本目标是'完成任务'"这一根本思想：

> （语言教学）主要是以完成任务为中心，学生能用熟悉的语言材料进行表达，碰到不熟悉的词语也能理解，语言水平就会提高，这就是我们的目标。
>
> AP 汉语课程的目标是为学生提供及时而多样的机会，提高和发展学生全面的言语技能熟练度。

这就是说，AP 中文课程看重的是培养学生运用汉语解决实际问题、完成具体任务的能力。美国教育界的人士也明确表示，之所以要开设这一课程，是希望学生学了中文之后能到中国去完

---

① 曾妙芬《推动专业化的 AP 中文教学》，北京：北京语言大学出版社，2007。

成实际的工作和任务："让学生学习词汇、固定表达和句子结构固然重要，但语言的准确只是实现交际功能的手段。成功的交际是最终目标；语言的适当和准确只是帮助实现这个目标的手段。"

这是一种任务型的教学目的，它不同于以往的以传授知识为目的的教学理念。曾妙芬（2007）[①]不仅详尽地分析了外语教学目标，而且十分具体地描述了这些任务：

> （中文教学的目标就是）培养学生三种沟通模式的中文语言沟通及文化应用能力，帮助学生在实际生活中，在适当的场合和时间，对适当的人，用适当的方式，表达适当的内容。

这种外语教学目的，不仅是美国从政府机构到教育界所大力提倡的，而且也越来越被大多数教育的研究者们和实施者们所认可，成为世界范围内的外语教学新趋向。面对这种形势与要求，我们的汉语教学只有适应这一发展趋势，才可能融入外语教学的"大家庭"中去，否则，就会在激烈的竞争中被抛在后面。这就要求我们，必须把"培养学习者运用汉语进行交际、解决实际问题的能力"作为最终目标，在这一目标的统领下，确定教学内容、教学方法以及教材编写的原则。只有这样，才能符合现代外语教学的发展，适应目前对汉语教学的需求；也只有这样，才能具备充足的实力，自立于外语教学之林，在激烈的竞争中吸引越来越多的学习者。反之，不仅无法适应21世纪对外语教学的要求，也无法满足学习者的要求，无法引起他们的学习兴趣，当然，也

---

① 曾妙芬《推动专业化的AP中文教学》，北京：北京语言大学出版社，2007。

就更无法完成把汉语推向世界的任务。

二、关于教学内容的思考

教学目标一经确定，接下来就是要解决“教什么”的问题，这是任何教学都必须首先解决的问题，语言教学（包括“汉语作为外语的教学”）自然也不例外。因此，面对新的形势，如何确定当前汉语教学的内容，也是我们必须要思考的问题。

教学内容的设定是为了实现教学目标的，教学目标既然是让学生用汉语完成交际任务，那“如何完成任务”自然就成为我们所要教授的主要内容了。

这里首先就有一个如何理解外语教学中的“语言要素”问题。传统的看法是把教授“语言要素”作为外语教学的主要内容，而学习“语言要素”，不外乎背单词、学习语音、语法和书写方式等等。这些内容在外语课堂上当然是重要的，但为了完成“解决实际问题”的任务，在外语学习的过程中，仅仅了解和掌握这些语言要素是根本不够的，最重要的是如何从表达意义的方面去了解这些语言要素，也就是说，如何使用这些“要素”去完成交际任务。就外语教学的本质而言，语言要素只是达到使用目的语进行交际这一目标的工具，语言要素绝不仅仅指词语与各种规则，还包括许多社会语言学以及语言应用等方面的因素。正是这些因素构架了交流的桥梁，使用不同语言的人利用这一“桥梁”相互沟通。面对这样的事实，我们在从事“以汉语作为外语的”教学工作时，就必须把单纯的“语言要素”与如何使用它们这两个层面的东西融合在一起，共同作为教学的内容，这样，我们的教学才不会显得空洞呆板，也才会有的放矢，从而吸引大量的学习者。要做到这一点，就必须在课堂上大量地营造语言情景，让学习者有机会学习如何"在适当的场合和时间，对适当的人，用适当的方式，表达适当的内容"，从而不断提高在具体语言情境中使用语言的能力。正如曾妙芬（2007）[①] 所说的：

> 为达成多种语言交际功能，词汇、语法、句型、语用的社会性和正确性、沟通技巧策略以及语言在不同社会、文化、心理等层面上的体现，小至个人日常生活作息、学校生活、家庭生活等，大至与社会相关的文化、教育、社会、交通、环境等方面的问题，皆应融入教学，纳入学习范围之内。口语及书面语，非正式与正式语言，皆应纳入教学范围之内。

另一方面，为了顺利地完成交际任务，除了掌握语言之外，了解并掌握融入语言之中的各种文化知识也是至关重要的。这就是说，除了对"语言要素"进行重新认定和把握以外，有关目的语国的文化知识、文化理念等内容也应该成为课堂上重点教授的内容之一。关于这一点，《AP 中文课程概述》已经明确地提出：

> AP 中文课程同时也把中国文化放在国际背景下来看待。学生对中国文化以及社会问题的学习必然受到全球化背景的影响，他们应该发展在全球重大问题背景下看待中国角色的意识，例如当涉及能源、环境、经济以及政治这样一些问题时。
>
> AP 中文课程为学生介绍中国历史上的重大人物、重要文化产物以及重大主题，其中涉及中国人在诸多领域的贡献，

---

① 曾妙芬《推动专业化的 AP 中文教学》，北京：北京语言大学出版社，2007。

比如传统哲学思想、行政管理制度以及艺术门类（诸如书法、绘画、文学、音乐、民间艺术和文化）。

《课程大纲》甚至对于文化的具体内容也进行了颇为详尽的描述：

> 学生要学习当代中国社会的各个方面，包括时事、地理以及人口，民族以及地区差异，旅行以及交通，气候以及天气，节日以及食物，运动以及游戏等。他们也要探索中国社会关系领域，探究家庭成员之间、老年人之间以及青年同龄人之间的各种人际关系，并且把这些知识融会到他们的人际交往过程中。

AP 中文课程要求学生们“通过对中国文化产物、习俗以及观念与学生自身所处社会相关情况的比较”，“最终超越中国文化产物以及习俗的知识性学习，从而理解透过这些文化表象反映出来的中国式的世界观”。

从这些论述中我们可以体会到，《AP 中文课程概述》对于教学内容的规定，是完全针对教学目的的，试想一下，一个对于目的语国家的文化及其理念完全不了解或者很少了解的人，怎么可能使用目的语和这个国家的人进行正常的交流呢？

总之，面对世界这个大舞台，汉语教学要想占据它应有的位置，在教学内容上就要推陈出新，进行大胆的改革，把知识的讲授变为技能的培养，把单纯的语言课变为语言与文化相结合、浸泡在浓郁的文化氛围中的语言课。只有这样，才符合外语教学的标准。

三、关于教学方法的思考

为了实现“任务型”的教学目的，除了解决“教什么”的问题，还应该解决“怎么教”的问题，也就是教学方法问题。

曾妙芬教授在她的《推动专业化的AP中文教学》中明确指出，多年来，外语教学界都已经普遍地认识到“语法翻译法”和“听说教学法”等传统教学方法的种种弊病，大家意识到语言的学习应该考虑到语言在各种交际场合中的沟通功能和交际目标，因此，语言教学不应该脱离开实际的语言情境，于是提出了沟通式教学法。她认为，“沟通教学法强调表达、诠释和语义协商三个要素”。她根据Savignon（1998）的阐述，对这三个要素所包含的三种层面的能力做了如下的解释和描述：

> 表达指的是说话者表达某种想法、意见、请求或者要求等等。诠释理解指的是听者聆听说话者表达的时候，做自我推理及诠释，以理解说话者的内容及意向等等。听者对说话者所表达的内容和意向，有时候完全理解，有时候不见得完全理解，在不完全理解的情况下，就需要进一步通过语义协商的过程，向说话者提出问题，而说话者针对问题提出说明、澄清、解释、补充细节等等，以使听者能完全理解。在语义协商的过程中，说话者和听者之间进行语言的互动，一来一往，一问一答，直至一方或双方认为应该结束为止。

我们理解，这里的“说话者”和“听者”，既包括老师，也包括学生，这种在课堂上“一来一往，一问一答”的语言互动，正体现了在语言教学过程中对各种“语言情景”的设置，有利于学生逐步提高在不同的场合下正常交际的能力。应该说，这种教学法的确摒弃了让学生死记硬背地学习语言的古老法则，强调了语言的实践与发挥，将语言能力的培养渗入教学的每一个环节中，在许多问题上对旧有的教学理念都是一个很大的突破。

对比传统的教学法，曾妙芬教授将沟通式教学法在教学理念上的突破归纳为十点：（1）正确度与流利度；（2）语言记忆与超越语言记忆；（3）以教师为中心与以学生为中心；（4）语言形式与语言功能和语义；（5）非真实语境与真实语境；（6）非真实材料与真实材料；（7）谈论语言与使用语言；（8）老师说得多与老师说得少；（9）有统一答案与无统一答案；（10）向老师学习与向老师和同学学习。

从这些对比中我们看到，沟通式教学法没有停留在掌握语言形式和语言法则的层面，而是充分考虑到了语言沟通策略的重要性，从更多的层面展现出如何发挥语言的功能，如何完成“培养学生在真实语境或者接近真实语境中运用语言的能力”这一任务，这些都是很值得我们借鉴的。

如何在实际教学中真正贯彻沟通式教学法呢？在《AP中文教师手册》中介绍了8份教案，它们的共同特点是在每一单元的设计上，突出所要达到的交际目标，突出所要讲授的文化内容，突出学生们的活动与操练。拿一个以北京为教学内容的单元为例，教师首先让学生通过网络向北京的博士朋友了解有关北京的方方面面，研究北京的旅游景点，并根据真实的中文材料，制定出参观历史景点和参加传统娱乐活动的计划。教师把学生分成小组，给出一定的费用标准，要求每个组在规定的预算内完成“在北京旅游”的任务。在完成任务的过程中，每一组还必须提出两个能产生争议的问题进行讨论（如参观哪个景点更合适、空气和水的质量等等）。

我们完全可以想象得到，学生们会怀着多大的兴趣来完成这些“任务”，在完成这些任务的过程中，他们对所要掌握的词语、句型、表达方式等会怎样一遍一遍地反复使用；而在完成这些任务之后学生们对北京的了解又会多么全面、多么丰富。我们还可以相信，当这些学生真的来到北京之后，他们不仅会对北京感到熟悉而亲切，而且完全可以根据自己已经虚拟过的旅游计划开始真正的旅游。在旅游的过程中，他们在课堂上通过模拟真实语境的活动而培养出的交际能力和解决问题的能力都会有效地帮助他们。

当然，这样的课堂教学需要教师做大量的准备，需要设计好一个又一个的活动，这正是沟通式教学法与传统的单纯传授知识的教学法之间的差异——沟通式教学要求教师是一个善于根据教学目标设计“活动”的优秀的教练，而不是一个只会讲解语言要素的“学者”。

四、关于教材编写的思考

众所周知，在“以汉语为外语”的教学中，教材的编写是至关重要的。语言教学在很大程度上要靠操练，一本好的教材就等于是把进行“操练”的最适合的具体材料和活动计划交给了老师和学生。按照美国外语教学标准开设的 AP 中文课程在这个方面又给了我们什么启示呢？

首先，应该摒弃对知识结构的过分要求。

《AP 中文课程概述》中没有提出对词语的数量、语言点的内容等方面的具体要求，这让很多准备教授 AP 中文课或者准备编写教材的人们感到十分困惑。其实，这恰恰体现了美国的外语教学标准——对于语言知识本身并没有具体的要求，倒是对所应该达到的交际能力的水平做了许多客观的描述。这让我们认识到，教材的编写也必须本着这一原则，从整体的设计、语料的选择、课文的编排、练习活动的组织等各个方面都围绕着培养交际能力这一根本目标，彻底抛开死死依照语法系统编写教材的老路，走出一条符合新世纪外语教学标准的新路。

其次，从汉语作为外语教学的实践来看，我们更应该思考的是，在我们向学习者呈现语言知识的同时，如何提高他们学习的兴趣？我们所教授的种种内容能不能让学生希望去了解并进一步去探索汉语及其所代表的世界？这一点是十分重要的。然而，如何在教材编写上做到这一点呢？我们考虑，可以把融入主题式教学的理念作为教材编写的原则之一。

目前在国际上流行着两大教学体系：主题式教学和分科式教学。所谓主题式教学，就是不分科目，要求教师在六大主题的指导下，根据学生自己的情况，有针对性地选取教材，同时使学生参与到教学中来，让他们自己收集资料、提出问题、解决问题。这六大基本主题是：（1）我们是谁？（2）我们如何安排自己？（3）我们处在何时何地？（4）如何共处宇宙空间？（5）如何表达自己？（6）世界如何运转？在这些基本主题之下，再区分不同科目和不同的年级，生成丰富的子课题，然后组织教学。以英国为代表的一些欧洲国家实行的就是这种教学方式。

美国的 AP 外语类课程（包括 AP 中文），自然属于分科式教学体系，但我们发现，AP 中文的宗旨却体现着明显的主题式教学理念。如《课程概述》中 5C 目标的描述、对文化内容的要求等等，同时，美国的许多 AP 外语类课程都鲜明地体现了主题式教学系统的根本理念和显著特点，如教材的选题与授课的内容在很大程度上围绕着世界性的共同“话题”，教授的方法体现出学生的大量参与，教材大多是根据学生的具体情况由教师有目的地选编的，等等。这些都提醒我们，AP 中文课程虽然属于分科式教学体系，但也应该吸收主题式教学体系的某些理念。我们认为，教材编写工作的核心之一是话题选择，在这一核心工作上，完全可以借鉴主题式教学的方法，在语料的选择和课文的编写上，以这六大主题作为我们选择话题的范围和框架，在呈现汉语知识的同时，尽量选择一些人们共同关心的问题，在带领学生一起探索自然、探索人类社会的同时，提高他们“探索”汉语和汉文化的可能性与积极性，从而提高他们运用汉语进行交际的能力。

通过深入研究与美国 AP 中文课程有关的文件，我们更切实地认识到，一切教学活动的最终归结点是学生。能否帮助学生很好地掌握目的语是衡量一部教材优劣与否的最重要的标准。因此我们的教材编写首先应当以学生为中心，在话题的选取、活动的安排、知识点的呈现方式、学习评价的标准等方面充分考虑学生的特点，尽一切可能地激发学生学习、使用汉语的兴趣和能动性，使学生感觉到汉语学习对他们来说不是外在的负担，而是内在的要求。

总之，围绕 AP 中文课程的开设，有关外语教学的理念又一次引起了人们的兴趣和思考，在思考与改革中，我们的汉语教学会更加适应世界范围内对汉语的需求，适应汉语国际推广这一新的、有利的形势。

第三节 CEFR 对汉语测试研发的启示[①]

一、欧洲语言能力等级共同量表（CEFR）的制定[②]

欧洲是一个多民族、多语言、多国家的地区，为了促进欧洲一体化，促进人员之间相互理解与沟通，欧洲委员会的语言政策部门（The Language Policy Division）自 20 世纪 70 年代就提出了语言教学应当分级的要求，希望把漫长的语言教学过程划分成若干个较小的、能独立授予学分的单元，试图建立一个能得到欧洲各国承认和采用的共同的参照标准，使语言教学和语言测量具有透明度。这一努力的结果就是最后形成的“欧洲语言能力等级共同量表”（*A Common European Framework of Reference*，简称 CEFR）。自二十世纪七十年代以来，有一批学者一直在从事语言能力描写规范的研究。1975 年，Van Ek 出版了“入门级教学要求”（Threshold Level Specification），具体规定了学完这一级以后学生在实际生活中以语言为交际工具“能做什么”，也包括

① 本节摘自方绪军《CEFR 对汉语测试研发的启示》，《世界汉语教学》2007 年第 2 期。

② 本节关于 CEFR 的制定过程的说明主要参考了杨惠中《制定亚洲统一的英语语言能力等级量表》，Academic Forum on English Language Testing in Asia, Hong Kong，2005。

需要掌握的相应的知识和技能。同一时期还出版了较低一级的“初阶级教学要求”（Waystage Level Specification）。以上两个文件在1991年进行了修订和更新。因为不少欧洲语言测试机构还在考核更高一级的语言能力，于是在1995年又开发了“良好级教学要求”（Vantage Level Specification）。这样就有了三个等级。后来又向两端延伸，最后形成了欧洲语言能力等级共同量表，共分六个等级，即起步级（A1）、初阶级（A2）、入门级（B1）、良好级（B2）、熟练级（C1）、优秀级（C2）。

2001年11月欧洲委员会通过决议，把这一量表推荐给欧洲各国使用，目前已成为欧洲各国普遍采用的参照标准，各国据以制定各自语言的教学大纲、开发教材、组织教学，当然也用于语言测试。

这一量表从交际所需要的语言能力、相关的语言知识和技能、交际语境和范畴三个方面对语言能力等级进行了全面描写。对语言能力等级的描写方法是基于对语言使用情况的分析，即分析在一定的情境下为完成语言交际任务所使用的交际策略。语言交际范畴共分为四类：个人的、公众的、职业的、教育的。交际活动也分为四类：产出、领会、交互、中介（译介）。这种划分为语言能力等级的描写提供了一个全面的框架。在划分等级时力求量化和有序化，具体操作分为三步：

1. 建立描述语库。先后分析了41个现有的各种量表，把各个语言能力级别的描述语收集起来，排序成一个临时的能力等级。要求每级只能用一句话进行描述，不用否定的描述语，不用常模参照的描述语，描述语不重复，相互独立。

2. 进行定性的效度论证。邀请约100位有经验的教师，对各自班上的共计约 1000 名学生的语言能力进行评判，收集他们在评判时所使用的描述语，找出既清楚又实用的描述语。如果这些描述语尚未收集到描述语库，则予以收录。

3. 进行定量的效度论证。采用 Rasch 模型进行量表化。在描述语选定后，用 Rasch 模型做量表化处理，先初步分级和排序，请教师用来对班上学生进行评分，再做相关分析；不同级别之间用“锚题”连接；描述语等级排成数字量表，然后确定级与级之间的分界（cut-off）线。最后确定分为六个等级。

欧洲语言能力等级共同量表对每个等级都用“能做”描述语（can-do statement）进行了描述。如，最高等级“优秀级”（C2）的“能做”描述语为[①]：“能轻松地听懂或读懂所听到或读到的所有内容。能归纳各类口头和书面材料所包含的信息，并能做连贯的转述与说明。能即时自然地、流利而准确地进行表达，能在复杂的情境中辨别出言外之意。”

最低等级“起步级”（A1）的“能做”描述语为[②]：“能听懂或读懂并能使用熟悉的日常用语和日常生活中常用的基本表达形式。能介绍自己或他人，并能就个人的背景材料进行提问或回答，比如能就住在哪里、认识何人及拥有何物等话题与他人交流。在对方语速缓慢、表达清楚并提供帮助的情况下，能与对方进行简单的言语交流。”

欧洲语言能力等级共同量表发表以后，欧洲的一些测试研发机构纷纷要求欧洲委员会采取积极的措施帮助测试研发机构，使

---

① 详见 http://www.coe.int。

② 详见 http://www.coe.int。

他们开发的测试能与 CEFR 关联起来。为此，欧洲委员会拟订了一份操作指南，旨在帮助测试研发机构，使其开发、实施的测试项目能与 CEFR 进行有效的关联，并纳入 CEFR 框架之中[①]。

1990 年欧洲主要语言测试专业机构成立了欧洲语言测试学会（The Association of Language Testers in Europe，简称 ALTE），这一机构的宗旨是致力于提高语言测试的质量标准，也致力于制定语言能力等级的共同量表，以利于语言能力的相互认证。2001 年 11 月，ALTE 决定采用欧洲语言能力等级共同量表作为划分语言能力等级的标准。据 ALTE 网站介绍，该学会已拥有 31 个成员（这些机构代表着 26 种欧洲语言），遍及英国、法国、德国、意大利、波兰、丹麦、瑞典、挪威、芬兰、荷兰、爱尔兰、希腊、匈牙利、立陶宛、保加利亚、拉脱维亚等国家，一些著名的语言测试机构，像英国的 University of Cambridge ESOL Examinations、德国的 Goethe-Institut Prù fungssystem 等都是 ALTE 的成员，各成员都将自己研发的考试与 CEFR 进行关联[②]。

ALTE 在 CEFR 的框架之下，对语言能力"能做"描述语进行了细化。这种细化体现在两个方面：一方面根据语言交际的不同领域，将语言能力分为普通能力（overall general ability）、社交和旅游需要的能力（ALTE social & tourist typical abilities）、工作需要的能力（ALTE work typical abilities）和学习需要的能力（ALTE study typical abilities），分别进行"能做"描述；

① Figueras, N.,B.North, S.Takala, N.Verhest and P.V. Avermaet, Relating examinations to the common European framework:A manual. *Language Testing.* 2005.22.3.

② 详见 http://www.alte.org。

另一方面对上述四种不同领域的各个等级的语言能力分为“听/说”“读”“写”三项分技能，分别进行“能做”描述。

CEFR的研究主要是从英语开始的，但该量表不仅适用于英语，也适用于欧洲其他各种语言。各国的语言教学机构和考试机构可以参照这一量表制定自己的语言教学大纲，开发各自语言的考试项目或将自己开发的考试项目与CEFR进行关联。比如，剑桥大学考试委员会是ALTE的创建者之一，剑桥ESOL考试等级标准就与CEFR相关联。剑桥ESOL考试中心推出的考试（包括商务英语考试、雅思考试、少儿英语考试、通用英语证书考试）所设立的水平等级都可以参照CEFR的等级标准进行解释[①]。

欧洲委员会基于CEFR开发出了一项面向多语言、设立多级别的网络诊断语言测试系统DIALANG（Diagnostic Language Tests），语言学习者可以利用该系统对自己的语言水平进行全面或某种单项技能的测试，系统会根据测试结果给出反馈意见和建议[②]。

从语言测试角度来看，不同的测试如果都以语言能力等级共同量表为参考标准，那么测试分数与等级就基本具有了可比性。语言能力共同量表在不同的测试之间架起了沟通的桥梁，为不同的测试分数或成绩之间进行比较提供了适当的平台。这也为考试用户理解和使用不同的测试所报告的结果提供了极大的方便，这样有利于不同国家或地区相互承认各种语言能力证书。

当然，CEFR也有许多不足之处，如在量表的适用条件、

---

① 详见 http://www.cambridgeesol.org。

② 孙玉荣《DIALANG——14种语言的网上诊断性测试系统》，《中国考试》2004年第7期。

效度验证、“能做”描述语等方面，都还有不少需要完善的地方[①]。但这些不足，多是在操作层面上的。人们对 CEFR 的基本框架和基本原则并没有疑义。

二、汉语测试研发及分数等级问题

（一）随着汉语在国际交往中的地位日益重要，学习汉语的人也越来越多，随之而来的就是人们出于各种不同的目的需要评量学习者的汉语能力。我国大陆正在使用或研发的用来评量母语非汉语者的汉语水平的测试主要有汉语水平考试（HSK）、少数民族汉语水平考试（MHK）、商务汉语水平考试、旅游汉语水平考试、文秘汉语水平考试、少儿汉语水平考试等，台湾地区也有华语文能力测验（CPT）。随着美国中文 AP 项目的实施与推进，AP 中文考试在美国越来越受重视。其他国家，如日本、英国等也有各自的汉语能力测试。这些不同的测试都有各自不同的划分等级的标准和各自不同的分数等级及其解释方式。如，汉语水平考试（HSK）分成基础、初中等和高等共 11 个水平等级，少数民族汉语水平考试（MHK）分成 4 个等级，台湾的华语文能力测验（CPT）分成初、中、高三等共 7 个水平等级。

目前各种汉语测试用来划分汉语水平等级或分数等级的标准往往具有如下几个特点：

---

① Weir, C. J., Limitations of the common European framework for developing comparable examinations and tests. *Language Testing,* 2005.22.3.

1. 基于经验的描述。习惯上人们往往用“简单”“复杂”等来评价语言形式（如词语、语句等），用“一般”“熟练”“精通”等来评价人们使用语言的能力。这种描述都是基于人们对语言本身和语言能力认识的经验。现有的一些测试的等级描述就是基于这样的经验认识的。如少数民族汉语水平考试的二级标准里有这样的描述语[①]：

> 在认知一些比较具体的信息之外，还可以完成一些较复杂的语言交际任务，如关于目标、途径、条件、各种可能性的阐述和概括，以及一些简单的推理。可以根据所提供的材料判断一些前提、条件。可以较为正确地理解和较为熟练地使用简单的陈述句、祈使句和疑问句。在日常生活和社会交往中，可以正确书写较多的常用汉字，可以写简单的通知和条据类等日常应用文。

其中的“比较具体的”“较复杂一些的”“简单的”“较为正确地”“较为熟练地”“较多的”等都是基于经验的描述。

2. 相对的描述。语言交际能力有高低之分，语言测试对语言交际能力的评量也往往以高低不同的若干个等级加以区分。有些测试在划分等级时对不同等级语言能力的描述是相对的，不同等级之间的区别是相对而言的。如 HSK（商务）测试的等级标准对一至五级的描述分别为[②]：

> 一级——尚不具备使用汉语从事商务工作的能力；

---

① 谢小庆、鲁新民主编《考试研究文集》（第 1 辑），北京：经济科学出版社，2002。

② 详见 2005 年 HSK（商务）http://www.hsksw.cn。

二级——可以在商务工作中使用一些简单的汉语进行有限的交流；三级——可以比较有效地使用汉语从事商务工作；四级——可以比较熟练地使用汉语从事商务工作；五级——可以比较自如、得体地使用汉语从事商务工作。

这些等级描述里的“有限的”“有效地”“熟练地”“自如、得体地”都是基于经验的，同时，就相邻等级之间的区别来看，不同等级描述的区别又是相对的。这样的等级描述，不同等级之间的区别有时并不很分明。如，在人们的交际活动中，“有限的交流”（二级）有时也可能是“有效”的（三级），“有效地使用汉语”（三级）也可能是“熟练”的（四级），“熟练地使用汉语”（四级）也可能是“自如、得体”的（五级）。这似乎让人们感到，低一级的能力却可能完成高一级的任务。一般来说，在进行语言能力等级描述时，高一级的能力可以涵盖低一级的能力，但低一级的语言能力不能涵盖高一级的能力。上述的等级描述之所以难以区别，与这些等级描述语的着眼点不同有很大关系：“有限的交流”着眼于交际任务的范围或交际时使用的语言表达形式，“有效地使用汉语”着眼于交际任务完成的结果，“熟练地使用汉语”着眼于交际活动中使用汉语的熟练程度，“自如、得体地使用汉语”着眼于交际活动中的语用能力。因此，从实际使用或便于操作的角度看，每一级的描述都需要进一步提出定量的标准，或参照共同的着眼点。

3. 主观的规定。测试的结果一般表现为一定的报告分数，有些测试还将考试结果区分为不同的等级。确定不同分数等级的分界线是十分复杂的工作，必须有具体的、可靠的效度验证。但在实际研发当中，有些测试的分数等级是主观规定的。如，商务汉语考试测试的听、读单项分各为 500 分，总分为 1000 分。单项考试成绩与等级对应关系如下：0—100 分，一级水平；101—200 分，二级水平；201—300 分，三级水平；301—400 分，四级水平；401—500 分，五级水平。

这样划分出的五个等级，单项分和总分等级之间的差距分别为 100 分到 200 分，看上去很整齐。但这种分数等级划分还需要进行定性和定量的效度验证，只有这样，测试所报告的学生的语言水平等级才能使人信服。

（二）随着大规模汉语测试品种的增多，从用户的立场来看，人们需要对不同的测试以及测试结果进行比较，从而做出适当的决策（包括测试品种的选用、测试结果的使用等）。由于缺乏共同参照的标准，人们就很难对不同的测试以及测试结果进行有效的比较。如，我国少数民族母语非汉语者可以参加汉语水平考试（HSK），也可以参加少数民族汉语水平考试（MHK）。由于这两种考试的等级标准、等级划分都不尽相同，用户就很难将参加 HSK 的考生获得的分数等级与参加 MHK 的考生获得的分数等级进行比较，并做出合适的选择。这对考生、教学单位或用人单位来说，都是极为不便的。

有些测试机构意识到了这个问题，试图将自己开发的测试的分数等级与某种既有的考试进行比较。如，中国台湾华语文能力测验研发机构就将华语文能力测验（CPT）的水平等级分别与大陆开发的汉语水平考试（HSK）和日本的中国语检定的水平等级进行了对比。并给出了对照表（表 1）。

表 1 CPT 与 HSK 等级分数对照表

<table>
<tr><th colspan="2">CPT 分数等级</th><th colspan="3">HSK 分数等级</th></tr>
<tr><td colspan="2"></td><td>11 级</td><td colspan="2" rowspan="3">高等</td></tr>
<tr><td rowspan="3">高等</td><td>7 级</td><td>10 级</td></tr>
<tr><td>6 级</td><td>9 级</td></tr>
<tr><td>5 级</td><td>8 级</td><td rowspan="3">中等</td><td rowspan="5">初、中等</td></tr>
<tr><td rowspan="2">中等</td><td>4 级</td><td>7 级</td></tr>
<tr><td>3 级</td><td>6 级</td></tr>
<tr><td rowspan="2">初等</td><td>2 级</td><td>5 级</td><td rowspan="2">初等</td></tr>
<tr><td>1 级</td><td>4 级</td></tr>
<tr><td colspan="2" rowspan="3"></td><td>3 级</td><td colspan="2" rowspan="3">基础</td></tr>
<tr><td>2 级</td></tr>
<tr><td>1 级</td></tr>
</table>

表 1 显示了 CPT 和 HSK 的初等、中等和高等并不完全对应、等同。从表面上看，CPT 和 HSK 还存在着许多差异，比如，试卷设计不同（CPT 的初等和中等各一份试卷，HSK 的初等和中等合为一份试卷）、试卷结构不同、考试题型不同、考试时长不同等。

更重要的是，如果说 CPT 的 1 至 7 级与 HSK 的 4 至 10 级是对应的或是可以对照的，就必须提供可靠的定性和定量的验证。否则，这种对照的信度就值得怀疑。如果 HSK 和 CPT 都与某个汉语能力量表相关联，那么，将二者进行比较就容易得多。

在实现不同测试之间的可比性方面，CEFR 给了我们有益的启示。CEFR 适用于欧洲各种语言，各国的考试机构可以参照这一量表制定自己的语言教学大纲，开发各种语言的测试项目。各教学或考试机构还可以根据需要，在 CEFR 的框架中对某个语言能力等级进行再划分，以适应教学和测试的需要[①]。

三、制定共同的汉语能力等级量表

随着国际交往的日益频繁，外语能力认证的可比性就显得日益重要。外语能力认证的可比性是用户对不同的考试机构报告的等级分数互认的前提。倘要使不同的语言能力认证具有可比性，就必须制定共同的语言能力等级量表，不同的考试机构都在这个共同的等级量表框架内进行考试研发，并以这个共同量表为基本依据来报告考试成绩。如果我们能在国内乃至亚洲地区建立共同的汉语能力等级量表，就为各地的汉语测试研发提供了一个共同的基础，也为各种测试之间建立了可以进行比较的平台。近来，亚洲外语（主要是英语）教学与测试领域希望建立共同的语言能力等级量表的呼声也逐渐高涨。亚洲英语教师协会（Asia TEFL）副会长 Ikuo Koike 主张借鉴 CEFR“制定一个《亚洲语言共同课程指南框架》”（the Common Asian Framework for Languages），并认为“《亚洲语言共同课程指南框架》不仅意义非凡，而且非常现实。这个框架可以包含以下 10 个方面的内容，即包容性、透明性、一致性、实用性、不同语言等级的综合标准、语言教学观、语言测试、语言使用者 / 学习者的能力、语言教学

① Hasselgreen, *A*. Assessing the language of young learners. *Language Testing* 22.3, 2005.

实践、任务描述和执行等”[①]。杨惠中（2005）[②]具体讨论了制定亚洲统一的英语语言能力等级量表的原则和步骤。他提出的制定亚洲统一的英语语言能力等级量表的设想，对我们制定统一的汉语能力量表也有启发意义。汉语作为亚洲地区使用人口最多、使用范围最广的语言，制定共同的汉语能力等级量表对于汉语教学和考试显得十分重要。我们认为，在严格遵循教育测量和心理测量的原则与标准的前提下，制定共同的汉语能力等级量表可以从以下几方面着手：

1. 汉语教学管理的各权威机构、汉语教学单位和汉语考试研发机构密切合作，致力于共同的汉语等级量表的制定工作。可以成立专门的学术研究组织，协调各地区、各单位之间的工作。

2. 广泛调查以汉语为外语的学习者使用汉语的情况，包括他们的汉语水平（分听、说、读、写等项目技能）、汉语学习经历、使用汉语的交际场合、使用汉语的交际目的、使用汉语的交际效果等。调查对象的数量和结构应该能够充分反映以汉语为外语者使用汉语的总体情况，取样必须充分具有代表性。

3. 以语言交际理论为背景，对使用汉语进行交际或完成交际任务所涉及的各方面语言因素进行具体分析，提出汉语交际能力的基本结构及对汉语水平进行行为描述的理论框架。这种基本结构和理论框架将为对汉语能力等级量表中各等级的语言能力

---

① 郑新民《多元化下的共识：亚洲英语教学发展的新动态、新趋势——北京 Asia TEFL 第 3 届年会述评》，《外国语》2006 年第 2 期。

② 杨惠中（2005）《制定亚洲统一的英语语言能力等级量表》(*A proposal to establish Asian level framework of English language proficiency*), Academic Forum on English Language Testing in Asia, Hong Kong。

进行“能做”描述提供理论依据。

4. 广泛收集各类对外汉语教学和测试研发的资料，对各种现有的量表及评分标准进行分析。同时，邀请相当数量的有经验的从事对外汉语教学工作的教师对所教的学生进行汉语能力等级描述，收集并分析他们所做的描述中使用的描述语。通过文献整理和实际调查分析，建立临时的汉语能力描述语库，对汉语能力描述语进行等级排序，使描述语对汉语能力的描述具有一定的梯度。

5. 在定性分析汉语能力等级的基础上辅以定量的指标，对各等级应掌握的相应词汇量（包括应掌握的汉字数量）、语法结构、阅读速度、听力材料语速、口语表达语速等进行数量描述。

6. 经过定性和定量的研究，采用关于语言使用与语言能力的理论作为框架，遵循一定的教育、心理测量原则与标准，划分汉语能力等级。划分汉语能力等级的多少应根据实际使用汉语的情况决定，并与汉语教学的不同阶段相适应。分出的等级数量少，比较容易达到较高的信度，但可能过于粗略，不能满足实际的需要。对汉语能力认证或汉语教学安排而言，这样的能力等级分得越细越好。但能力等级分得越细，划分等级的难度就越大，随之就难以保证等级划分的信度。

7. 用易于理解的语言对各等级的汉语能力进行行为描述，说明达到某一能力等级的学生能用汉语做什么，即采用明确、直观的“能做”描述语，直接反映在实际语境中使用汉语的能力，使考生和考试用户对考试所报告的汉语水平等级或分数能够得到直接的解释。

8. 对制定出的汉语能力等级量表在足够广泛的范围内进

行定性和定量的效度验证，并征求教育行政部门、教师、学生、用人单位等方面的意见，以完善量表。

四、共同的汉语能力等级量表对汉语测试研发的意义

科学的、获得广泛认可的共同汉语能力等级量表无论是对汉语教学还是汉语测试研发都具有极其重要的意义。

对汉语教学的组织与实施来说，共同的汉语能力等级量表将为各地、各种水平的汉语教学进行总体设计和分阶段教学提供共同的参照和基本的依据，便于不同地区、不同单位的汉语教学部门之间在课程设置、教学内容等方面进行沟通与交流，也便于学习者在不同地区、不同教学单位选择合适的课程。共同的汉语能力等级量表着眼于对使用汉语完成一定的交际任务的能力的描述，汉语教学以这样的量表为参照标准，将势必把汉语教学的重点转向培养学习者的汉语交际能力方面来。这是符合现代语言教学的基本方向的。

对汉语测试研发机构来说，共同的汉语能力等级量表为其提供了全面的、有等级差异的、经过效度验证的语言能力描述。不同的测试机构研发的汉语考试如果能与共同的汉语能力等级量表关联，那么，不同的考试及其所报告的分数可以进行多方面的比较，这样便于各汉语考试机构之间（国内、地区考试机构之间，或世界汉语教学及考试机构）加强交流与合作，结果也势必使得不同考试的研发及实施过程更加透明、公正、科学。参照共同的汉语能力等级量表，考试机构也可以根据学习者的需求研发更加具有针对性的考试。

对语言测试产品的用户来说，人们可以对基于这种能力等级量表研发的各种不同的测试以及考生参加不同的测试所得的分数进行有效的比较。这样，即使用户采用不同的测试，用人单位也可以根据有科学定义的语言能力认证选拔和使用所需要的懂汉语的人才。共同的能力等级量表基于汉语交际需要对不同等级水平的汉语能力进行直观的描述，这样也便于用户理解，能更有效地发挥语言能力测试评量学习者语言交际能力的作用。

第四节 《欧洲语言共同参考框架》新理念对汉语教学的启示与推动①

《欧洲语言共同参考框架：学习、教学、评估》（法文简称为CECRL，英文简称为CE-FRL，以下简称“欧洲框架”或“框架”）是欧洲理事会组织其各成员国共同制定的关于语言教学、学习及评估的整体指导方针与行动纲领。应当今社会人员流动频繁、国际沟通不断增加、各国语言教学日趋接轨的需要，“欧洲框架”分别从语言教学、语言学习及测试评估等方面提供了统一的参考标准，是各国语言教学及学习领域的重要参考工具。它于2001年正式出版发行，问世七年来，随着其在欧洲各国语言教育领域的不断推广和应用，影响日渐深远，被称作欧洲现代语言教育的“大革命”，也为世界语言教育揭开了新的篇章。

---

① 本节摘自白乐桑、张丽《〈欧洲语言共同参考框架〉新理念对汉语教学的启示与推动——处于抉择关头的汉语教学》，《世界汉语教学》2008年第3期。

一、欧洲框架简介

（一）“欧洲框架”制定及推行的背景

“欧洲框架”作为欧洲范围内的统一语言政策，其制定是以服从欧洲理事会（Conseildel’ Europe/Council of Europe）[①]的整体政策为宗旨的。“欧洲境内多元的语言及文化是一项丰富的遗产，也是一项值得保护与发扬的宝贵共同资源”[②]，要做到共同保护和发扬，需要共同的指导纲领，需要各国共同合作与协调，以达成欧洲层面语言文化遗产保护的最大整合。

随着欧盟成员国的不断增加，欧洲各国间的国际性交流及合作日益频繁。在语言多元化及文化多元化的背景下有效克服沟通障碍、提升国际沟通和理解能力是当前所面临的重大课题。经济与社会的飞速发展使跨洋远航不再是只有古代冒险家才能实现的梦想，出国学习、工作和生活随着全球化脚步的加快而日渐频繁与平常，特别是ERASMUS[③]等欧洲一系列教育合作及交流项目的建立与实施，使大批的欧洲中学生及大学生有机会到其他国家学习外语、选修课程、进行交流，这为各国外语教学的接轨及教

---

① 鉴于名称的相似及易混淆性，本节依据中华人民共和国驻欧盟使团官方网站给出以下欧洲几大机构的翻译形式：欧洲理事会（Conseil del’ Europe/Council of Europe），欧盟理事会（Conseil européen/European Council），欧盟委员会（Commission européen ne/European Commission），欧洲议会（Parlement européen/European Parliament）。另：“框架”所涉及的专有名词在本节中均在其后括号内依次给出法语和英语形式。

② 参考欧洲理事会部长会议《建议案》前言，1982。

③ 由欧盟资助的Erasmus Mundus项目是高等教育领域内的一个合作奖学金项目，是一项提供确切的欧洲高等教育机会的全球性计划。详细内容参见下列网页：http://ec.europa.eu/education/programmes/mundus/index en.html。

育体制的“透明”提出了要求，建立一个共同的基础来相互承认及对比各种语言考试和资格认证迫在眉睫。

另外，随着欧洲整体和谐发展观念的深入人心，“仇外心理与激进民族主义行为近年来被视为成员国沟通及欧洲整合的主要障碍”①，加强各国间语言文化交流被视为淡化民族仇外心理的重要政策和方法，这与语言教学及推广密切相关。

最后，在外语教学与学习领域，自20世纪初开始，对语言学、语言教学、语言习得与学习方面的研究取得了丰硕的成果，如何将这些成果有效地整合、达成共识并应用于语言教学和学习的实践，是至关重要的。建立一个共同的参考工具，对与语言教学及学习有关的各类术语进行界定和统一，对与教学及学习密切相关的各类理论及方法进行选择、归类和总结，这不仅是研究工作的最终价值体现，也可以为下一步的研究及实践指明方向、奠定基础。

总之，欧洲的政治、经济、文化、教育等多方面因素、目标及政策，共同推动了语言教学、学习及评估的统一规划与整合，“全面、一致、透明”（p.14/p.7）②的“欧洲框架”应运而生。

“‘欧洲框架’是现代语言教学与教育政策相结合的典范。”③这不仅有助于其在众多成员国共同协作、资助下的制定和推广，以避免教育部门或机构单独行动的势单力薄；同时，框架的全面制定与实施还反过来促进了欧洲理事会一系列语言政策的落实和

---

① 参考欧盟第一次各国元首高峰会议议题。

② 本节所示页码请分别参照“欧洲框架”法文版及英文版，下同。

③ 参见白乐桑2007年10月8日台湾师范大学华语文教学专业演讲报告。

推广，使各个成员国朝着同一方向，互相协助，共同加强整个欧洲多元化语言及文化的联系与交流，充分发挥各自研究及实践领域的潜能。

（二）欧洲框架的内容

早在20世纪70年代，欧洲文化理事会（Conseilde la cooperation culturelle/Council for Cultural Cooperation）就已开始致力于整体参考框架的孕育与研究，其目的是建立一个在不同国家教育部门间共同使用的衡量标准体系，以利于不同语言之间的相互认可和认证。基于这一目标，J.A.van Ek和J.L.M.Trim等学者于20世纪90年代相继编写了《入门水平》（*niveau intermé diaire ou de survie/Way stage*）、《起步水平》（*niveau seuil/Threshold*）及《进阶水平》（*niveau avancé ou indépendant/Vantage Level*）等一系列评估语言学习阶段及能力的文献，这些文献对当时全欧洲建立共同语言能力标准与评估标准的理念起到了不可忽视的推动作用，也为后来“欧洲框架”的编写及等级制定奠定了重要的基础。

1991年11月在瑞士Rûschlikon的欧洲各国政府专题研讨会上，瑞士联邦政府提出了“欧洲境内语言学习的透明度与一致性：目标、评估、认证”的提案，至此拉开了“欧洲框架”制定的序幕。此次研讨会之后，欧洲理事会组织各国相关语言教育机构及专家组成了“框架工作组”，经过九年的研发和编写，并经过反复实验、取样、讨论及修改，“框架”终于在2001年正式出版，2003年修订以后再版发行。

“欧洲框架”是欧洲语言教学与评估的统一性纲领，为全欧洲语言教学计划的制定、课程设置、语言测验及教科书编写等提供了一个共同的理论基础。框架全文260余页，包括九章，主要内容涵盖语言学习、教学及评估三大部分。在语言能力分级方面，框架分为依次递升的三阶段六等级（A1 基础级、A2 初级、B1 中级、B2 中高级、C1 高级、C2 精通级），并建立了总体分级标准。

全书以“行动为导向”（perspective actionnelle/an action-oriented approach）作为整个框架的理论基础，认为“语言使用者是社会的成员，必须在一定的情况下或特殊的环境里或在某种特定的行为范畴中，来完成特定的任务或议题”（p.15/p.5）。围绕这一核心，“框架”对参与并影响“使用者完成特定任务”过程的各种因素进行了详细的列举，从整体到局部进行了阶梯式的归类及分析。其中，与语言使用密切相关的因素包括情境、主题、任务、目的、言语活动、策略、沟通过程、文本、媒介等；同时，语言使用者也需要一定的内在能力来完成某项任务，如一般性的知识、技巧、生存能力、学习能力、一般语言学能力、社会语言学能力、语用内在能力等。从一般到具体，在给这些因素分门别类、“各就其位”、形成一整套系统的同时，该“框架”也针对某些因素按照 A1 到 C2 的三阶段六等级形式提供了分级标准，如《综合口头表达分级标准》（p.49/p.58）、《互动策略分级标准》（p.70/p.86）、《记录笔记分级标准》（p.77/p.96）、《语法准确度分级标准》（p.90/p.114）等。

总之，“从某种意义上讲，‘框架’是一部比较完整的著作”[①]，它对语言教学及学习的相关术语进行了界定和统一，对语言及教学的情境从方法论上进行了系统描述与分析，涉及了各种教学及学习情况、各种教学及学习因素以及在教学和学习中遇到的问题，

① Goullier, Francis, *Les outils du Conseil de I'Europe en classe de langue: Cadre européen commun et Portfo-lios.* Paris: Didier. 2005.

是第一次全面覆盖现代语言教学及学习的统一标准和参考。

二、从“欧洲框架”看欧洲语言教学及学习新理念

“欧洲框架”是欧洲各国语言及教学专家经过反复调研、讨论及修改而制定的，这是对一个多世纪以来欧洲语言教学理论及实践成果的系统总结，是欧洲现代语言教育的集大成者。虽然“框架”一再声明“不采取任何现有学习理论及语言教学法的特定立场”（p.21/p.18），而是“以行动为导向”（p.15/p.5）作为理论基础，采取中立，提出“一系列参数和分类，目的在于鼓励教学工作者进行讨论、使用及验证”（p.21/p.18），然而，纵观“框架”，我们可以看到，该书实则采用了“兼收并蓄”的办法，对过去的教学及学习研究成果进行了有选择的吸收、系统性的整理。作为参考工具，“框架”为欧洲语言教学提供了统一的标准；作为政策纲领，“框架”体现了欧洲现代语言教学及学习的新理念，指出了21世纪语言教学的新方向。

（一）提高多元语言能力——外语教学及学习的总航标

欧洲境内国家众多，语言种类众多，多种语言并存的客观现象为现代欧洲人提出了新的外语教学及学习的目标，即在多种语言和多种文化的背景下，提高“多元语言能力”（plurilinguisme/plurilingualism）。

什么是“多元语言能力”？“框架”在第一章（p.12/p.4）就给出了明确的定义：“‘多元语言能力’注重个人语言经验在其所处环境中不断增长的事实，即从家中语言到社会大部分人所说的语言，再扩大到其他国家和民族的语言。无论是在学校中学

习，还是生活中直接接触，这些语言在学习者心里并没有被分隔孤立开，而是共同建立一种由经验组成的沟通能力。这种能力会促进语言间的联系和交流。”比如一个法国人，从小生活在布列塔尼省（Bretagne），祖父母都说布列塔尼方言，自己虽然不说，但能听懂一些。他的母语是法语，中学阶段在学校里相继学习了英语、意大利语。此外每周三下午去汉语学习班，只学说，不学汉字认读和书写。大学毕业后去日本实习一年，后在一家银行工作，日语没参加过水平考试，但表达能力很好，之后回到法国，不再使用日语……由此可见，这位法国人从小到大接触过的布列塔尼方言、法语、英语、意大利语、汉语、日语等等所有语言共同构成了他的“多元语言能力”，且这种能力的培养和提高将不会中止，直至终生。由于个人语言经历不同，每个人“多元语言能力”的构成也有所不同。为此，欧洲理事会于 2001 年开始根据“框架”制定了《欧洲语言档案手册》（*Portfolio europé en des langues/European Language Portfolio*）①，该档案手册的第二部分“语言传记”有助于学生记录语言学习情况，建立个人档案，伴随终生。

“多元语言能力”概念的提出摒弃了之前只承认学校语言教育的局限性，认为个体的语言学习是一个终生的过程，无论是否接受过学校语言教育，无论是否参加过正规语言水平考试，对某一种外语的接触和学习都是个体“多元语言能力”的重要组成要素。

---

① 该手册包括三部分，即“语言护照”（passeport delangues/language passport），“语言传记”（biographie langagière/language biography）和“文件档案”（dossier/dossier）。

走出欧洲，放眼世界，在人才流动日益频繁的今天，多元语言现象不仅在欧洲，而且在全世界作为全球化的重要产物随处可见。单纯学习一种外语知识已不能满足教学的最终目标，提高交际能力、提高“多元语言能力”已成为现代外语教学与学习的总航标。

（二）跨文化知识、意识及技巧——多元化交际的通行证

把提高“多元语言能力”的新目标落实在语言教学及学习实践中，培养跨文化知识、意识及技巧则被提升到了更新更重要的高度，是培养“多元语言能力”的必经之路。

近年来，“社会语言学研究成果表明，个体在多元化语言和文化环境下的内在能力是不平衡而且多变的”（p.104/p.133）。比如学习者经常较精通一种外语而对其他语言不熟悉；较精通第一外语的听、说、读、写，而只对第二、第三外语的某一方面擅长；又如学习者熟悉本族社会文化知识，但对其他某种社会文化知识从未接触过；即使在多元化语言和文化之间，也有不平衡的情况，如学习者很了解某一社群的文化，却不太了解其语言；或是精熟某一社区的语言，但对其文化了解不多。这些都是多元语言能力不平衡的具体表现，而且因人而异。

需要注意的是，多元语言及文化能力的不平衡性并不表示该个体不稳定、不确定或失去平衡，相反，这是正常的，是一种常态。这是因为“因职业的走向、家庭背景、旅游经验、阅读和嗜好，语言使用者的语言和文化历练也会跟着改变，进而改变其多元化语言及文化能力的形式，并代之以复杂的多元语言及文化的经验”（p.104/p.133）。

虽然多元语言及文化能力的不平衡及多变性是非常普遍且正

常的现象，但从语言学习与提高外语交际能力的角度来看，母语与外语、第一外语与第二外语、母语文化与外语文化间的过分差异形成了一条“鸿沟”，是阻碍学习者提高外语交际能力的重要因素之一。因此，如何运用跨文化知识及技巧填补这条“鸿沟”、如何提高跨文化意识、运用跨文化知识和技巧来有效进行跨文化交际成为学界日益关注的课题。

跨文化知识、意识与技巧作为多元语言、文化交际中的通行证，其地位及作用在语言研究及教学界日益得到肯定和重视，这在框架中得到了充分的体现。“框架”认为（p.83/p.103）：外语学习者首先要有将“自己原本所处的世界”和“将要学习的世界”相联系的意识，在尽可能避免刻板印象扭曲目的语文化知识的同时，积极了解和吸收目的语所属的区域文化知识及社会文化知识，如“人际关系”“种族与社区间的关系”“工作时间和方法”“传统和社会变化”等，将其与母语社会文化知识相对比，并努力感悟及运用各种跨文化技巧，和其他文化的外国人进行有效的沟通。

跨文化知识、意识与技巧作为学习者“一般内在能力”的重要组成部分，“框架”在第五章（p.82/p.101）对其进行了简要分析。遗憾的是，受到当前研究水平及成果的局限，“框架”对跨文化知识、意识及技巧只是进行了简要举例，而未像“语言内在能力”一样进行非常详尽的系统归类（p.87/p.108）；跨文化知识作为“多元语言能力”的重要组成因素，在“框架”中也没有形成系统的从 A1 到 C2 的分级标准。文化作为重要的能力却没有给出能力分级标准，这是该“框架”的重要欠缺之一。

（三）科学评估——教学与学习的晴雨表

评估是教学及学习的重要环节，是衡量教学及学习效果的有效工具。现代社会发展日新月异，评估已不仅局限于教学，而是进入了社会的各行各业：经济制度、热门政策、改革措施、行业标准等。现代社会已走向评估，科学评估是社会发展的基本要求。

传统的语言评估方法各异、形式多样，包括试卷查错、限时表达、教师主观打分等。这些方法大多以“找错”为主要形式、以检测知识掌握情况为主要目的。“框架”以评定“交际能力”作为评估的主要目的和形式，是语言教学评估史上的重大变革。

“框架”中的所有评估等级表均由两部分组成：1）向上递增的分级符号（A1—C2）；2）每一等级中对学习者所达语言水平的能力“描述”（descripteurs/descriptors）。（对各等级的详细描述参见附录1）

“框架”对语言能力的分级，采用“超文本”（hypertextes/hyper-text）的分支原则，即A可以分为A1、A2，A1继续下分为A1.1、A1.2……这种分级方法有利于依据不同学校、不同学生的特点，由不同的“框架”使用者，在不同的分级点上进行细分，且都能回到原有的共同系统。这也体现了“框架”的开放性强、弹性强、适应性强的编写原则（p.14/p.7）。

评估表中的能力描述主要涉及两方面的信息：一是特定的领域和话语环境，二是完成任务时的语言能力表现。随着等级的不断递增，难度也不断渐进，突出表现在：文本、场景、语境逐渐复杂；需要处理的任务、主题逐渐复杂；流利度、语言表现的要求逐渐增高。比如A1水平，要求学生在日常生活和个人细节上回答简单问题；B1水平，能够对职场、学校、休闲等场合遇到的熟悉事物做一清晰的了解，创作简单连贯的文章；C1水平，能够在社交、学术及专业领域了解高难度的文章，且流利地自我表达。又如在“语法自我纠错能力”（p.90/p.114）方面，“框架”指出：A1到B1水平，学生“能够使用简单的语法表达意思，会产生错误”，但通常不具备“自我纠错”的能力，交际的建立和意思的表达是语言输出的重点；B2水平，学生开始“能够较好地运用语法，偶尔出现小错误时经常能够意识到并加以自我纠正”。由此可见，“语法自我纠错能力”在“框架”中也是衡量语法能力的重要标准，且随着整体语言水平的上升要求也不断提高。以上例子说明，这种由简到繁、由易到难的评估系统体现了“框架”连贯性和可用性强的特点（p.14/p.7），符合语言学习的一般规律，同时也体现出新型评估系统依然是以“行动为导向”、以“完成交际任务”为根本宗旨的，符合全书的整体理论基础。需要注意的是，评估表中对语言能力的描述均使用了“积极”“正面”的描述词汇，如“能够……”“可以……”等，这是对学习者所达到语言能力的正面肯定，是对传统“纠错”评估的彻底变革。

学习者是语言学习及语言使用的主体，定期了解自身的语言交际能力、有目的有意识地规划自身的学习过程、进行“自我评估”（auto-évaluation/self-assessment）日渐重要，在“框架”的整个评估系统中被提升到了前所未有的高度。“框架”在第三章给出了《自我评估总体表》（p.27/p.26），通篇采用“我能……”“我可以……”等句式，描述了不同等级学习者所达到的不同语言能力。另外在《欧洲语言档案手册》中，“语言护照”根据“框架”制定了更为详细的“自我评估参照表”（Grille pour l'autoé valuation/Self-assessment Grid），是学习者自我评估、建立个人语言档案的重要工具。

总之，在以提高“多元语言能力”为目标的新型语言教学中，教师评估与学生自我评估相结合的新型评估体系也突破了传统的限制，逐渐形成了完整的体系，开辟了未来语言教学评估的新前景。

然而，传统评估的观念在教师和学生心里仍然根深蒂固。比如在法国，义务教育阶段学校均以 20 分为满分，10 分算作过关，即是及格。“框架”则完全采用 A1—C2 的等级符号来标写能力，实分制与“框架”等级符号如何具体结合，是需要进一步探讨和制定具体标准的问题，这关系到全法国教师评分的一致性和对学生的公平性。

另外，培养学生“自我评估”意识也不是一朝一夕就能完成的工作。正如白乐桑、赵惠淳（2002）[①] 提到的，培养学生“自我评估”的意识和能力与教师和课堂不可分割，必须具体落实到每一节课当中。“评估必须针对学习的目标”，“教师在课堂上应不断提醒学生学习的目标，并且使评估的依据‘明朗化’，让他们试着自我评估，将老师评估的结果和自我评估做比较，让学生明白是高估了还是低估了自己的水平”，“如此，学生不仅将学习目标铭刻在脑中，而且无形中养成独立学习的精神”。

由此可见，制定出详细的等级标准并非万事大吉，真正彻底地将新型评估融入实际教学中还需要一个过渡的过程。

（四）终身学习——语言教育目标的大变革

单纯学习一种外语知识、单纯提高某种外语的交际能力已不能满足“多元语言”环境下的语言教学，“终身学习”、用

---

① 白乐桑、赵惠淳《法国汉语口语教学观感》，《世界汉语教学》2002 年第 1 期。

一生的时间来培养个人“多元语言能力”是当今语言教育的终极目标。

“框架”认为，“每个语言使用者都是社会的个体，时时刻刻都在和重叠性很高的社会发生各种各样的关系。在跨文化的领域中，语言教学的主要目标在于促进学习者个体完整性及认同感的发展”（p.12/p.5）。另外，“框架”以“多元语言及多元文化”作为语言学习及使用的背景和目标，认为学习者在积累各种语言经验共同建立“多元语言”沟通能力的同时，可以有弹性有选择地运用部分沟通能力进行有效沟通。

框架第六章（p.105/p.136）在阐述“学习 / 教学目标”时也明确提出，“以发展学生整体能力的观点来看，教 / 学目标被认为是提高一般性知识、技巧、能力、人格特质、态度及学习能力的综合过程”。

由此可见，框架中对语言教育目标的界定和传统定义相比修改甚大，精通一种、两种或三种语言，单纯成为“完美的母语使用者”不再是语言教育的终极目标，“语言学习是一项终生事业”（p.12/p.4），要用一生的时间在学习者头脑中建立语言沟通的存储库，使每种语言都能并融于其中。至此，欧洲框架已跳出了单纯语言学习与教学的限制，而是站得更高，吸纳更多与语言使用及学习相关的因素层面，共同整合，对认知语言学、母语习得与外语习得领域的研究提出了更高的要求。这不仅是语言教学及学习目标的重大变革，也是人类教育发展的跨时代进步。

（五）交际策略——言语活动的智囊团

交际策略（strategies communicatives/communicative strategies）作为语言交际的重要心理认知活动，受到应用语言学与第二语言习得研究的普遍关注，近年来也取得了一定的成果。交际策略不再被认为是说话人弥补欠缺或沟通不足的简单技巧，而是贯穿交际始终，支配语言使用者“动员及平衡所得资源、激活生理及认知方面的不同技能和过程、完成沟通的要求”的重要认知活动（p.48/p.57）。纵观相关研究文献，目前大多数学者仍局限于选取某一具体策略，在某种特定言语行为中，运用课堂观察、问卷调查、个案跟踪、数据统计等方法进行交际策略研究。“欧洲框架”在现有成果中取各家精华进行总结，并制定了交际策略的分级评估表格，这在语言教学史上还是首次。

“框架”将交际活动分为表达（production/production）、接收（réception/reception）、互动（interaction/interaction）及媒介（médiation/mediation）四种，在分别对各种交际活动所运用的策略从计划（planification/planning）、执行（exécution/execution）、评估（évaluation/evaluation）、修复（remédiation/repair）四个步骤进行详细阐述之后，“框架”还按照三阶段六等级的方式（A1—C2）分别为各种活动提供了策略分级标准。

由于受当前研究及实践的局限，对于某些特定活动，框架尚不能给出明确的策略分级标准，如在视听同时接收（réception audio-visuelle/audio-visual reception）的情况下，框架只给出“观看具有字幕的电视及电影的分级标准”（p.59/p.71），又如针对媒介 / 翻译（médiation/mediation）活动的策略（p.72/p.88），“框架”没有给出分级标准。

总之，“框架”对交际策略的系统定位、详细列举及细致分级充分体现了交际策略在语言使用、语言教学、提升语言交际能力中的重要性。在充分吸收、肯定并总结现有研究成果的同时，

“框架”现存的不足也为该领域的进一步研究指明了方向并提出了更大的挑战。

（六）任务法——语言教学的表演台

“欧洲框架”以“行动为导向”作为理论基础，虽然框架多次提出“不针对及采用任何现有理论”“也不完全采用某个语言教学法”，但纵观“框架”我们可以看出，“‘完成交际任务’在框架的概念及方法论系统中位于中心地位”[①]，功能主义及任务教学法是贯穿“框架”始终的重要理论基础。

任务教学法从20世纪80年代逐步发展而来，是交际教学法的拓展和延伸，其强调学习的社会性，认为知识的获得及能力的提高是人与人之间互相作用的结果，反映在教学中，教学应该为语言学习者提供一个可以互相沟通、共同完成特殊任务的环境，在其完成特定议题的过程中提高交际能力。

鉴于任务法在教学中的重要作用，“欧洲框架”在第七章《任务及其在语言教学中的角色》（p.119/p.157）中系统列举并分析了与“任务”有关的各项要素，包括任务的描述、任务的表现、任务的困难度等，不仅为教师及学生提供了一种有效提高交际能力的课堂教学模式，也为教学大纲制定者、教材编写者、考试策划出题者提供了重要的参考依据。

虽然任务教学法自产生以来已有近三十年的历史，但一直是作为理论进行研究。“框架”首次把教育体制、评估、教学、学习和交际法、任务法联系在了一起。交际任务法从此从书架上走下来，从图书馆走出来，从研究领域走到了实践领域，出现于语

① Goullier, Francis, *Les outils du conseil de I'Europe en classe de langue: Cadre européen commun et Portfo-lios*. Paris: Didier. 2005.

言教育政策之中。“框架”之所以被称作是语言教育的一场“革命”，原因之一便在于此。它将任务法系统地用到了课堂和学习中，也用到了具体评估当中，这在法国教育部制定的外语政策文件中得到了充分的体现。

法国教育部在2006年7月11日教育法令①中制定了《基础知识及能力基石》（Socle commun de connaissances et de compétences），该“基石”规定了法国中学生在义务教育阶段必须加以培养和训练的七个要素②。其中，第二要素是“实践一门现代外语”（pratiqued’ une langue vivanteé trangère）。为了在中学阶段更有效地贯彻法令内容、合理并系统地安排外语教学计划及评估，法国教育部于2007年10月出台了《中学阶段“实践一门现代外语”参考表格》③。该表格是根据“欧洲框架”为法国中学外语教学制定的具体政策和文件，是“欧洲框架”的“具体版”和“实践版”。

在该表格中，完成“任务”（tâches）作为衡量学生语言能力的重要标准直接出现在了“评估指南”（indications pourl’é valuation）当中，由此可见法国教育部门及教育政策对任务教学法的充分肯定及大力推行的决心。如表格在“口语互动”方面对A1水平的界定：

---

① 法令详细内容参见下列网页 http://www.legifrance.gouv.fr/affichTexte.do?cidTexte=JORFTEXT000000818367 & dateTexte=。

② 七个要素分别为：掌握法文、实践一门现代外语、了解数学及科技文化的重要理论、掌握一定的信息技术及交流技术、了解一定的人类文化、具备一定的社会及公民意识及处事能力、具备一定的自主能力及创造能力。

③ Grilledeférence-Lapratiqued’ unelanguevivanteétrangère，表格详细内容参见下列网页：http://eduscol.education.fr/soclecommun。

表 1 《中学阶段“实践一门现代外语”参考表格》：口语互动部分

<table>
<tr><td>A1</td><td colspan="2">学生在经常停顿以寻找词汇、要求对方缓慢重复或简化所说内容的情况下，能够进行交流。</td></tr>
<tr><td>能力</td><td>《基础知识及能力基石》对A1 水平的界定</td><td>评估指南</td></tr>
<tr><td>建立一个对话</td><td>在可以使用某些最基本的礼貌用语的前提下，在课堂或真实语境中能够做到：
—打招呼
—请假
—致谢
—自我介绍
—介绍他人
—向某人询问近况
—介绍自我近况</td><td>任务：
在日常课堂上，基于角色表演的形式，学生能够理解并建立一个简单对话。
标准：
学生能够：
—准确且流利使用最基本的礼貌用语
—恰当使用句法及结构
—恰当使用第一、第二、第三人称单数形式
—发音基本准确</td></tr>
</table>

三、欧洲语言政策下的法国汉语教学

（一）法国汉语教学新发展

法国对汉语的关注至今已有近 200 年的历史。法兰西学院 1813 年第一次设立汉学教授席位，1840 年开始在大学教授汉语，1958 年在哲学教师的努力下法国南部蒙日隆市（Montgeron）中学首次开设了汉语课程，使法国成为西方最早开始汉语教学的国家之一。近年来随着中国政治、经济实力的不断上升，越来越多的法国人开始意识到学习汉语的重要性，法国也成为汉语教学事业迅猛发展的几大国家之一。

从学习人数上看，中文作为外语在法国中等教育中已由 20 世纪 90 年代末的第 9 位，上升至目前仅次于英语、西班牙语、德语和意大利语的第 5 位，把希伯来语、阿拉伯语、葡萄牙语和俄语远远撇在后面。

关于法国大学和成人汉语教育。目前法国有18个大学开设中文专业，选修汉语的学生约5000人。除了大学的中文专业外，许多学校还为非中文专业的学生增设了汉语课程，包括孔子学院在内的成人汉语教学也在迅速发展。目前法国已有8所孔子学院[①]，开设了许多诸如介绍汉语、中国文化和社会等课程。值得注意的是非专业生占汉语大学生总数的四分之三。另外，部分华人会馆、协会和民间团体等也向社会提供中文教学服务，他们举办的各类中文培训班已有上万个。

法国中学汉语教学是法国汉语教育的重头戏。和其他国家注重大学和成人汉语教育的特点相比，法国汉语教学的独特之处在于多层次开展教学，即从小学教育阶段到大学高等教育阶段的汉语教学全面开展，特别是在中学阶段（10—17岁学生）已经形成了一定的教学规模和教学体系。到目前为止，法国已有300余所中学开设汉语课程，选修人数从2004年的9328人增加到2007年的20 628人，每年以约30%的速度增加，注重青少年汉语学习是法国汉语教学区别于其他国家的重要特点之一。

随着汉语教学的迅猛发展，法国汉语教师人数也呈逐年上升趋势。全法汉语教师资格考试每年的录取名额，由2004年的3名增加到了2007年的12名，今年可能会达到20名。中国国家

---

① 法国8所孔子学院分别设在：普瓦提埃市（Poitiers）普瓦提埃大学，巴黎第七大学，巴黎中国文化中心，布列塔尼大区雷恩市（Rennes），拉霍什尔大学（LaRochelle），法国中部Auvergne大区首府克莱蒙菲朗市（Clermont-Ferrand），阿尔萨斯大区斯特拉斯堡（Strasbourg），西巴黎南泰尔拉德芳斯大学（原巴黎十大）。

汉办自2005年起向法国派出“汉语教师志愿者”近20名，中国国内部分大学派往法国大学及孔子学院的公派教师也在逐年增加。

纵观法国汉语教育形势，可谓成绩喜人，发展迅速。“欧洲框架”的制定和推广，为整个外语教学，特别是汉语教学带来了一场重大变革，汉语教学正面临着巨大的挑战。

（二）法国汉语教学在“兼容”“框架”方面的尝试与进展

“欧洲框架”出台以后，影响不断扩大，欧洲各国相继与之接轨，以“框架”为依据制定各国的语言教育政策及大纲。法国教育部依据“框架”分级体系规定：学生在小学毕业时第一外语要达到A1水平；初中毕业时达到B1水平；高中毕业时达到B2水平。自2001年起，法国教育部对法国小学及中学教授的10门外语①制定了教学大纲和具体评估指南。汉语作为法国教育体系的第五大外语，毫无例外地被囊括在了以“欧洲框架”为首的各种语言政策及措施之中。

在法国教育部、法国汉语教学专家、汉语教师的共同努力下，从2002年至今，法国相继出台了适用于小学，初中四年级，高中一年级、二年级、三年级，高考等一系列汉语教学大纲、文化大纲及考试大纲②，并通过试用、调研、研讨等形式进行了反复修改和更新。从2008年9月开始，法国部分小学及中学将开设“中文国际班”（Sections internationals de chinois），这种

---

① 即英语、西班牙语、德语、意大利语、汉语、阿拉伯语、希伯来语、葡萄牙语、日语、俄语。

② 各年级教学及考试大纲详见网页：http://eduscol.education.fr/D 0231/progrenov.htm。

班型无论从学习课时、学习内容还是学习目标来看，均是欧洲外语教学的最高级形式。为了使“中文国际班”的开展及测试有据可依，法国教育部组织人力编写了具体的学习大纲及考试大纲。考试大纲初步规定，进入中学“中文国际班”的初一学生入班时汉语必须达到A1—A2水平，毕业出班时要达到B2—C1水平。此外，在法国各大高等专科学校[①]，为适应汉语作为非专业选修学科学习人数越来越多的形势，法国教育部及相关部门也正在根据“框架”着手制定具体的教学大纲和考试大纲。总之，经过教育部的大力宣传、法国各地汉语教师协会的各种师资培训及推广，已公布的系列汉语大纲已经在全法国得到了一定的普及、应用及实践：汉语教材依据“框架”标准及具体教学大纲进行修改和编订；汉语课堂依据教学大纲及文化大纲进行设计和展开；汉语考试依据考试大纲及《中学阶段“实践一门现代外语”参考表格》施行。法国汉语教学在“兼容”“框架”方面取得了一定的进展。

然而众所周知，汉语的符号系统是典型的非拼音文字，与其他印欧语言相比区别甚大，这为法国汉语教学的“兼容”“框架”之路带来了很多困难。《框架》在“语言内在能力方面”（p.86/p.108）从字词、句法、语义、音韵、拼字等角度分别对各类语言要素进行了列举，而且规定了不同等级所要达到的不同目标。然而，这些分类均体现了印欧语系拼音文字的特点，

---

① 法国高等专科学校（grandesécoles）入学要求难度比进入普通大学（universités）高得多，学生高中毕业后先要进行两年预科准备才能报考。这些高等专科学校竞争激烈，也人才辈出，例如世界著名的巴黎高科、高商、高师、高政等，被誉为“培养精英的摇篮”。

比如词形词缀（如：dé-，-ment，re-/un-，-ly，-ness）、插入词缀（-ent，-s，-ions/-s，-de，-ing）、印刷规则及字体的变化等。很明显，这些与汉语以方块字为书写系统的特点完全不符。

“框架”在“语言内在能力”（compétences linguistiques/linguistic competences）中首次提出了一种新的能力，即“读音正确能力”或被称作“朗读发音能力”（competence orthoépique/orthoepic competence）（p.92/p.117）。这种能力与通常所说的“音韵内在能力”（compétence phonologique/phonological competence）和“拼字内在能力”（competence ortho graphique/ortho-graphic competence）均有所不同。“音韵内在能力”是指掌握一种语言的语音特征，如“卷舌”“鼻音”“破裂音”“音调”“强音”“连音”等；“拼字内在能力”反映在印欧语系当中是指正确地拼写单字、正确使用缩写形式、正确使用标点符号，反映在汉语中则是指掌握汉字偏旁部首、正确书写汉字等；“读音正确能力”是指“语言使用者在大声朗读文章或演讲稿时面对书写形式而体现出的朗读和发音能力”。

对“读音正确能力”的描述在“框架”260余页的篇幅中仅占短短的五六行，但这一概念的提出意义重大。它不仅再一次体现了“框架”的先进性和完整性，更为汉语教学和研究带来了新的声音。这是因为该能力反映在印欧语言和汉语之中产生了巨大的分歧。

印欧语言是拼音文字，读音和书写形式之间具有很大的相关性和透明度，学习者在朗读时，可以根据已学的音韵知识大致拼出读音，即使某个词没学过，不知道含义，也能拼出个大概，如果朗读时拼错，更多时候是因为口误或者是字母发音规则上出错或者是忽略特殊发音而造成的，比如法文中的 aiguë（尖的，锋利的），正确发音是 [egy]，但由于“gu”组合在其他词语中通常发成 [g] 而非 [gy]，所以一些法语学习者常会根据通常规则将此词误读成 [eg]。值得注意的是，即使学生朗读时出错，该词在学习者头脑中的含义仍反映为“尖的，锋利的”，即朗读出错不会影响含义理解。

这种能力反映在汉语中的情况则完全不同。汉字系统由表意符号组成，除某些形声字以外，汉字书写形式与其读音之间几乎没有任何关联性和透明度。因此，在朗读中，对于没有学过的生字，学习者几乎无法朗读出来；即使已经学过的生字，由于字形相似，学习者也经常会因混淆而读错，比如汉语初学者经常将“这”［zhè］读成［guò］（过）、将“哪”［nǎ］读成［nà］（那），读错的同时也会带来意义的理解错误。这种读错，更多情况不是因为口误或读音规则的混淆，而是直接反映了学习者头脑中字形、读音、意义的结合能力。正如白乐桑（1996）[①] 提出，“汉字作为基本单位包括：其书写符号的特质外壳及所含有的视觉信息、义素和带声调的音节”，这一系列因素是学习者在学习汉字书写时统一形成在头脑中的。

因此，“框架”中“读音正确能力”的提出为汉语书写系统的教学提出了鲜明的目标，汉字书写系统的特殊性决定了其在教学和学习中的重要地位。为了遵循“框架”的体系和汉字系统自

① 白乐桑《汉语教材中的文、语领土之争：是合并，还是自主，抑或分离？》，《世界汉语教学》1996 年第 4 期。

身的特点，法国高考中文口试中，不仅在考试过程中设有“文章朗读”一项，且在评分标准中，“读音正确能力”占“语言内在能力”11.5 分中的 3 分（详见附录 2）。

然而，“框架”对“读音正确能力”的描述只有短短五六行，没有具体的分级标准，更没有关于汉字的特殊处理办法。如何在遵循汉字特殊性的同时又兼容“框架”，笔者认为建立分级的“识字门槛”作为衡量书面言语活动能力的依据和条件是办法之一。以“框架”A1—C2 的分级体系为根本依据，在每一级设定一定数量的汉字，并把能够识别、书写及使用这些汉字作为达到该水平的条件和评估标准。选择汉字的依据和具体办法是，独立于词或词组，根据汉字的书写频率、日常会话中的出现频率、口语使用频率及与其他汉字的构词能力等进行选择，此外也兼顾到了某些汉字的文化指示功能，比如汉字“龙”就被列在最初级“识字门槛”的 405 个汉字当中。在“识字门槛”的汉字具体数量上，我们认为，一个由 500 个左右常用字组成的“识字门槛”（见附录 3）在书写能力的界定上基本可达到“框架”的 A2 水平，这在《法国中学汉语教学大纲》中已经得到了实施和应用；而对中学“中文国际班”的要求，根据已经制定的考试大纲，学生高中毕业前要掌握 1555 个汉字。

根据对汉字教学的多年研究及实践经验，笔者初步制定了“识字门槛”的具体数量和等级划分，详见表 2。

表2 “识字门槛”具体汉字数量及等级划分

级别	汉字数量（约为）
C2	3000字以上
C1	2200字
B2	1500字
B1	800字
A2	500字
A1	250字

表2中“汉字数量”一栏是和某一个级别对应的汉字总数。在确定各级别汉字总数的同时，还应该根据具体教学情况区分不要求书写只要求认读的汉字和既要求认读又要求书写的汉字，根据法语“caractèrespassifs”和“caractèresactifs”的说法，我们分别将其翻译成“被动认读汉字”和“主动书写汉字”。由于篇幅有限，这里只给出具体数字，而未一一列出“识字门槛”的具体内容，然而这些“识字门槛”所包含的具体汉字已经在汉字使用词频调查及教学实践的基础上形成了系统的框架，且直接被应用到了各个级别的《法国汉语教学大纲》当中。

运用“识字门槛”划分汉字级别、衡量书面言语活动能力是法国汉语教学“兼容”“框架”的重大举措之一。“识字门槛”的建立，不仅使“读音正确能力”的评定有据可依，也可以直接解决很多教学中遇到的问题，比如学生要达到某一等级，需要学会多少字，学会多少词，在法国中学汉语现行课本中应对应到第几课等等。然而这一措施目前仍处于初创及实践阶段，还需要进一步探讨和论证。笔者在此将其作为方法之一提出，希望能够抛砖引玉，得到各位汉语教学同仁的关注和讨论。

总之，汉语的符号系统是由表意文字组建的，很多表意文字又由与语义或语音相关的偏旁部首组成，同时表意单字具有巨大的构词功能，因而，汉字的识别、书写和记忆，利用已学单字进行构词是学习者在汉语初学阶段直接面临的问题，也是学习的重点。关于汉语书写系统的教学和学习，“欧洲框架”中没有具体的说明，如何“兼容”，如何体现“特殊性”，这为法国汉语教学规划者、教材编写者、教师、考试题目制定者提出了关键性的难题。

四、“欧洲框架”与汉语相兼容的问题及对汉语教学的挑战

“框架”问世七年以来，影响不断扩大。随着时间的推移和推广的不断深入，“框架”存在的问题及不足也逐渐表现出来。

作为纲领性文件，“框架”不可避免地过于“一般化”，抽象的描述和分级如何转化到具体的教学和评估中去是一个关键的问题，还需要长期的研究、探讨和试验。从抽象的“框架”到具体的教学与学习，还需要一个必然的过渡时期。

受到当前语言教学研究水平的局限，框架还有许多不足之处需要填补。例如文化作为“多元语言能力”的重要组成因素没有制定出详细的分级标准；交际策略作为重要的语言心理认知活动在分级方面还有许多空白；作为语言教学的总体纲领性文件，“框架”却对汉语等非印欧语言的特点几乎没有涉及，这些问题都将随着

时间的推移和研究的发展进一步得到解决。

“框架”作为欧洲语言教学的总体政策和标准，使各国及地区的语言教学体制得以综合和统一，这是“框架”的重大成果之一。然而在实际应用“框架”时我们也要注意到，不同语言之间的“距离”并不相等，不同语言之间的透明性和相关度也有所不同[①]。比如罗曼语族内的各种语言（如法语、西班牙语、意大利语、葡萄牙语等）在词汇方面的透明性较强，“距离”相对较短，以法语为母语的学习者在学习意大利语时可以借鉴母语中的很多词汇，相对容易；而学习汉语或匈牙利语则可借鉴性不强。母语和目的语之间的距离不仅表现在词汇方面，也表现在语法体系、语音等方面。即使在两种语言之间，由于学习方向的不同，难易程度也不同，比如以法语为母语的学习者学习俄语要比以俄语为母语的学习者学习法语难得多。这一现象反映在语言学习及评估中，即表现为在相同的时间内，母语相同但目的语不同的学生的学习效率和所达水平也不同。这就要求我们在实际应用“框架”时不能一概而论、也不能笼统对待，不仅要考虑到学习者母语的特殊性，也要考虑不同目的语的特殊性。这不仅是实际应用“框架”时应该注意的一个问题，也可作为“框架”在今后不断发展和完善中的一个可扩展思路而进行更细致深入的研究。

如果深入考察汉语与现成的“框架”不完全兼容的原因，笔者认为这与单个汉字内部所包含的知识和信息不具有交际性密切相关。拼音文字系统中的语法、语音、词汇等都与交际密切相关，在交际中直接使用，具有程度很高的交际性质及功能，即使是构

---

① Goullier, Francis, *Les outils du conseil de l'Europe en classe de langue: Cadre européen commun et Portfo-lios*. Paris: Didier. 2005.

成书写系统且重复性很高的拼音字母（如法语中的26个拉丁字母）在读音及交际上也是责任重大。汉语作为一种语言，从语法、语音、词汇上当然具有高度的交际性，汉字作为记录汉语的文字系统也具有交际性，比如一封信或一个报告的信息传递功能，然而就单个汉字内部所包含的知识和信息（某个单字的部首、偏旁、笔画、笔顺）来看，与交际无关。比如汉字“外”，内部由“夕”和“卜”组成，而这两个组成部分无论从读音还是含义上皆与“外”的音义无关，与“外”的交际功能也无关。当然，汉字系统存在一定数量的形声字，其内部的形旁和声旁与汉字的音和义有密切的联系，比如“理”“教”“架”等，然而这一部分形声字一方面数量有限，另一方面虽然与这个汉字的音或义有关，但与该汉字的交际性质及功能关系不大。

总之，当今社会，放眼全球，制定统一的语言教育政策及标准、全面引领及推动语言教学是全球一体化的必然趋势。无论是澳大利亚的《国家语言水平计划》（*The Australian Language Levels〔All〕Project*，1988）、美国的《21世纪外语学习标准》（*Standards for Foreign Language Learning in the 21st Century*，1996），还是加拿大的《语言等级标准》（*Canadian Language Benchmarks*，2000）、欧洲的《欧洲语言共同参考框架：学习、教学、评估》（2001），无不体现了建立统一语言教育政策及标准的全球视野及教育新理念。

世界汉语教学空前高涨，异军突起。建立符合汉语、符合汉语教学、面向全球汉语教育的“标准”与“框架”是全世界汉语教学工作者共同的心声。面对着“机遇”与“挑战”，是“兼容”还是“另辟蹊径”？汉语教学正处在抉择的紧要关头。

附录 1 共同参考级别：整体性分级表（摘自台湾高雄师范大学《欧洲共同语文参考架构》中文翻译版 p.22）

<table>
<tr><td rowspan="2">精通使用者</td><td>C2（精通级）</td><td>能轻松地了解几乎所有听到或读到的信息，能将不同的口头及书面信息做摘要，并可以连贯地重做论述及说明。甚至能于更复杂的情况下，非常流利又精确地畅所欲言，而且可以区别更细微的含义。</td></tr>
<tr><td>C1（高级）</td><td>能了解广泛领域且高难度的长篇文章，而且可以认出隐藏其中的意义。能流利自然地自我表达，而且不会太明显地露出寻找措辞的样子。针对社交、学术及专业的目的，能弹性且有效地运用语文工具。能针对复杂的主题创作清晰、结构良好及详细的篇章，呈现运用体裁、连接词和统整性构词的能力。</td></tr>
<tr><td rowspan="2">独立使用者</td><td>B2（中高级）</td><td>针对具体及抽象议题的复杂文字，能了解其重点，这些议题涵盖个人专业领域的技术讨论。能与母语人士经常做互动，有一定的流畅度，且不会让任一方感到紧张。能针对相当多的主题，创作清晰详细的篇章，并可针对各议题来解释其观点，并提出各种选择的优缺点。</td></tr>
<tr><td>B1（中级）</td><td>能了解最切身相关领域的句子及常用词（例如：非常基本的个人及家族信息、购物、当地地理环境和工作）。能够针对单纯例行性任务进行沟通，这些任务需要对熟悉例行性的事务做简单直接的信息交换。能以简单的词汇叙述个人背景、周遭环境及切身需要的事务等方面。</td></tr>
<tr><td rowspan="2">初级使用者</td><td>A2（初级）</td><td>针对一般职场、学校、休闲等场合常遇到的熟悉事物，能了解清晰且标准信息的重点。在目标语言地区旅游时，能应付大部分可能会出现的状况。针对熟悉或私人感兴趣的主题，能创作简单有连贯的篇章。能叙述经验、事件、梦想、希望及抱负，而且对意见及计划能简短地提出理由和说明。</td></tr>
<tr><td>A1（基础级）</td><td>能了解并使用熟悉的日常用语和词汇，满足具体的要求。能了解自己及他人，并能针对个人细节，例如住在哪里、认识何人以及拥有什么事物等问题做出回答。能在对方说话缓慢而且清晰，并随时准备提供协助的前提下，做简单的互动。</td></tr>
</table>

附录 2 《法国高考中文口试评分参考表格》（白乐桑）

（〔Grille de lévaluation orale du Bac〕, J Bellassen）

语言内在能力	**11.5**					
词汇	0	1	2	3	3.5	
音韵及句法	0	1	2	3	4	5
读音正确（朗读发音）能力	0	1	2	3		
语用能力	**8.5**					
成段表达	0	1	2	3	4	5
交际	0	1	2	3	3.5	

附录 3 A2 级别汉语 500 字“识字门槛”（摘自《法国高中一年级汉语教学大纲》〔Programme de chinois pour la classe de seconde〕B. O. 3 Oct. 2002）

505 个基础汉字大纲

啊 爱 安 八 把 爸 吧 白 百 班 半 办 帮 包 报 杯 北 备 被 本 比 笔
边 变 便 表 别 并 病 不 部 才 菜 茶 差 产 长 常 厂 场 唱 车 成 城
吃 出 初 除 楚 处 穿 传 床 春 词 此 次 从 村 错 答 打 大 代 带 但
当 到 道 的 得 等 低 底 地 第 点 电 店 定 冬 东 懂 动 都 读 短 对
多 饿 儿 而 二 发 法 反 饭 方 房 放 飞 非 费 分 份 风 封 夫 服 父
该 干 感 刚 高 告 哥 歌 个 各 给 跟 更 工 公 共 古 怪 关 管 馆 惯
广 贵 国 果 过 还 孩 海 汉 好 号 喝 河 合 和 黑 很 红 后 候 湖 花
化 画 话 坏 欢 黄 回 会 婚 活 火 或 机 鸡 极 急 几 己 记 寄 家 假
间 见 件 江 讲 交 教 饺 叫 较 接 街 节 结 姐 解 介 界 今 斤 金 近
进 京 经 九 久 酒 旧 就 决 觉 开 看 可 渴 刻 课 口 块 快 筷 况 来
老 了 累 冷 离 礼 李 里 理 力 连 凉 两 辆 亮 零 另 六 龙 楼 路 妈
马 吗 买 卖 慢 忙 毛 么 没 每 美 门 们 米 面 民 名 明 母 目 拿 哪
那 男 南 难 脑 牛 呢 能 你 年 念 您 农 女 欧 怕 旁 胖 跑 朋 皮 片

票 品 平 七 期 其 奇 骑 起 气 汽 千 前 钱 亲 轻 清 情 请 秋 区 取
去 趣 全 然 让 热 人 认 日 肉 如 三 色 山 商 上 少 绍 社 谁 身 什
生 声 师 十 时 识 实 始 市 世 视 事 是 室 收 手 首 受 书 树 双 水
睡 说 思 死 四 送 诉 算 虽 岁 所 他 她 它 太 谈 特 提 题 体 天 条
听 同 统 头 突 图 外 完 玩 晚 万 王 往 忘 望 为 位 文 问 我 无
五 午 物 西 希 息 习 洗 喜 系 下 夏 先 现 相 想 向 像 消 小 笑 校
些 写 谢 心 新 信 星 行 姓 兴 休 许 学 业 言 阳 羊 样 要 药 也 业
夜 一 衣 医 己 以 意 因 占 应 影 用 友 有 又 于 鱼 雨 语 园 原 远
院 愿 月 越 在 再 咱 早 怎 站 张 找 照 者 这 着 真 正 之 只 知 纸
中 钟 种 重 洲 主 住 助 祝 准 子 字 自 总 走 租 最 昨 坐 作 做

第五节　人的语言能力水平是可比的①

2008年以来，教育部和国家语委主持研制“汉语能力测试”（HNC），重点任务之一是制定“汉语能力标准（讨论稿）”。语言能力标准又称语言能力量表，是对语言使用者和学习者的语言能力水平的系统描述。语言能力标准的核心概念是语言能力，因此，什么是人的语言能力是制定汉语能力标准的核心问题。我们提出人的语言能力是can do，即“能做某事”的能力；论述人的语言能力水平是可比的，探讨can do理念对汉语能力标准的意义。

---

① 本节摘自刘北、阎彤、邱宁《人的语言能力水平是可比的——Can do理念对汉语能力标准的意义》，《语言文字应用》2013年第4期。

一、人的语言能力是 can do 即“能做某事”的能力

众所周知，乔姆斯基和韩礼德（Halliday）分别代表着 20 世纪中期以后的两大语言学派。1965 年，乔姆斯基提出了语言能力。1971 年，韩礼德提出了语言是“能做”什么（can do）。

（一）乔姆斯基以来对语言能力的认识

1. 乔姆斯基提出语言能力

乔姆斯基最早提出了语言能力（Competence），与语言行为（Performance）区分开①。以往，语言学无法解释人能够生成从未听过的和从未说过的句子的现象，也很难解答“语言是什么”。乔姆斯基研究语言深层结构中最本质的内容（linguistic universals/language competence），认为如果儿童可能学会任何语言，人类的语言就存在着普遍性。他提出，人的语言能力是生成语言过程中的能力，能识别、理解句子，能推导出语言规则，能生成合乎规则的句子，原因在于语言使用者具有某种语言的内在知识；语言能力是潜在的，在不同的时间、地点、场合表现为不同的语言行为，在语言行为中才能被观察到，语言行为只是语言能力的表现；语言学的研究对象是语言能力②，只描写语言行为并不能揭示语言的本质。

---

① Chomsky, N., *Aspects of the Theory of Syntax*, Mass: MITP, 1965; Chomsky, N., *Lectures on Government and Binding: The Pisa Lectures*, Dordrecht: Foris, 1981; Chomsky, N., *Knowledge of Language: Its Nature, Origin and Use*, New York: Praeger, 1986.

② 近年，乔姆斯基等在《科学》（*Science*）、《认知》（*Cognition*）杂志论辩人类语言进化，使用了 faculty of language。详见张翼《“语言能力”论辩述评》，《当代语言学》2009 年第 4 期。

索绪尔的主要贡献之一是区分了语言（langue）和言语（parole）。乔姆斯基进行了类似区分，但语言能力与语言有区别。关于语言的创造性，至少可以上溯到洪堡特[①]，但只有到了乔姆斯基，才明确提出了人可以用有限的语言知识生成无限的句子。乔姆斯基的语言能力显得抽象，而当代心理学也认为：人的语言能力属于心理品质，其外化的行为可以被观察、评价[②]。

2. 对语言能力的认识的几次重大发展

乔姆斯基并未关注某种语言的具体运用。随后，海姆斯提出掌握语言运用规则同样是语言能力，包括四个因素：语法的正确性；语言的可行性；语言的得体性；语言应用。海姆斯讨论的是交际能力（Communicative Competence），而不是乔姆斯基的语言能力。

语言教学的核心是培养学习者在现实生活中运用语言进行交际的能力，对语言能力的讨论引起了国际应用语言学界的高度重视。1980年《应用语言学》杂志（*Applied Linguistics*）创刊，第一篇就发表了Canale和Swain提出的交际能力模型，包括四个方面[③]：语法能力、社会语言能力、话语能力、策略能力。20世纪90年代，Bachman研究语言测试，借鉴了C-S模型，并结合美国的语言能力标准进行了实证研究，提出了交际语言能力模

---

① Gerrig, R. J. G. & P. G. Zimbardo, *Psychology and Life, 16th*. Boston: Allyn & Bacon, 2002.

② Robins, R. H., *A Short History of Linguistiss, 4th*. London: Longman, 1997.

③ Canale, M. & M. Swain, *Theoretical Bases of Communicative Approaches to Second Language Teaching and Testing. Applied Linguistics* 1980,Vol.1.

型[①]：交际语言能力是把语言知识与语言使用的场景特征相结合，创造并解释意义的能力；由语言能力、策略能力、心理生理机制组成。Bachman 又和 Palmer 提出了“语言能力成分：测试及分析核对表”，有 5 大类 16 项参数[②]。

90 年代以来，制定语言能力标准成为国际发展趋势，其中影响最大的《欧洲语言共同参考框架：学习、教学、测评》（*A Common European Framework of Reference for Languages*：*Learning*，*Teaching*，*Assessment*，缩写 CEFR。简称《框架》）的核心内容即阐述语言交际能力。《框架》提出：“语言系统是高度复杂的。庞大、多元的发达社会的语言从未被任何人完全掌握”，“还没有任何一种语言被完整、详尽地描述过”“也没有任何一种语言学描述模式被普遍认可”[③]；“尽管目前可以运用的理论与研究尚有不足，但描述语言能力必须以语言能力理论为基础，必须在理论基础上进行分类描述”[④]。《框架》提出交际语言能力“包括语言能力、社会语言能力、语用能力。每个组成部分又由知识、技能、应变构成”[⑤]。《框架》对以上组成部分定义为：“语言能力包括词汇、语音、句法方面的知识与技能，以及语言系统的其他内容；独立于语言变异所产生的社会语言学价值和所

---

① Bachman, L. F., *Fundamental Considerations in Language Testing*, Oxford: OUP, 1990.

② Bachman, L. F. & A.S. Palmer, *Language Assesment in Practice*. Oxford: OUP, 2010.

③ Council of Europe, *A Common European Framework of Reference for Languages: Learning, Teaching, Assessment*. Cambridge: CUP, 2003.

④ 同③。

⑤ 同③。

实现的语用功能”；“社会语言能力指对语言使用中社会文化条件的把握；出于对社会规约的敏感性，影响着来自不同文化背景的人之间的语言交际”；“语用能力指运用语言资源及互动交流中的语境和语篇产生功能”[①]。《框架》还阐述了运用交际策略完成语言任务：“策略是为完成自定的或面临的交际任务而选择的有组织、有计划、目标明确的行动步骤”[②]；“语言任务既不是已成模式的，也不是一成不变的，这就需要在语言交际和语言学习中在一定程度上运用策略”[③]；“交际策略是根据明确的交际目的，为符合交际情境的需要和成功地完成交际任务，综合自己的资源并以最全面、最经济的方式采取的步骤”[④]。

《框架》反映了当今国际上对交际语言能力的认识[⑤]。比较Bachman和《框架》的交际语言能力，可示意如下。

---

① Council of Europe, *A Common European Framework of Reference for Languages: Learning, Teaching, Assessment*. Cambridge: CUP, 2003.

② 同①。

③ 同①。

④ 同①。

⑤ 我国汉语界也对语言能力进行了探讨。详见：盛言《语言教学原理》重庆：重庆出版社，1990；刘大为、巢宗祺《两种能力的课程分化——关于“现代汉语”教学改革的思考》，《语言文字应用》1995年第2期；于根元、夏中华、赵俐等《语言能力及其分化——第二轮语言哲学对话》北京：北京广播学院出版社，2000；王培光《语感与语言能力》，北京：北京大学出版社，2005。

表 1 Bachman 和《框架》的交际语言能力

	Bachman 的交际语言能力			《框架》的交际语言能力			
一	语言能力	策略能力	心理生理机制	语言能力	社会语言能力	语用能力	运用交际策略完成语言任务
二	语言组织能力	语用能力		词汇能力 语法能力 语义能力 语音能力 拼写能力 正音能力	表明社会关系的标识性词语 礼仪规则 大众智语 语体差异 方言与口音	话语能力（含篇章能力） 功能能力	理解策略 表达策略（含回避策略和成就策略） 互动策略（含认知策略和协作策略） 中介策略
三	语法能力 语篇能力	语义能力 功能能力 社会语言能力					

（二）人的语言能力是 can do 即“能做某事”的能力

1. 韩礼德提出的语言是“能做”什么（can do）形成了 can do 理念

韩礼德也进行了类似于索绪尔的区分，提出了语言的行为潜势（Behaviour Potential）和实际行为（Actual Behaviour）①。言语、语言行为、实际语言行为并没有实质性区别，而对于语言，韩礼德认为是社会符号系统中重要的社会意义学系统。他提出，从语言结构探索儿童语言并不能解释为什么儿童语言体系能够过渡到成人语言体系；儿童习得语言在于语言可以满足他们的需要，可

① Halliday, M. A. K., *Learning how to mean: explorations in the development of Language*. London: Edward Arnold, 1975.

以为他们做事情。他将社会学理论中的can do理念引入语言学研究，认为通过一个中间步骤即can mean，人的行为潜势转换为语言潜势。他提出，语言不是“知识”（knowing）方式，而是“做事情”（doing）的方式，是说话人“能做”什么（can do），是人类使用语言进行交际所能做的事情的范围，是语言和文化允许一个人所做选择的范围，是语言的行为潜势；言语是说话人“实际做”什么（does），是根据交际需要对语言系统所做的选择，是语言潜势的实际应用，是实际语言行为。

用语言做事情，是1955年Austin提出的，而韩礼德阐述的用语言“做事情”“能做”关系到语言学习的根本性问题：人们为什么要学习语言？对于语言学习的动机，国际应用语言学界进行了长期探索，普遍认为动机对成功地习得语言非常重要，但尚未形成涉及所有关键因素的综合性看法[①]。当代心理学提出：motivation（动机）源于拉丁语movere，意思是“趋向于”；应该从认知取向来分析动机的驱力，来解释“被对未来的期待所驱动”[②]。由此我们可以认为：归根结底，现实世界的需要是学习语言的最根本的驱动力；换个角度说，人们之所以学习语言，最根本的驱动力是要用语言“做事情”，要“能做”。这意味着：当学习、使用一种语言时，学习者将面对无数语言规则，而归根结底要学会用语言“做事情”，要“能做”

---

① Dörnyei, Z. & P. Skehan, *Individual Differences in Second Language Learning*, In Doughty, C. J. & M. H. Long. (eds.), The Handbook of Second Language Acquisition. Oxford: Blackwell Publishing Ltd., 2003.

② Gerrig, R. J. G. & P. G. Zimbardo, *Psychology and life, 16th*. Boston: Allyn & Bacon, 2002.

即 can do；与此相应，语言教学应该以学习者的需求为本，应该明确学习者不仅要学会语言知识、技能、应变（know-how）等，最根本的是要学会用语言做事情，这是can do即“能做某事”的能力。以学习者的需求为本，是最基本的教育理念，如同“以人为本”是我们的社会理念。

Can do 理念有多方面的、历史的成因。20 世纪 60 年代，西方国家因“教育爆炸”引发了大规模的学生运动，形成了“以学生为中心”的教学改革。70 年代，欧洲国家尝试不同语言之间的学分认证而划分语言学习阶段，Van Ek（1977）[①] 描述了 Threshold 水平的教学要求，开始提出以语言为交际工具“能做什么”。90 年代，Alderson（1991）[②] 提出语言能力量表分为三种类型：面向使用者，倾向于“学习者能做什么”；面向评估者，关注“学习者的表现如何”；面向设计者，聚焦于“学习者能做什么”。进入 21 世纪，《框架》明确提出了首先要确定“学习者需要用语言做什么”。这已清楚地表明：制定《框架》是以学习者的需求为本，基本理念是 can do。

2.Can Do 语言能力描述方式反映了 can do 理念

对语言能力的认识不同，不同时期的语言能力标准对语言水平的描述有所区别。早期描述语言运用，如 1955 年美国外事服务学院（Foreign Service Institute）制定的口语量表 FSI，以及美

---

① Van EK, J. A., *The Threshold level for Modern Language Learning in schools.* London: Longman, 1977.

② Alderson, J. C., Bands and scores. In Alderson, J. C. & B. North.(eds.), *Language testing in the 1990s*. London: Modern English Publications / British Council / Macmillan.1991.

国政府考试委员会（Interagency Language Roundtable）对FSI进行细化并相应增加听、读、写量表，形成的“跨部门语言圆桌量表”[①]。20世纪80年代描述用语言能做什么，如美国教育部委托著名教育测评机构ETS主要修订FSI的低端部分，又经美国外语教学委员会（American Council on the Teaching of Foreign Languages）合作，形成的ACTFL量表。90年代描述完成任务的语言能力，如1995年澳大利亚修订的“国际第二语言能力量表”[②]和1996年加拿大制定的“加拿大语言能力标准”。值得注意的是1994年欧洲语言测试者协会（Association of Language Testers in Europe）制定的ALTE量表，使用了Can Do描述语。

《框架》的主要内容是多维度、多范畴、多等级的50余个语言能力量表，使理论阐述应用于语言学习、教学、测评具有可操作性。横向维度分为语言交际活动、交际策略、交际语言能力三个范畴。纵向维度将语言能力水平分为三等六级。《框架》借鉴ALTE，采用了“Can Do”descriptors。例如描述A2级（Waystage）能完成为了旅行而购物的任务——在超市、商店柜台或集贸市场，能看懂商品标签、优惠广告和纸巾、牙膏之类的产品说明，能使售货员轻而易举地了解自己的需求：询问商品摆放的位置，询问商品价格，表达自己的想法，能与其他购物者交流基本的信息，

---

① Hiygs, T., *Teaching for Proficiency: the Organizing Principle.* Lincolnwood, IL: National Textbook Company, 1984. Lowe, P. Jr., *The ILR Proficiency Scale as a Synthesizing Research Principle: The View from the Mountain.* In Charles, J. J. (eds.). Foreign Language Proficiency in the Classroom and Beyond. Lincolnwood, IL: National Textbook company, 1985.

② Wylie, E., *An Overview of the International Second Language Proficiency Ratings.* Griffith University: Center for Applied Linguistics and Languages, 2002.

能要求对话人说得再清楚一点，在进门和离开时能表示问候和感谢，在集贸市场能讨价还价。采用 Can Do 语言能力描述方式是基于理论阐述。交际语言能力是动态的概念：在现实生活中，语言交际活动和交际策略都是动态的，处于一个个具体的语言任务中；交际语言能力体现在动态的语言环境中，即完成语言任务中。同时，采用 Can Do 语言能力描述方式反映了 can do 理念。《框架》提出了以行动为导向（action-oriented approach）：“语言使用包括语言学习，构成了作为个体和作为社会成员所采取的行动。他们在行动过程中，发展了综合能力，特别是交际语言能力。”[①]而且，《框架》明确了行动就是完成任务：“一个或几个行为主体策略地运用自己特有的能力，去实现特定目的，这就是行动，也是‘任务’。”“任务是为了实现特定目的，在解决问题、履行义务或达到目标的语言环境中，必须采取的目的明确的行动。”[②]国际应用语言学界明确了交际任务的定义：“1. 任务首先要有交际意义；2. 任务中有需要通过语言来解决的问题；3. 任务是真实的；4. 完成任务优先；5. 根据结果评估任务是否完成。”[③]据此，为了旅行而购物的任务是有交际意义的、真实的；完成这个任务需要一定的语言知识和语言技能：写购物清单，看懂商品信息，掌握洗漱用品、衣物、容器等词汇和句子来进行口头交际；评价语言学习者和使用者的语言能力水平，在于能否完

---

① Council of Europe, *A Common European Framework of Reference for Languages: Learning, Teaching, Assessment*. Cambridge: CUP, 2003.

② 同①。

③ Skehan,P., *A Cognitive Approach to Language Learning,* Oxford: OUP, 1998.

成这个任务。

综上可见，语言能力是在行动中即完成语言任务中形成的；语言能力达到了某种水平是以能够完成相应级别的语言任务表现出来的；完成任务中的语言行为所表现出的语言能力，是 can do 即“能做某事”的能力，是完成在现实生活中可能遇到的、需要完成的语言任务的能力。

二、人的语言能力水平是可比的

（一）人的语言能力水平在 can do 即“能做某事”上是可比的

尽管人们的语言不同，两个人的语言能力不一定完全相同，个体的听、说、读、写技能也不一定平衡，而人的语言能力水平是可比的，这不仅在于量表（scale）作为标度具有可比性，其深层原因在于人的语言能力水平在 can do 即“能做某事”上是可比的。这是通过制定语言能力标准所采用的科学方法和进行的长期研究表明的。

首先，跨语言的语言能力量表显示了不同语言的语言能力水平之间有高度的相关性。1990 年，著名教育测评机构剑桥大学考试委员会倡议成立欧洲语言测试者协会，将 Can Do Statements 作为一个长期研究项目的核心内容，目的是制定量表以描述在不同的交际环境中用语言“能做”什么（can do）。ALTE 有 12 种语言的版本，其中芬兰语与其他语言并非同一语系。ALTE 的近 400 项 Can Do 描述语，显示出不同语言的语言考试在不同水平上存在着潜在的相关性[①]。尤其是《框架》的主要研制者 North 等，采集了大量语言能力描述语，对多种语言在不同的交际环境中表现出的语言能力进行了直观判断、质性研究、量化研究，并采用项目反应论的 Rasch 模型，对《框架》与 ALTE 的共用指标进行了锚（anchor）校验，在流利度（fluency）的 16 项描述上获得的相关系数高达 r=0.97[②]。项目反应论的相关分析进行了事物的相关性状的研究：质，即相关或不相关；方向，即正相关或负相关；量，即相关系数的值。当两个变量的数据的变化有相伴关系，可能反映了同一品质；当相关系数达到 0.9，表明两个变量有高度的共同因素，可以判断属于同一品质。同时需要进行质性研究，譬如成长中的孩子的身高和体重有高相关，却属于同一事物的不同品质。为此，采集语言能力描述语保证了数据源于同一品质。跨语言的语言能力量表之间具有高度的相关性，表明了不同语言的语言能力水平之间是可比的。

其次，语言能力描述语数据库显示了跨语言的语言能力量表有显著的稳定性。20 世纪 70 年代 Van Ek 描述了 Threshold 水平的教学要求。80 年代，后来成为《框架》主持人的 Trim 等，对 Breakthrough、Vantage、Effective Operational Proficiency 进行了水平分级。90 年代，Van Ek 和 Trim 编撰了语言学习各阶段能力的系列文献 *Threshold Level 1990*、*Waystage 1990*、*Vantage Level*。

---

① Association of Language Testers in Europe, *The ALTE Can Do Project: Articles and Can Do Statements Produced by the Members of ALTE 1992–2002*. Cambridge: ALTE Document, 2002.

② North,B., *The Development of a common framework scale of language proficiency.* Thames Valley University, 1996; New York: Peter Lang, 2000.

尤其是 North 等（1996/2000）[1] 建立语言能力描述语数据库，采用项目反应论的 Rasch 模型进行了验证，显示了跨语言的语言能力量表具有显著的稳定性。稳定性指相同的语言任务在不同的语言中，其难度排序是一致的，而且，相同的语言任务在不同的语言能力量表中，其难度排序处于相同的位次。跨语言的语言能力量表具有显著的稳定性，同样表明了不同语言的语言能力水平之间是可比的。高度的相关性和显著的稳定性科学地表明了人的语言能力水平在 can do 即“能做某事”上是可比的。因此，语言能力标准主要描述“能做某事”即完成语言任务的语言能力，而不是只描述语言知识和语言技能。

（二）语言能力标准是跨语言的

人的语言能力水平是可比的，由此，语言能力标准是跨语言的。例如，欧盟 27 国实现了商品、人员、资本、服务的自由流通和货币统一，但有 60 多种语言，而且语言普及率很不平衡：英语的非母语使用人口达到 38%，而希腊语、葡萄牙语、芬兰语仅在母语国使用（http//europa. eu. int/comm/education/policies/lang2006）。对此，《框架》提出了语言多元化（plurilingualism）[2]：一方面，语言多元、文化多元是丰富的遗产，是必须得到保护和发展的共有资源；另一方面，21 世纪是语言、文化多元化的国际社会，语言教育出于社会发展的需求正在转变为“培养包括多种

---

① North, B., *The Development of a common framework scale of language proficiency.* Thames Valley University, 1996; New York: Peter Lang, 2000.

② Council of Europe, *A Common European Framework of Reference for Languages: Learning, Teaching, Assessment*. Cambridge: Cup, 2003.

语言能力的综合语言素质”[①②]。《框架》作为跨语言的语言能力标准，广泛适用于各语种国家、各类语言教育机构、各种语言学习者和使用者，成为制定教学大纲、设置课程、编写教材、研制语言考试的重要参考，深刻影响着欧洲多国的语言政策。

（三）语言能力标准是可比的

人的语言能力水平是可比的，由此，语言能力标准是可比的。例如，《框架》与 ALTE 出自不同的机构，用途也有区别：《框架》面向语言学习、教学、测评，而 ALTE 用于语言测试。但它们是可比的。

三、对汉语能力标准的意义

综上所述，我们认为：语言能力是人类普遍具有的能力，而人的语言能力水平是可比的，尽管人们的语言不同，两个人的语言能力不一定完全相同，个体的听、说、读、写技能也不一定平衡；人的语言行为所表现出的语言能力，是 can do 即“能做某事”的能力，是完成在现实生活中可能遇到的、需要完成的语言任务的

---

① Council of Europe, *A Common European Framework of Reference for Languages: Learning, Teaching, Assessment*. Cambridge: Cup, 2003.

② 美国 1999 年修订后定名的《21 世纪外语学习标准》，同样体现了培养综合语言素质。全文共 474 页，核心内容是以字母 C 开头的 5 个目标：Communication（交际）；Cultures（体认多元文化，包括文化观念、文化习俗、文化产物）；Connections（通过语言贯连其他学科）；Comparisons（通过语言之间的比较，展示对语言的了解和对文化的理解）；Communities（参与国内、国外多元社区）。详见 National Standards in Foreign Language Education Project, *Standards for Foreign Language Learning in the 21st Century*. Lawrence KS: AllenPress Inc., 1999。

能力；语言能力标准又称语言能力量表，是对语言使用者和学习者的语言能力水平的系统描述；语言能力标准主要描述“能做某事”，即完成语言任务的语言能力，而不是只描述语言知识和语言技能；语言能力标准是跨语言的，互相之间是可比的。

（一）汉语能力标准应是跨语言的，应与国际语言能力标准具有可比性

目前，汉语能力测试和汉语能力标准（讨论稿）“适用于以汉语作为生活、学习和工作基本用语的人群”①。对此，欧洲作为多国家、多民族、多语言地区，美国、澳大利亚、加拿大作为移民国家，形成了制定语言能力标准这一国际发展趋势，特别是《框架》产生了世界影响②，启示我们进行深入思考。

我国对跨语言的汉语能力标准有潜在的、巨大的社会需求。中国是统一的多民族、多语言、多方言国家。少数民族有一亿一千三百万人口，居住在占总面积50%—60%的地域。其中，回族、满族已使用汉语，而其他少数民族都有自己的语言，有些少数民族内部的不同支系还使用不同的语言。汉语方言是相对于普通话的：方言是局部地区的通用语言，而普通话是国家通用语言。我国2001年实施《国家通用语言文字法》。国家语委2006年“十一五”科研工作会议提出“构建和谐的语言生活是语言文字工作的目

① http：//www．hnc．org．cn/2010-11-23.

② 在美国，ETS对TOEFL与CEFR的相关性进行了长期研究，2011年形成了标准设定（standard-setting）研究报告RM-11-07（http: / /www．ets．org/research/policy_research_reports/rm-11-07 /2011-5-31）。在日本，CEFR被直接用作描述高中生英语能力的参照工具（http://www．cambridgeesol．org/japan/exams/index．php/2012-9-8）。在台湾，全民英语能力分级检定测验（GEPT）参照了CEFR，详见Wu, J., GEPT and English Language Teaching and Testing in Taiwan．*Language Assessment Quarterly*, 2012, 9（1）。

标”[①]，提倡“多言（既能讲普通话，又能讲自己的方言）多语（既能讲自己的母语，又能讲国家通用语，还能讲外语）”[②]，同时，要加强语言文字规范标准建设。另一方面，据《中国语言生活状况报告（2005）》，世界上通过各种方式学习汉语的人数超过了3000万[③]。因此，从全局性、前瞻性、战略性出发制定跨语言的汉语能力标准，使其广泛适用于我国各民族，并广泛适用于世界范围的汉语学习者，又与国际语言能力标准具有可比性，具有重大的社会应用价值。其重大意义，首先是贯彻十八大和十七届六中全会提出的“推广和规范使用国家通用语言文字”“科学保护各民族语言文字”，事关历史文化传承和经济社会发展、国家统一和民族团结、国民素质提高和人的全面发展；其次是提高汉语的国际地位和国际竞争力，增强我国作为汉语母语国的国际权威性。汉语能力标准应跨语言、与国际语言能力标准具有可比性的共性，还应有特性，如体现汉语书面语与口语的区别。

（二）语言能力标准是语言能力测试的依据

目前，汉语能力测试的用途是：“为应试者鉴定汉语综合应用能力的水平，帮助应试者了解并提高自己的汉语应用能力；为相关用人机构了解员工的汉语水平提供参照；为各级各类教育机构开展汉语教育和培训提供参考。”[④]其实，语言能力标准对划界区分出的各个等级的行为特征做出系统的描述，是研制标准参

---

① 周庆生、王铁琨《中国语言生活状况报告（2006）》，北京：商务印书馆，2007。

② http：//www.china.com.cn/zhibo/2007-08-16.

③ 周庆生、王铁琨《中国语言生活状况报告（2005）》，北京：商务印书馆，2006。

④ http：//www.hnc.org.cn/2010-11-23.

照性（Criterion referenced）语言考试的前提，也是语言学习、语言教学的共同参考。据此，语言教育机构、语言学习者和使用者可以确定教学目标、学习目标，并且明确为了达到目标要教什么、学什么，进而评价所取得的进步。例如，从 1989 年开始国际合作的“雅思”考试，在 2001 年《框架》公布以后，依据《框架》对各个等级的语言能力水平进行解释，使应试者和相关机构明白获得不同等级的考试证书就表明了能用语言做什么。

（三）语言能力标准的理论框架和技术路线

语言能力标准经半个多世纪的发展，已形成了理论框架和技术路线，对汉语能力标准有重要的参考价值。值得重视的是，欧洲理事会从 1991 年在瑞士 Rüschlikon 举行专题研讨会，历经 9 年的设计、抽样、实验、编写、认证，于 2001 年公布了《框架》，又在 2003 年进行了修订，其中文版长达 40 万字。

语言能力标准有深厚的语言学理论基础。一方面，乔姆斯基研究语言深层结构中最本质的内容，最早提出了语言能力。近半个世纪以来，对语言能力的认识有几次重大发展，明确了语言能力标准的核心概念。另一方面，韩礼德将社会学理论中的 can do 理念引入语言学研究，提出了语言是“能做”什么（can do）。到 20 世纪 90 年代，形成了语言能力标准的 can do 理念。这两大研究作为理论支点，建构着语言能力标准的理论框架。

制定《框架》首先建立语言能力描述语数据库（item-banking methodology），包括知识、技能、应变、任务举例及跨文化意识等参数，并采用项目反应论，形成了制定跨语言的语言能力量表的技术路线。现代心理与教育测量学的项目反应论，将项目的测量性能参数与个体的反应参数相联系，构建单维、多维的项目反应模型，弥补了以往对个体、多维的数据进行统计、分析时模糊、笼统的不足，提高了等级划界的准确性、稳定性以至精确性[①]。

《框架》的设计原则也有参考价值，即“全面、透明、一致”[②]。全面，即详细描述知识、技能、应变、参考点及相关因素；透明，即清晰、明确、易懂；一致，指具有内部一致性。因此，《框架》有完整、系统的等级和参考点，涉及语言学习、教学、测评的各种因素、各种情况及各种问题，为各类语言教育机构、各种语言学习者和使用者提供了务实的目标和切实的参考。

四、余论

语言学在20世纪有几次重大发展，其中，乔姆斯基和韩礼德都与制定语言能力标准密切相关。一方面，我们已经看到了国际上对语言能力的认识的走向，是从理论研究发展到了应用研究：60年代乔姆斯基提出了语言能力，但并未关注某种语言的具体运用；80—90年代应用语言学提出C-S模型和Bachman模型，已着眼于语言教学和语言测试；90年代以来诸多语言能力标准涌现，国际应用语言学界认为这是全球一体化的结果[③]，这表明语言能力标准是出于国际性的乃至世界范围的社会需求，意味着在制定语言能力标准中以广阔的社会视野研究语言能力。而且，语言能

① 漆书清、戴海琦、丁树良编著《现代教育与心理测量学原理》，北京：高等教育出版社，2002。

② Council of Europe, *A Common European Framework of reference for Languages: learning，teaching，assessment.* Cambridge: CUP, 2003.

③ North, B. & C. Schneider, Scaling descriptors for Language proficiency scales. *Language Testing,* 1998.

力是语言教学的培养目标，也是语言考试的测量目标。另一方面，我们已经看到了 Halliday 阐述的 can do 从语言学理论形成了 can do 理念，这是语言能力标准的基本理念，也是语言教学理念和语言测试的基本理念。《框架》覆盖了欧盟 5 亿人口，并走向了世界，其社会应用价值显而易见。制定汉语能力标准是出于中国 13 亿人口和世界上 3000 多万汉语学习者的需求，无疑具有重大的社会应用价值。这使我们深刻地认识到：语言学的重大理论研究有重大的社会应用价值。

第三章

语言能力描述语研究

第一节　语言能力“能做”描述的原理与方案[①]

一、背景

语言能力是语言教学和语言测试工作的出发点和立足点，为了做好语言教学和语言测试工作，人们必须明确地说明语言能力是什么，也必须对语言能力进行描述。从总体上说，描述语言能力的方法不外乎定性和定量描述两种。定性描述往往比较抽象、概括，而定量描述则是在定性描述的基础上对其中的各方面指标进行细化、量化，往往是语言教学和测试的直接依据。比如，在结构主义语言学看来，语言是由语音、词汇、语法等构成的系统，语言能力就是人们分别掌握语音、词汇、语法等要素（使用书面语还涉及文字），在听、说、读、写等活动中表现出的技能水平，这是对语言能力的定性认识。在这种认识的支配下，对语言能力进行定量描述就是具体描述作为教学和测试内容的语音、词汇、

① 本节摘自方绪军、杨惠中、朱正才《语言能力“能做”描述的原理与方案：以 CEFR 为例》，《世界汉语教学》2011 年第 2 期。

语法、文字等语言知识以及这些知识在听、说、读、写等活动中的运用情况。但在交际语言能力理论看来，语言能力不仅仅指人们掌握语音、词汇、语法、文字等要素的程度或水平，还包括社会语言能力、语用能力、策略能力、语篇处理能力等方面[①]。在这种定性认识的支配下，对语言能力进行定量描述就不仅要描述不同水平等级上语音、词汇、语法和文字等语言知识的掌握情况与指标，而且要具体描述各水平等级上社会语言能力、语用能力、策略能力、语篇处理能力等方面的表现。

20 世纪 70 年代以来，自 Hymes（1972）[②] 提出交际能力概念之后，Canale 和 Swain（1980）[③]、Bachman（1990）[④] 等在提出发展交际语言能力理论方面与其观点是一脉相承的，Ek 和 Alexan-der（1975）[⑤]、Wilkins（1976）[⑥]、Munby（1978）[⑦]、

---

① Hymes, D., *On communicative competence*. In J. B. Pride & J. Holmes (eds.), Sociolinguistics, Harmondsworth: Penguin. 1972. Bachman, L. F., *Fundamental Considerations in Language Testing*. Oxford: Oxford University Press. 1990. North, B., *The Development of a Common Framework Scale of Language Proficiency*. New York: Peter Lang. 2000.

② Hymes, D., *On communicative competence*. In J. B. Pride & J. Holmes (eds.), Sociolinguistics, Harmondsworth: Penguin. 1972.

③ Canale, M. & M. Swain, Theoretical bases of communicative approaches to second language teaching and testing. *Applied Linguistics*. 1980(1).

④ Bachman, L. F., *Fundamental Considerations in Language Testing*. Oxford: Oxford University Press. 1990.

⑤ Ek, J. V & L. G. Alexander, *Threshold Level English – in a European Unit / Credit System for Modern Language Learning by Adults*. Oxford: Pergamon Press. 1975.

⑥ Wilkins, D. A., *Notional Syllabuses*. Oxford: Oxford University Press. 1976.

⑦ Munby, J., *Communicative Syllabus Design:ASociolinguistic Model for Defining the Content of Purpose-Specific Language Programmes*. Cambridge: Cambridge University Press. 1978.

North（2000）[①]、Council of Europe（2001）[②]等在基于交际语言能力理论的大纲设计或量表制定等方面也具有里程碑意义。

交际语言能力理论十分重视人们运用语言完成交际任务的能力，但由于交际功能与语言形式之间的关系错综复杂，人们描述交际语言能力的具体方法不尽相同。Bachman（1990）[③]分析了两种具有代表性的且有着广泛影响的描述交际语言能力的方法：一种是基于真实生活的方法（Real-life approach，简称"RL 方法"），另一种是描述语言交际所需语言能力的方法（Interactional ability approach，简称"IA 方法"）。两种方法各有优、缺点。

RL 方法是直接描述人们在真实生活中使用语言能够完成怎样的交际任务。判断一个人具有怎样的语言能力，只需考查其语言行为或所完成的语言交际任务，将一定的语言交际任务项目与某个语言能力水平等级之间建立对应关系，通过语言使用者参与或完成的语言交际任务项目来推测其语言能力水平。鹿士义、王二平（2010）[④]通过对国际汉语学习者较大规模的调查分析，列出了初级、中级和高级等不同水平的汉语学习者需要从事的交际任务的重要程度、难度等。用这种方法来描述抽象的语言能力很直观，但这种方法在具体的语言交际任务项目与某个语言能力水平等级之间建立对应关系比较困难。实际上，交际能力并不完全等同于

① North, B., *The Development of a Common Framework Scale of Language Proficiency*. New York: Peter Lang. 2000.

② Council of Europe, *A Common European Framework of Reference for Languages: Learning, Teaching and Assessment*. Cambridge: Cambridge University Press. 2001.

③ Bachman, L. F., *Fundamental Considerations in Language Testing*. Oxford: Oxford University Press. 1990.

④ 鹿士义、王二平《汉语作为第二语言教学和评估任务的工作分析》，《世界汉语教学》2010 年第 1 期。

语言能力。从操作的层面上说，列出包括所有交际任务项目的清单也不现实，判断每一项的交际任务的难度也有一定的困难，而且人们在语言行为中所采用的语言形式与所要完成的交际任务也很难建立起严格的一一对应关系。这些局限性导致对用 RL 方法所描述的语言能力结构与内容进行构念效度和内容效度验证产生了很大困难。

IA 方法结合语言交际活动把语言能力分为掌握和运用语言知识的情况（包括语音、词汇、语法、文字等知识的掌握与运用）、语用能力和社会语言能力等方面分别加以描述。现有的一些语言教学或测试大纲往往对不同水平等级上掌握和运用语音、词汇、语法和文字等方面知识的情况进行具体描述，如《汉语水平词汇与汉字等级大纲》[①]、《汉语水平等级标准与语法等级大纲》[②]。这种描述便于对语言能力水平的各方面进行等级划分以及定量描述，因此对制定分等级的语言教学大纲、安排适合不同等级水平学习者学习的内容、对测试不同等级或不同方面的语言能力水平，都很方便，操作性强，这些是优点。但 IA 方法所描述的语言能力应该包括哪些方面，各个方面又该包含哪些内容，不同方面之间是什么关系，不同方面的相对重要程度（权重）如何确定等问题，都不是很容易确定的，需要验证。

针对 RL 和 IA 方法各自的特点，Bachman（1990）[③] 主张将

---

① 国家对外汉语教学领导小组办公室汉语水平考试部《汉语水平词汇与汉字等级大纲》，北京：北京语言学院出版社，1992。

② 国家对外汉语教学领导小组办公室汉语水平考试部《汉语水平等级标准与语法等级大纲》，北京：高等教育出版社，1996。

③ Bachman, L. F., *Fundamental Considerations in Language Testing*. Oxford: Oxford University Press, 1990.

二者结合起来，取长补短，形成一种综合的方法。这种基于交际语言能力理论、面向语言教学和测试实际情况的思想对语言能力描述和大纲设计工作影响很大。这一方法对语言能力所做的描述，在语言教学和测试中能够满足与语言学习、教学和测试有关的各方面的需要，包容性和实用性较强。

欧洲语言能力等级共同量表（*A Common European Framework of Reference for Languages*，简称 CEFR）对语言能力进行的“能做”描述就体现了这种综合的方法。CEFR 所描述的各等级的语言能力实际上就是在交际语言能力理论框架下，运用综合、实用的方法，采用“能做”描述语对交际语言能力进行分层次、分技能、分等级的多方面描述。CEFR 运用的综合方法主要表现在它对语言能力进行的“能做”描述并不仅仅是描述某个水平等级上的学习者能用语言参与或完成怎样的交际任务项目，而且描述了各水平等级学习者所能接收和产出的语言的语言学特征，如语音、书写形式、词汇、语法、话语组织等方方面面的特征。CEFR 对语言能力各方面进行分层次、分等级描述，有的描述比较概括、抽象，有的描述细致入微，这样可以满足跟语言学习、教学和测试有关的各方面人士的实际需要。CEFR 不仅在欧洲语言教学与测试领域影响巨大，对世界其他国家与地区的语言教学与测试工作也产生了直接或间接的影响①。

---

① Tannenbaum, R. & C. Wylie, *Mapping English Language Proficiency Test Scores onto the Common European Framework*. Princeton, New Jersey: Educational Testing Service. 2005. 杨惠中、桂诗春《制定亚洲统一的英语语言能力等级量表》，《中国外语》2007 年第 2 期。

随着汉语在国际交流中使用领域和范围的扩大，国际汉语教学规模和影响也不断扩大。在汉语学习、教学和测试研究领域，人们对汉语能力描述的要求也越来越科学化、国际化。研究人员纷纷提出借鉴 CEFR 的经验，对汉语能力进行分层次、分技能、分等级的多方面“能做”描述，以适应汉语学习、教学和测试等不同方面的需要[①②③④]。史有为（2009）[⑤]提出“最小语言平台”的思想，并讨论了这种思想与 CEFR 的相通之处，这也显示 CEFR 的思想对国际汉语教学与测试工作具有很好的借鉴作用。中国国家汉办发布的《国际汉语能力标准》[⑥]也明确表示，该标准在制定过程中借鉴了 CEFR 的成果。新汉语水平考试的各等级也与 CEFR 的各水平等级挂起钩来[⑦]。

CEFR 在形成过程中，主要是以欧洲语言使用为基础的，它的主要目的也是为欧洲语言教学、学习和测试服务的。而国际汉

---

① 周守晋《〈欧洲共同框架：语言学习、教学、测试参考标准〉与对外汉语教学》，见《汉语教学学刊》编委会编《汉语教学学刊》第 3 辑，北京：北京大学出版社，2007。

② 方绪军《CEFR 对汉语测试研发的启示》，《世界汉语教学》2007 年第 2 期。

③ 白乐桑、张丽《〈欧洲语言共同参考框架〉新理念对汉语教学的启示与推动——处于抉择关头的汉语教学》，《世界汉语教学》2008 年第 3 期。

④ 刘壮《语言能力和国际第二语言教学 Can do 理念》，《语言文字应用》2009 年第 1 期。

⑤ 史有为《最小语言平台与思维功能习得——兼议 CEFR 欧洲框架》，见上海师范大学《对外汉语研究》编委会编《对外汉语研究》第五期，北京：商务印书馆，2009。

⑥ 国家汉语国际推广领导小组办公室《国际汉语能力标准》，北京：外语教学与研究出版社，2007。

⑦ 国家汉办 / 孔子学院总部编制《新汉语水平考试大纲》，北京：商务印书馆，2010。

语教学、学习和测试在任务、内容和形式等方面都有一定的特点，很难直接采用 CEFR[①]。因此，汉语教学与测试工作应该针对汉语教学、学习和测试的需要，借鉴国际上成功的、有影响的语言能力等级量表（包括 CEFR）制定的经验，对各水平等级的汉语能力进行具体的“能做”描述。

目前，汉语教学领域对汉语能力进行“能做”描述的工作才刚开始，许多基本问题还有待解决，比如，如何构造汉语能力“能做”描述的框架，如何处理“能做”的科学性与实用性的关系，如何确定描述语并使其量表化等等。本节以 CEFR 为例，讨论对语言能力水平（包括汉语能力水平）进行“能做”描述的原理与方案，包括“能做”描述的实用性考量、“能做”描述的量表化、“能做”描述的框架与参数描述等方面。

二、语言能力描述的实用性考量

（一）面向不同人群的语言能力等级量表

描述语言能力并进而制定语言能力等级量表是为语言教学、学习和测试服务的。不同的人群对语言能力等级量表的要求有所不同。Alderson（1991）[②] 认为语言能力等级量表可以分为三类：一是面向用户的（user-oriented），二是面向评价者的（assessor-

---

① 白乐桑、张丽《〈欧洲语言共同参考框架〉新理念对汉语教学的启示与推动——处于抉择关头的汉语教学》，《世界汉语教学》2008 年第 3 期。

② Alderson, J. C., Bands and Scores. In J. C. Alderson & B. North(eds.), *Language Testing in the 1990s: The Communicative Legacy*, London: Macmillan Publishers Limited. 1991.

oriented），三是面向教学与测试设计者的（constructor-oriented），这三种量表对语言能力的描述有明显差异。

面向用户的量表主要描述各水平等级的语言学习者的典型语言行为，描述他们能做什么，即能用语言完成怎样的交际任务，描述语一般是肯定的形式。这种量表通常是对语言能力进行综合（holistic）描述，也有一些是分技能描述的，但这种分技能描述比较简略。

面向评价者的量表是对语言使用或学习者的语言能力水平进行评价的指南。这种量表往往描述语言能力的各个方面，注重评价语言能力表现是怎样的，而且经常采用否定性的描述语。这种量表，有些是对语言能力进行综合描述，有些是进行分析（analytic）描述（比如，描述口语水平时分别从语言使用范围、准确性、流利性等方面对口语行为表现进行描述）。

面向教学与测试设计者的量表是针对具体的学习者人群安排教学内容、针对某个语言能力水平等级设计适当测试指南的依据。这种量表对语言能力的描述往往比较详尽。它们具体描述学习者在学习过程中需要用语言做什么，描述考生在语言测试中要完成的各项交际任务，注重描述考生能用语言参与或完成怎样的交际任务。

North（2000）[①] 在上述三种量表的基础上进一步区分了五类量表，即：报告总体水平的简要的综合量表，报告不同领域语言使用水平的量表，具体的综合评分量表，具体的分析评分量表，

---

① North, B., *The Development of a Common Framework Scale of Language Proficiency.* New York: Peter Lang. 2000.

作为各阶段教学大纲和测试标准的指导纲领。

CEFR 是一份旨在指导语言教学、学习和测试的综合性的纲领性文件，体现了 Alderson（1991）[①]、North（2000）[②]区分面向不同使用人群或不同用途的语言能力等级量表的思想，它对语言能力的描述既有面向用户的、面向评价者的，也有面向教学与测试设计者的。将这些面向不同人群的语言能力等级量表按照一定的组织结构汇集在一起，构成了 CEFR 对各等级语言能力水平的全面、具体、分层级、分侧面的描述，以满足各方面的不同需要。

（二）各等级描述有详有略

对不同水平等级的语言能力进行“能做”描述，应根据实际需要来决定描述的详略程度。就语言使用者语言能力水平高低的实际情况和社会需求程度而言，极低水平的语言能力能够完成的语言交际任务有限，极高语言能力水平一般的学习者很难达到，而且一般的交际活动也不需要极高的语言能力水平，因此对极低水平和极高水平的语言能力进行“能做”描述就可以相对简略、概括甚至模糊一些。而对社会需求程度高的关键等级进行“能做”描述就应该精细、充分，以满足各种不同的需要。

CEFR 的形成是基于之前对一些重要等级的语言能力描述所做的大量研究。Ek 和 Al-exander（1975）[③]就对“入门级”

---

① Alderson, J. C., Bands and Scores. In J. C. Alderson & B. North(eds.), *Language Testing in the 1990s: The Communicative Legacy*. London: Macmillan Publishers Limited. 1991.

② North, B., *The Development of a Common Framework Scale of Language Proficiency.* New York: Peter Lang. 2000.

③ Ek, J. V & L. G., *Alexander Threshold Level English – in a European Unit / Credit System for Modern Language Learning by Adults*. Oxford: Pergamon Press. 1975.

（Threshold Level）语言能力进行了深入而具体的研究，描述了达到这一水平等级的学生在实际生活中用语言“能做什么”，也包括需要掌握的相应的语言知识和技能。Ek、Alexander & Fitzpatrick（1977）① 和 Ek & Trim（1997）② 又分别对较低一级的“初级”（Waystage Level）和较高一级的“良好级”（Vantage Level）语言能力进行了具体的描述。为了满足更低水平等级“起步级”（Breakthrough）和更高水平等级“熟练级”（Effective Operational Proficiency）、“优秀级”（Mastery）的教学与测试的需要，人们又对这些等级的语言能力进行了描述。可见，CEFR 提出的六个等级不是一次划分出来的，而是以一批语言教育专家对各等级语言能力描述的长期研究为基础，从入门级（即 B1 级）描述开始，逐步向低端和高端延伸而成的。这样的形成过程实际上也是不断地使语言能力描述适应语言教学与测试需要的过程。从 CEFR 对 B1 级能力各方面的描述可以看出，这一等级的语言能力满足基本交际的能力：具备 B1 级所描述的能力，可以满足日常生活、旅行、学习和工作场合的基本需要。因此可以说，这个等级是语言能力量表上的关键等级。从实用的角度出发，CEFR 对这个关键等级及其上下等级（即 B2 和 A2）的描述都十分具体、详细，而对距离关键等级较远的等级（如 A1 和 C2）的描述就相对简略一些。CEFR 对各等级语言能力描述的详略区别明显地表现在以下两方面：（1）CEFR 在描述语言能力各方面时，

---

① Ek, J. V., L. G. Alexande & M. A. Fitzpatrick, *Waystage English – An Intermediary Objective Below Threshold Level in a European Unit / Credit System of Modern Language Learning by Adults*. Oxford:Pergamon Press. 1977.

② Ek, J. V. & J. M . Trim, *Vantage Level*. Strasburg: Council of Europe. 1997.

对A2、B1、B2级（特别是B1级）做了详细描述，在有些方面还将这些等级再分为高、低两档进行描述，这些等级的描述语也相对丰富。但对A1（最低端）和C2（最高端）的描述就比较简略，在有些方面对这些等级甚至不做描述。（2）CEFR在描述语言能力的各个方面时，对A2、B1、B2级都分别做了具体描述，以显示这些重要等级之间的区别，即这几个等级的描述语之间是不重复的。但在有些方面，对A1、C2甚至C1的描述只是采用与它们相邻等级完全相同的描述语。

CEFR对不同等级的语言能力进行详略不同的描述，这是与人们对不同水平等级语言能力描述的不同需求相适应的：A2、B1、B2级所代表的语言能力是人们进行语言交际活动的基本能力，对语言教学、学习和测试都十分重要，因此需要详加描述和区分。而就完成一般的语言交际活动而言，A1级能力过低，达到C2级能力的人又极少，所以从实用的角度出发，对极低或极高的语言能力水平都可暂不做精细的描述。

三、对“能做”描述的量表化

（一）“能做”描述语

对语言能力进行多方面、分等级的“能做”描述，最终形成语言能力等级量表，其重要前提之一是构造大量的“能做”描述语（descriptor）。“能做”描述语是对各水平等级上的语言能力的各方面所达到的水平进行描述的语句。将构造的一条条描述语定位在语言能力等级量表上的适当位置，就是对“能做”描述的量表化。

CEFR 中的描述语是经过广泛的收集、整理、提炼，再经过反复的定性和定量研究之后形成的。在构造描述语时，CEFR 有如下几项基本要求：

1. 肯定（positiveness）。描述语从肯定的角度说明语言使用者能做什么，避免从否定的角度说明使用者不能做什么。比如，可采用“能使用基本的有关事物、地点、人际关系的词语”之类的描述语，而避免使用“掌握的词语十分有限，不能与他人交流”之类的描述语。从描述语的数量上说，肯定的描述语的数量相对有限，而否定的描述语的数量则是无限的。从教育和学习心理方面说，肯定的描述语能更好地发挥鼓励学习者的作用。

2. 确定（definiteness）。描述语应描述具体的语言能力特征、语言使用者能够完成的具体任务以及能够达到的技能水平，避免模糊不清，尽量不用“一些”“有些”“大量”“相当”“一系列”等表达不确定数量的表述，因为人们对这些表述所表示的量的理解往往有分歧。

3. 清晰（clarity）。描述语应该清晰易懂，语句含义清楚明了，表述具有逻辑性，避免使用过多的专业术语或晦涩难懂的语句。这样便于更多的人理解与使用。

4. 简洁（brevity）。描述语应该简洁，避免使用冗长的表述。收集到的未经加工的许多描述语来自各种量表和大纲，有些较为简短，有些则较为复杂冗长。使用评分量表的评分实践和描述语使用情况的调查表明，评分者和教师倾向使用表述简洁的描述语。一些结构复杂的描述语往往包含对多方面语言能力特征的描述，而学习者语言能力可能具有其中的某方面特征而不具有另一方面的特征，采用简洁的描述语便于描述不同个体语言能力之间的各种差异。在整理、构造描述语时，可将复杂的描述语拆分为多个简短的表述。

5. 独立（independence）。一条描述语可以视为一个学习、教学和测试的指标，采用各自相对独立的描述语便于设定一个个具体的目标。为了便于使用和判断，每一条描述语在形式和内容上相互独立，避免描述语之间纠缠不清。

（二）“能做”描述语量表化的方法

为描述各方面语言能力而收集、构造的“能做”描述语，要用来从各方面描述不同水平等级的语言能力，因此，需要按照每条描述语所描述的语言能力水平的高低及其所描述的语言能力的方面，对其进行量表化处理。对描述语进行量表化通常有以下三种方法：

1. 直觉法（intuitive methods）。主要是根据专家个人或群体的经验，参考各种可以利用的语言能力量表、教学大纲和考试大纲，收集整理描述不同等级、不同方面语言能力的描述语，在专家根据各自的经验讨论、审议达成基本共识的基础上形成初步的量表。初步量表通过试用或调查收集有关人员（比如，有经验的教师）的意见再对量表进行完善和修订。

2. 定性法（qualitative methods）。定性研究主要是研究者对有关人员（如，教师、测试研发人员）进行调查研究，并对所收集的材料进行定性分析。比如，组织一些语言教师作为调查对象，请他们根据自己的判断（判断的依据可以是自己所教学生的水平或代表一定等级语言水平的典型语言行为样本）对初步形成的描述语进行排序，并请他们对描述语进行评价、取舍，说明各自排序的原因，指出哪些关键概念对其排序有帮助。

3. 定量法（quantitative methods）。定量研究主要是对大量的关于描述语的调查数据进行统计分析并对数据做适当的解释。比如，请一些有经验的教师估计语言使用者或学习者达到各条描述语所描述的语言能力水平的难度，采用项目反应理论（item response theory）的 Rasch 模型，计算各条描述语的相对难度，从而标定各条描述语在语言能力等级量表上的位置，据此可以对描述语进行等级划分，形成语言能力等级量表。

CEFR 还列举了上述三种方法的具体方法。现行的各种语言能力等级量表或大纲大多数是采用直觉或定性的方法制定出来的。制定语言能力等级量表最好采用直觉、定性和定量研究三者相结合的方法。直觉经验是构造描述语和对描述语进行量表化处理的前提，是定性研究和定量研究的基础。定性和定量研究的结果也应该与直觉相符，至少不违背直觉。定性研究需要定量研究提供数量的支持和验证。

在制定语言能力等级量表过程中将直觉法、定性法和定量法三者相结合，既立足于语言学习、教学和测试的实际经验，又以一定的语言能力理论为背景，并且依靠定量手段获得数据支持，这样制定出的语言能力等级量表能够满足多方面的要求，能够经受多方面的检验，可达到较高的信度和效度，也较容易得到各方面的认可。CEFR 就采用了将三者相结合的方法，同时对各种具体方法的运用有所选择、有所侧重。

必须认识到，无论采用哪种方法，制定语言能力等级量表都需要具备两个前提条件：（1）一定数量的、有代表性的、能够体现不同等级语言能力水平的语言行为样本。这些样本代表着某个量表的适用对象。（2）足够的、满足描述语要求（肯定、确定、清晰、简洁、独立）的、能够区别不同等级能力水平的、关键特征明显的描述语。这些描述语决定着不同等级语言能力水平的意义，它们是对语言能力等级量表上不同水平等级的直接解释。

四、“能做”描述的基本参数及描述

（一）“能做”描述的基本框架及参数

当前人们对语言能力进行“能做”描述大体是基于交际语言能力理论的，描述的基本框架也体现了交际语言能力模型。CEFR 也是如此。

CEFR 采用面向行动的方法（an action-oriented approach）来描述语言能力。这种方法把语言使用者和学习者看成是在具体的环境或场景中以特定的语言行为完成交际任务的社会角色（social agents）。语言使用就是人作为个体或某种社会角色在一定的能力（包括普通能力和交际语言能力）支配下的语言行为活动。人们在各种情境、条件下的语言行为主要表现为在一定的语言活动领域内产出或接收与各种话题有关的语篇和话语，以及为了完成某种交际任务而采取适当的策略等。描述人的语言能力在某种程度上就是描述语言使用的过程和结果，涉及普通能力、交际语言能力、语言活动、语言活动领域、策略、任务、语篇等方面。虽然这些方面在语言使用过程中错综交织在一起，但这些方面是语言能力描述的基本参数。对语言能力进行“能做”描述，可以对这些方面分别加以描述。

CEFR 对这些基本参数做了简要说明：

1. 普通能力（general competences）。语言使用 / 学习者的普

通能力由其所具有的一般知识（即通常所谓“陈述性知识”，包括从社会实践经验中所得到的和经过学习所得到的知识）、技能（即所谓“程序性知识”）、固有特性（包括人的特点、个性、态度）和学习能力构成。

2. 交际语言能力（communicative language competences）。交际语言能力主要由语言知识、社会语言能力和语用能力构成。语言知识不仅包括关于语音、文字、词汇、句法、语义等方面的静态知识，还包括对这些方面的组织、储存、提取的心理过程。社会语言能力是指人对语言使用的社会文化条件的掌握和适应的能力。语用能力涉及对一定的语言形式表达某种功能的理解与运用、使话语和篇章衔接与连贯等方面的能力。

3. 语言活动（language activities）。语言活动包括接收、产出、交互和中介。接收不仅包括听和读，也包括观看影视、浏览网页等。产出包括口头和书面表达。交互是指至少由双方参与的、互动的交际活动，在交互活动中，参与交际的各方不仅仅需要接收和产出，还需要掌握并运用适当的交际策略，如掌握运用话轮转换的技巧与策略。中介是指在交际双方无法直接完成语言交际任务的情况下，第三方作为中介所进行的翻译、解释、转达等活动。

4. 语言活动领域（domains，以下简称“领域”）。领域是语言活动的环境。语言活动的环境很难用有限的几个使用环境来概括。CEFR 出于实用的考虑，把语言活动领域分为公众领域、个人领域、教育领域和职业领域四类。

5. 策略（strategies）。策略指人们参与活动或完成某种任务的有组织、有意识、有规则的行为方式。

6. 任务（tasks）。泛指人们有意识从事的各种活动，包括各种语言和非语言活动。

7. 语篇（text）。语篇是与一定的领域和任务有关的口头或书面形式的话语或篇章。

“普通能力”是语言能力的生理和心理基础，非语言能力本身；“任务”中的“非语言活动”不直接体现人的语言能力，除了这两项之外，CEFR 对其他各项与交际语言能力有关的各个基本参数（包括交际语言能力、语言活动、领域、策略、任务、语篇等）都在 A1、A2、B1、B2、C1 和 C2 六个水平等级上分别做了描述。

语言能力的描述参数可分为不同的层次，各基本参数下还包括一些更具体的参数。比如，“交际语言能力”是一项基本参数，它下面包括“语言知识”“社会语言能力”和“语用能力”等三个次级参数，这些次级参数又包括一些更为具体的参数，如“语言知识”包括语音、文字、词汇、句法、语义等方面。这些位于不同层级的参数构成了语言能力描述的参数网络，描述这个网络上的各级参数就是对语言能力进行总体或具体的描述。

（二）总体描述

为了满足语言学习、教学、测试各方面的不同需求，“能做”描述既要对各等级的语言能力进行综合的总体描述，又要对各个具体的方面进行分项描述。

为了便于普通语言学习者、教学人员和评价者的理解和使用，CEFR 的综合量表（global scale）分三等六级对语言能力进行了最概括的“能做”描述。如，对 B1 级的总体描述为：“能理解在工作、学校、休闲等场合经常遇到的熟悉的、清晰的材料的要点；能应对旅行过程中大多数口语交际场合；能组织连贯的、简单的话语就熟悉的话题或与个人有关的话题进行表达；能描述经历、事件、梦境、希望、理想，并能简单说明原因，解释观点和计划。”

CEFR 对语言能力的总体描述大体包括交际场合、话题范围、语言的复杂性、交际任务项目等基本要素。这种描述大体相当于 Alderson（1991）[①] 提到的面向用户的量表对语言能力的描述，比较概括、抽象，很少涉及具体的语言知识（包括语音、书写形式、词汇、语法等）的掌握和运用情况。

（三）具体描述

安排语言教学（包括设计教学大纲、确定教学内容、制定教学计划、组织教学活动等）、研发语言测试（包括设计测试大纲、设计试卷、编制试题等）都需要对语言能力进行比较详尽的描述，即不仅要从总体上描述基本的参数，而且要描述更具体的参数项目。在对基本参数项目所包含的次级参数项目的描述方面，CEFR 对“语言交际活动”和“交际语言能力”中包含的具体参数描述最为详细。

1. 语言交际活动描述

CEFR 把语言交际活动分为接收（包括口语理解、视听理解、书面理解）、交互（包括口头交互、书面交互）和产出（包括口语表达和书面表达）三大项，其中包括七个分项，在这些分项下面又分出更具体的交际活动项目。

CEFR 先对每个分项都做了总体描述（如对“总体听解”“总

---

① Alderson，J. C., Bands and Scores. In J. C. Alderson & B. North (eds.), *Language Testing in the 1990s: The Communicative Legacy*. London: Macmillan Publishers Limited. 1991.

体阅读理解”“总体口语交互”的能力描述），再对更具体的交际活动项目加以描述。如，对 B1 级“总体听解”的能力描述为：“当所听话语发音清楚、口音熟悉时，能听懂与日常生活和工作有关话语的直接的事实信息，包括辨别大体含义和具体细节。”

在对 B1 级听解能力做总体描述之后，又分“听母语使用者对话”“听现场讲话”“听通告和指令”“听有声媒体和录音”等更具体的项目加以描述。如，对 B1 级“听母语使用者对话”的能力描述为：“在所听到的谈话发音清楚、标准的条件下，能基本理解谈话要点。”对 B1 级“听通告和指令”的能力描述为：“能听懂简单的技术说明，如日常使用设备的操作说明；能听懂具体的操作指令。”

2. 交际语言能力描述

关于交际语言能力，CEFR 分别从掌握语言要素的能力、社会语言能力、语用能力等方面加以描述。

对掌握语言要素能力的描述是从广度和深度两个维度进行的。描述掌握语言要素的广度主要是描述掌握语言要素的范围（range），CEFR 描述了“一般的语言使用范围”和“词汇范围”。如，对 B1 级“一般的语言使用范围”描述为：“掌握足够的语言要素，用以描述未知的情景，能比较准确地说明想法或问题的要点，能就抽象的、有关文化的话题（如音乐、电影）发表意见。”对 B1 级“词汇范围”的描述为：“就有关日常生活（如家庭、兴趣爱好、工作、旅行、时事等）的多数话题，掌握足够的词汇用以表达，但有时表达啰唆。”

在描述掌握语言要素的深度方面，CEFR 主要是描述掌握语言要素的准确程度（accuracy），分“语法的准确性”“掌握词汇的情况”“发音情况”“书写情况”四项加以描述。如，对B1级“语法的准确性”描述为：“在熟悉场景交际时语法基本正确，但有较明显的受母语影响的痕迹；有语法错误，但表意清楚。”对B1级“掌握词汇的情况”描述为：“能很好地运用基本词汇，但在表达复杂思想或遇到陌生的话题和场景时有词语使用错误。”对B1级“发音情况”描述为：“发音清楚，但外语口音有时较明显，偶尔有发音错误。”对B1级“书写情况”描述为：“能进行连贯的书面表达，通篇基本可读；拼写、标点和布局基本符合规范。”

关于社会语言能力，CEFR主要描述了“社会语言使用的得体性”。如，对B1级的描述为：“语言使用能发挥和应对广泛的交际功能，话语体现中性语域特征；知晓语言使用的礼貌习俗，行为举止得体；知晓并特别注意有关社会群体与自己所在群体之间在行为习惯、风俗、行为态度、价值观、信仰等方面的明显差异。”

关于语用能力，CEFR分为“交际情境适应性”“话轮转接”“话题展开”“关联与衔接”“表达意义的清晰程度”“口语表达的流利性”等方面分别加以描述。如，对B1级“交际情境适应性”的描述为：“能使用适当的表达形式以应对非日常的甚至比较棘手的交际情景。”对B1级“话轮转接”能力的描述为：“就熟悉的或与个人有关的话题，能发起、展开或结束一段简单的对话。”对B1级“话题展开”能力的描述为：“能比较流利地讲述线性发展的事件或描述线性展开的要点。”对B1级“关联与衔接”能力的描述为：“能将一连串简短的、分散的片段按照一定的顺序连接起来。”对B1级“表达意义的清晰程度”的描述为：

“能传递简单、直接的即时信息，突出自己认为最重要的信息；能让人听懂自己要表达的主要信息”。对 B1 级“口语表达的流利性”的描述为：“表达基本自如；虽然有些话语组织困难导致停顿或‘卡壳’，但在没有帮助的情况下能有效进行表达。”

3. 语言交际策略描述

与语言交际活动相应，CEFR 对语言交际策略的描述也分接收、交互和产出三个方面。

关于接收的策略，CEFR 描述了“辨别线索并推导”的能力。如，对 B1 级的描述为：“能理解熟悉领域和与个人感兴趣话题有关的语境中不熟悉的词语；在话题熟悉的情况下，能根据语境推测偶尔遇到的生词的词义，并推知语句的意义。”

关于交互的策略，CEFR 分别描述了“话轮转接”“合作”等策略的运用能力。如，对 B1 级“合作”策略的运用能力描述为：“能部分重复对方的话语以确认相互理解，使交流得以继续；能要求别人参与讨论。”

关于产出的策略，CEFR 分别描述了“计划”“补偿”“监控与修补”等策略的运用能力。如，对 B1 级“话语产出计划”策略的运用能力描述为：“能练习、尝试使用新的词语组合和表达形式，以期得到反馈信息。”对 B1 级“话语产出补偿”策略的运用能力描述为：“能用简单的、意义相近的词语来代替自己想要表示的概念，希望得到他人的‘修正’。”对 B1 级“话语产出监控与修补”策略的运用能力描述为：“能就所用的某种形式是否正确征询他人意见；交流失败时能使用不同的策略重新开始。”

4. 语篇处理能力描述

关于语篇处理能力，CEFR 主要描述了听讲座、参加专题讨论等活动时“记笔记”“语篇信息处理”的能力。如，对B1级“记笔记”能力的描述为：“在讲座话题熟悉、发言人语言简单、有条理且发音清楚、标准时，能边听边记录要点。”对B1级“语篇信息处理”能力的描述为：“能对多方面的简短信息加以整理，并能向他人综述；能用原文的词语并按一定的顺序简单地讲解短小的书面语段。”

以上是CEFR对B1级语言能力水平从语言交际活动、交际语言能力、交际策略运用、语篇处理等方面所做的描述，由此可以大体看出CEFR对各等级语言能力水平描述的基本框架与层次结构。

五、结语

国际汉语教学与测试情况复杂，教学机构和考试机构繁多，不同地区、不同阶段、不同种类、不同目标的教学和测试在关联、衔接与连贯方面存在许多困难。这就需要制定性质类似于CEFR的指导文件，对汉语能力的不同方面按照一定的参数项目和层次结构进行分等级具体的“能做”描述。对汉语能力水平进行分等级、多侧面“能做”描述，CEFR的经验无疑值得研究与借鉴。比如，“能做”描述跟真实的语言交际任务联系在一起，描述不同水平等级上的语言使用者能用语言完成怎样的交际任务，既有对语言能力的综合描述，又有对人们完成交际任务所使用的语言要素（包括语音、文字、词汇、语法等），接收、交互与产出活动，交际策略，语篇处理能力等方面的分项描述。CEFR基于语言能力量表各方面研究的综合成果，吸收了现有各种量表及大纲的经验，所采用的“能做”描述语是在广泛收集、验证的基础上，从数千条描述语中提炼出来的，适用于描述各类学习者（包括高、中、低等级，职业教育和成人教育的语言学习者）的语言水平，可以满足语言学习者、教学与测试机构和人员的不同需求，为语言教学与测试提供了重要的参考标准。

不过也应该认识到，CEFR 本质上是一份关于语言学习、教学和测试工作的指导文件。虽然有长期的研究积累，其理论依据具有广泛共识，其所构造的“能做”描述语及水平等级划分也得到了大量的数据支持，但语言教学和语言测试工作实际情况毕竟是复杂的，CEFR 用于具体的语言教学和测试工作还有一些需要改进、补充或完善之处。比如：

1. 在构造“能做”描述语时，CEFR 有一条原则要求描述语含义确定，避免模糊不清或理解分歧，尽量不用“一些”“有些”“大量”“一系列”之类的表达不确定数量的表述，但在其实际采用的描述语中仍有 some、sometimes、generally、a series of 等表示不定量的词语。这些表述如果没有明确的定义，人们在理解时就容易产生分歧。

2. 从 CEFR 目前对各等级、各方面的语言能力水平的描述来看，一些较高等级和较低等级缺少描述语，有些描述语还缺少定量数据的支持，这些都是需要加以充实和完善的。

3. CEFR 是面向多语种的，在对各水平等级上掌握的语言知识进行描述时，没有涉及具体的语言项目（如功能-意念项目，具体词汇、语法项目等），而这些都是具体的语言学习、教学和测试活动切实需要的。在 CEFR 基础上，面向具体的语言教学和测试工作，还需要制定用于教学和测试的大纲，对各等级、各方面涉及的语言项目或语言点进行更具体的描述。CEFR 的早期研究文献，如 Ek 和 Alexander（1977）[①]，就详细列出了某个等级的交际场景、功能项目、具体词汇及基本句型句式。史有为（2009）[②]也提出在“最小语言平台”上应该有最基本的交际情景、最低量的基础词汇和最基本的语法项目。实际上，汉语教学与测试领域也早有这方面的研究实践和重要成果，如《汉语水平等级标准与语法等级大纲》（国家对外汉语教学领导小组办公室汉语水平考试部，1996）、《汉语水平词汇与汉字等级大纲》（国家对外汉语教学领导小组办公室汉语水平考试部，1992）。只是随着汉语教学与测试形势的发展变化，这些标准和大纲需要改进和完善，以适应复杂的国际汉语教学新形势发展的需要。

国家汉办近年来已经公布《国际汉语能力标准》（国家汉语国际推广领导小组办公室，2007）、《国际汉语教学通用课程大纲》（国家汉语国际推广领导小组办公室，2008）等类似 CEFR 的国际汉语教学和测试工作的指导文件。在教学和测试实践中，这类标准和大纲本身需要进行效度验证，这是一个长期的过程。对各等级汉语能力水平进行“能做”描述，制定各地区各机构共同使用的水平等级量表，需要遵循一定的原则和规范，需要按照一定的步骤和方法，使“能做”描述和量表制定的过程科学、透明，只有这样，所做的“能做”描述及所制定的量表才能经得起科学

① Ek, J. V., L. G. Alexande & M. A. Fitzpatrick, *Waystage English — An Intermediary Objective Below Threshold Level in a European Unit / Credit System of Modern Language Learning by Adults*. Oxford:Pergamon Press. 1977.

② 史有为《最小语言平台与思维功能习得——兼议 CEFR 欧洲框架》，见上海师范大学《对外汉语研究》编委会《对外汉语研究》第五期，北京：商务印书馆，2009。

的效度验证，才能有效地指导、规范汉语教学和测试工作。

第二节　中级汉语学习者语言能力自评量表的编制与检验[①]

现代教育理念已经从以教师为中心转向以学生为中心，学习者应该学什么，怎么去学成为语言学习的核心问题。在学习过程中，评价学习成就的方法主要有三种：测验、教师评价和学生自我评价。Mats Oscarson（1989）[②]认为学生进行自我评价对学习有益，学习者有意识地评价自己的交际效果是习得过程的重要组成部分，它可以帮助学习者提高学习意识，明确学习目的，是评估领域的拓展。

语言能力自评量表是学生自我评估语言能力的评价工具，它可以帮助学习者对自己的语言水平做出判断，从而对进一步学习产生正面的影响。同时自评量表还能告诉学习者要提高语言能力应该学会哪些语言知识和技能，这样学习者就会有意识地去获得这些能力。语言能力自我评价量表具有很广泛的实用价值，但自我评价量表必须建立在可靠性和有效性的基础上，因而对所编制的量表进行质量检验是十分必要的。

---

① 王佶旻《中级汉语学习者语言能力自评量表的编制与检验》，《中国考试》2012 年第 11 期。

② Mats Oscarson, Self-assessment of Language Proficiency: ratio-nale and applications. *Language Testing*. 1989, V6 N1.

一、研究背景

最早的语言能力量表是美国政府部门在 1955 年制定的 FSI（Foreign Service Institute）量表，制定该量表的初衷是为了规范测验的操作和评分，因此它不是自评量表而是测验的评分标准。其后，欧洲、美国、加拿大、澳大利亚及其他地方出现了多个语言能力量表，如美国的 ACTFL 大纲、澳大利亚的 IS-LPR 量表、加拿大的 CLB 量表以及欧洲的 ALTE 量表等。其中 ACTFL 量表和 ALTE 量表是最具影响力的语言能力量表。

ACTFL 大纲是美国教育测验服务中心（Educational Testing Service, ETS）和美国外语教学委员会（American Council for the Teaching of Foreign Language, ACTFL）于 20 世纪 80 年代制定的语言能力量表。该量表把语言水平分为 10 个小级别，并对听、说、读、写四项分技能做了等级描述。ACTFL 大纲对学习者的评估侧重于真实的能力，而不细究学习者在何时何地以何种方式学习语言。ACTFL 大纲是一个对语言教学、学习、测试以及语言政策都产生了长远影响的能力量表。它对能力等级的划分、等级标准的界定和语言表现的描述都为以后的能力量表的制定提供了参考。

ALTE 量表是欧洲语言测评中心协会（Association of Language Testers in Europe）制定的关于语言应用能力的评估量表，是欧洲语言共同参考框架（CEF）的重要组成部分。ALTE 量表是以语言使用者为中心的评估机制，因而也可以作为学习者的自我评估量表。该量表把语言水平分为六个等级，并从听、说、读、写四个方面对语言能力进行了详细的描述。描述采用“能做（can-do）”的形式，从社会生活、工作和学习三个方面对语言能力进行描写。

上述这两个语言能力量表有三个主要特点：一是以听、说、读、写四项语言技能为纲来描写语言能力；二是以特定的任务或语言使用者能够做什么来描述具体的语言能力，也就是用行为表现来进行评估；三是对能力等级的划分都以初、中、高三个主要等级为基础。

二、研究过程

（一）中级汉语学习者语言能力自评量表的编制

本研究的自评量表以中级汉语学习者为评估对象，分为听、说、读、写四个分量表。在每一个分量表中，我们都从三个层面进行描述，第一个层面是能力概说，以概括的语言对每一水平等级进行描述，描述的主要任务是找出每一水平等级的区别性特征。例如对听力理解的能力概说为：“在日常生活、工作和学习中可以比较顺利地实现和母语者的交流，能够比较准确地把握说话人的态度、观点，听懂重要的问题、指示，可以在较短的时间内参与到讨论中，不仅能听懂自己熟悉话题的大部分观点，在较陌生的话题上，也具备一定的跳跃障碍的能力，从而获取需要的关键信息。”

第二个层面是“能做描述”，通过语言任务的形式对不同水平等级的学习者能够做什么进行详细描述。“能做描述”也要从不同的子能力维度展开，以典型的作业任务为描述的依据，而非随意描述。比如在阅读能力量表中，“能做描述”分为文本说明和阅读过程两个子维度。文本说明部分主要根据阅读材料的体裁和篇章来对学习者进行区分。例如“能读懂会议议程”。阅读过程关注阅读时所涉及的各种技能，包括总结和概括、寻找细节、查找段落关系、推论、与目的语文化背景的结合、阅读技巧以及使用参考书和词典的能力。例如“能将一篇文章里不同部分的信息，或者不同文章里的信息归纳汇总，以完成特定的交际任务。”

第三个层面是量化指标，主要从字、词掌握数量，阅读和听力的速度等方面来区分不同水平的学习者。例如“能在 30 分钟内写出 300 字以上的信或短文”。

中级汉语学习者语言能力自评量表采用李克特 5 级量表（Likert scale）来采集数据，学生在完成量表时需要对每一条描述语和自己实际语言水平相符的程度进行评价，如果完全符合选择 5，完全不符合则选 1。量表的结构和题目数量如表 1 所示。

表 1 中级汉语学习者语言能力自评量表的结构和题量

结构内容	总量表	听力理解	阅读理解	口语表达	书面表达
题目数量	154	47	50	34	23

（二）被试

本研究的被试为报名参加 2011 年 6 月举行的汉语水平考试 HSK（初中等）考试的考生，共 165 名。被试在报名当日完成量表调查，并于一周后参加 HSK 考试。因此被试完成量表时的语言水平与其参加 HSK 考试时的水平基本一致。被试的具体情况如表 2 所示。

表 2　被试的具体情况

总人数	女性	男性	国别
165	89	76	安哥拉 2；巴基斯坦 1；巴西 1；朝鲜 8；德国 4；多哥 1；俄罗斯 5；法国 4；菲律宾 1；芬兰 1；刚果 1；哥斯达黎加 2；哈萨克斯坦 7；韩国 6；荷兰 1；吉布提 1；吉尔吉斯斯坦 4；津巴布韦 2；老挝 1；马耳他 1；美国 1；蒙古国 6；墨西哥 1；葡萄牙 2；日本 25；瑞典 1；瑞士 1；萨摩亚 1；苏丹 3；塔吉克斯坦 1；泰国 33；土库曼斯坦 1；乌克兰 1；伊朗 1；印度尼西亚 7；英国 2；越南 11；中国（少数民族）13

（三）题目的难度与区分度

题目的难度和区分度与量表的质量密切相关，难度适中、区分度良好的题目所组成的量表具有较好的测量精度。由于题目采用 5 级量表记分而非 0/1 记分，因此难度的求得采用公式 P= 所有被试该题得分的平均数 / 该题满分分数。区分度用被试在该题上的得分与其量表总分之间的相关来表示，同时检验高分组和低分组的得分差异。根据测量学的一般做法，高分组指的是得分从高到低排列，前 27% 的人，低分组则是后 27% 的人，高分组和低分组的得分有显著差异代表题目的区分度良好。我们按上述办法计算了每个题目的难度、区分度以及高分组和低分组得分的平均数差异检验（T 检验）。结果表明，题目难度中等偏易，区分度良好，高分组和低分组得分的平均数差异显著。具体情况如表 3 所示。

表 3　题目难度与区分度

	平均难度	平均区分度（题目与总分相关）
总量表	0.66	0.71**
听力理解	0.69	0.69**
阅读理解	0.64	0.73**
口语表达	0.66	0.72**
书面表达	0.63	0.69**

注：** 表示相关在 0.01 水平上显著。

（四）量表的信度检验

我们使用α系数检验总量表以及各分量表的内部一致性信度，结果如表 4 所示。

表 4　总量表及各分量表的内部一致性信度

结构内容	总量表	听力理解	阅读理解	口语表达	书面表达
题目数量	154	47	50	34	23
信度系数 α	0.88	0.91	0.92	0.89	0.85

从表 4 可以看出，中级汉语学习者自评量表以及听力、阅读、口语和书面分量表的内部一致性信度（α 系数）都较高，说明量表的测量信度较好。

（五）量表的效标关联效度检验

1. 效标的选取

信度和效度是测验的两大质量标准，也是测验研究的重要问题，其中效度又是重中之重。正如 Dieterish 和 Freeman

（1979）[①]所谈到的，如果脱离了效度问题，那么包括信度在内的一切有关测验标准或质量的讨论都会显得毫无意义。Bachman（1990）[②]也指出，在测验的开发、解释及应用中，需要考虑的最重要的问题就是效度。在建立效度的过程中，我们需要收集一种证据，这种证据表明测验分数和某个标准之间的关系，而我们相信这个标准同样表现了所测的能力。使用这种方法建立的效度就是效标关联效度（criterion-related validity）。在效标关联效度的检验过程中，最重要的步骤就是寻找合适的效标。一个好的效标必须具备以下几个条件：（1）同质性，即与研究对象的测量特质相同；（2）有效性，即能真正反映所要测量的特质；（3）可靠性，也就是要有较高的信度；（4）客观性，即没有“效标污染”。个人的效标成绩可能由于评定者知道其预测源分数而受到影响，从而降低了客观性，这称为“效标污染”；（5）实用性，最佳的效标测量应该用法简单、省时、花费少[③]。

本研究采用被试参加的汉语水平考试（HSK）作为效标。HSK 是专门测试母语非汉语者的汉语水平的国家级标准化考试，是一个比较可靠的效标。本次 HSK（初中等）考试的结构、题型与信度系数如表 5 所示。

---

① Dieterish & Freeman, A Guide to English Proficiency Testing in School. Center for Applied Linguistics.1979.

② Bachman, L. F., *Fundamental Considerations in Language Testing.* Oxford University Press.1990.

③ 郑日昌、蔡永红、周益群《心理测量学》，北京：人民教育出版社，2001。

表5 HSK（初中等）考试的结构、题型与信度系数

结构与题型	听力理解	语法结构	阅读理解	综合填空	总卷
题目数量	50	30	50	40	170
信度系数α	0.93	0.90	0.92	0.92	0.98

在效标选取上，我们采取考察内容近似的原则，以HSK总分作为总量表的效标，以HSK听力理解测验的成绩作为听力理解分量表的效标，以HSK阅读理解测验的成绩作为阅读理解分量表的效标。由于HSK考试的综合填空部分考查书面表达和汉字书写能力，因而可以作为书面表达分量表的效标。口语分量表的效标也选用HSK听力理解测验的成绩，这是因为听和说具有十分密切的关系，在没有口语测验作为效标的情况下，选择听力测验成绩作为效标也是可行的。

2. 检验结果

效标关联效度的检验结果如表6所示。

表6 效标关联效度的检验结果

	HSK总分	听力	语法	阅读	综合
总量表	0.46*	0.45*	0.45*	0.42*	0.30*
听力量表	0.40*	0.45*	0.44*	0.32*	0.23*
阅读量表	0.49*	0.43*	0.44*	0.50*	0.38*
口语量表	0.33*	0.40*	0.37*	0.26*	0.18*
写作量表	0.33*	0.30*	0.35*	0.32*	0.40*

注：* 表示相关在0.05水平上显著。

从表 6 可以看到，总量表以及四个分量表与各自的效标的相关都在 0.05 水平上显著，相关系数在 0.40—0.50，属于中等程度的相关。

三、讨论与结论

（一）量表中描述语的选择与修订

语言能力自评量表中对能力的划分和界定主要依靠各种描述语来完成，因此描述语的质量直接影响到量表的信、效度。描述语的产生有不同的方法，比如向专家征集对学习者语言能力的评述语，根据确定的语言能力结构及其参数体系来编写描述语等。我们采用的方法是收集国内外已有的语言能力量表和大纲，把其中的描述语挑选出来，然后根据确定的语言能力维度和参数体系将合适的描述语放进去，最后再进行描述语的修订。

通过对每一条描述语的难度、区分度以及选项分布等题目质量参数的评估，我们归纳了挑选和修订描述语的几条基本原则：（1）描述语的单维性，即除总说部分外，每条描述语只描述一个参数或一项能力；（2）描述语的排他性，即任意一条描述语都不含有其他描述语所描述的内容，描述语之间不重复；（3）描述语都采用正向描述的方式，不使用否定词语；（4）尽量避免大量使用程度词来修饰描述语，如比较准确等；（5）描述语在表达上做到准确、简洁。

（二）量表的质量评估

评价量表的质量主要从题目质量、量表信度和效度三方面着手。从研究结果来看，中级汉语学习者语言能力自评量表质量优良。题目平均难度为0.66，属于中等偏易，说明问卷中的题目与被试的实际语言水平比较相符。在分量表中，听力和口语的难度略低于阅读和写作。这可能是因为题目大多描写课堂外实际运用语言的场景，而学生在现实生活中运用听和说的机会多于读和写，因而他们对听力和口语的场景熟悉程度高，所以倾向于给出较高的分数。从题目的区分度来看，所有题目在高分组和低分组都有很好的鉴别力，平均数差异显著，题目与总分的相关较高，说明题目具有较好的区分度。量表的信度检验表明题目的内部一致性很好，信度较高。

从量表的效度检验来看，总量表和效标（HSK 总分）之间的相关为0.46，这在自我评价的研究中是相对较高的。Bachman 和 Palmer（1989）[①] 的研究计算了自我评价和面试以及多项选择题的相关，分别为0.47和0.46，他们认为这样的相关已经是相当可观了。其他一些研究如 Powers, D., Roever, C.,Huff, K. L. & Trapani, C. S.（2004）[②] 得到了0.3的相关，而 Anne-Mieke Janssen-van Dieten（1989）[③] 的研究仅得到了0.19的相关。因而我们可以说本研究的语言能力自我评价量表的效标关联效度还是比较高的。从各个分量表来看，听力、阅读、口语和写作分量表与它们各自

① Bachman, L. F. & Palmer, A.S., The Construct Validity of Self-rating of Communicative Language Ability. *Language Testing*. 1989, V6 N1.

② Powers, D., Roever, C., Huff, K. L. & Trapani, C. S. Validating LanguEdge-TM Courseware scores against faculty ratings and student self-assessments. ETS Research Report. 2004.

③ Anne-Mieke Janssen-van Dieten, The Development of a test of Dutch as a Second Language: the validity of self-assessment by in-experienced subjects. *Language Testing*. 1989, V6 N1.

的效标之间的相关都在 0.40 以上，其中阅读分量表的效标关联效度系数达到了 0.50，说明各个分量表的效标关联效度都比较好。

（三）关于语言技能间的关系

在分析四个分量表与 HSK 各个分测验的相关关系的过程中，我们发现了一些有意思的现象。虽然四个分量表与它们各自的效标之间的相关最高，但它们同时都和语法分测验具有较高的相关。这种现象暗示着语法知识在听、说、读、写四项技能中都占有很重要的位置；反过来说，这也暗示着语法不是一个需要独立测量的子能力，而是作为一种语言使用的必备要素体现在听、说、读、写各项语言技能中。这一点也证实了张凯（1997）[①] 和郭树军（1997）[②] 在研究 HSK 的构想效度时的研究发现。

另外，我们还发现，口语分量表与 HSK 各个分测验的相关是最低的，与自评量表中其他分量表的相关也是相对较低的。这一方面是因为我们选择的效标中没有口语测验，另一方面也说明口语能力是一种相对独立的语言技能。这一现象在周聪（2010）[③] 以及原鑫（2011）[④] 的研究中也得到过证实。这就提醒我们在对语言技能进行评估时要采取分开评价的模式，特别是口语能力。

① 张凯《汉语水平考试结构效度初探》，见刘镰力主编《汉语水平测试研究》，北京：北京语言大学出版社，1997。

② 郭树军《汉语水平考试（HSK）项目内部结构效度检验》，见刘镰力主编《汉语水平测试研究》，北京：北京语言大学出版社，1997。

③ 周聪《综合式测试方法对初级水平汉语学习者的适用性研究》，北京语言大学硕士学位论文，2010。

④ 原鑫《高级水平汉语学习者听说读写四项技能的关系研究》，北京语言大学硕士学位论文，2011。

第三节 汉语能力标准的描述语任务难度研究①

一、问题的提出

（一）描述语的概念界定

定义语言能力的方法有三种：成分法、现实法和交互法。其中，现实法（real-life approach）直接描述人们在真实生活中使用语言能够完成的交际任务。该方法通过列举语言使用者参与或完成的语言交际任务来描述其语言水平。美国外语教学委员会的ACTFL大纲、加拿大的CLB语言能力标准和欧洲语言共同参考框架（CEFR）等都是以这种方法来定义语言水平的。在制定汉语作为第二语言的能力标准中，非常重要的一项工作就是对不同水平等级的听、说、读、写四项技能进行“能做”（can-do）描述，即描述在现实生活中处于不同水平等级的学习者能够完成的语言任务，我们把这些语言任务称作“描述语”。

（二）描述语任务难度研究的意义与内容

汉语作为第二语言的能力标准旨在对汉语学习者不同的语言能力水平等级进行定义和描述，从而为汉语作为第二语言的教学、学习和测验提供统一的标准参照体系②。这个体系的主体之一就

① 本节摘自王佶旻《汉语能力标准的描述语任务难度研究——以中级口语能力量表为例》，《世界汉语教学》2013年第3期。

② 王佶旻《制定汉语作为第二语言的能力标准的初步构想》，《语言文字应用》2012年第1期。

是对不同等级听、说、读、写的能做（can-do）描述。处于不同水平等级的学习者所能完成的语言任务是不同的，因而不同的描述语就有了不同的任务难度。依据描述语任务难度的不同，我们可以把语言能力标准中的描述语分派到不同的语言水平等级中去，从而完成语言水平等级与描述语难度之间的对应，提高语言能力标准（量表）的科学性。

在语言能力标准中，对口语能力的描述是十分重要且具有实用价值的一项，包括 ACTFL 大纲和 CEFR 在内的许多语言能力标准都以口语能力为最主要的研究内容，因而本节也以口语能力标准为例。中级水平汉语学习者处于语言学习的中间阶段，能够反映出更多的教学、学习和测试的进程与信息，因而我们选择中级学习者作为典型样本。

本节研究的内容为：第一，汉语作为第二语言的中级口语能力量表中描述语的选择与编制；第二，描述语任务难度的数值估算与等级划分；第三，描述语任务难度的分布特点及其与学生能力值的关系。

二、理论背景与相关研究

以描述语的形式组成的语言能力量表要关注两方面的问题：横向的类别，即描述语的能力维度；纵向的类别，即描述语的任务难度与等级划分。

（一）关于描述语能力维度

口语能力维度一般有三种划分模式。第一种以口语交际模式来划分。Bygate（1987）[①]的口语能力模型区分了听和说互动形式的口语表达以及单向的口语表达，并认为这两种口语表达能力是既有联系又有区别的能力。王佶旻（2008）[②]通过实证研究得到口语能力的两个子因素，即听-说模式的口语能力与独白模式的口语能力。CEFR 量表把所有的语言活动分为接收、产出、互动和中介四种类型，并在口语能力部分的描述中，明确区分了互动和输出这两种不同的口语活动模式，与王佶旻（2008）提出的两种模式一致。

第二种是分领域或情境来划分。CEFR 划分了与外语学习有关的四个主要领域：公共领域、职场领域、教育领域和个人领域。托业考试（TOEIC）把其测试范围内的口语交际活动的情境界定为日常生活情境（交谈、旅行、请求、购物）和职业情境（会议、报告、午餐、培训）。CLB 则把不同等级能完成的口语交际任务分成了三类：社交、学习 / 学术、工作。

第三种是从语言表现的不同方面来区分，比如方绪军、杨惠中、朱正才（2011）[③]结合四、六级口语考试进行英语口语能力等级量表的研究，他们的量表涉及 65 条英语口语能力描述语。这些描述语分为三个方面，即语言使用的准确性、丰富性；话语的衔接、意义的连贯性，表达的灵活性、得体性和有效性。

这三种划分模式在描写和定义口语能力方面具有不同的作

---

① Bygate, Martin, *Speaking*. Oxford: Oxford University Press, 1987.

② 王佶旻《汉语作为第二语言的初学者口语能力结构初探》，《心理学探新》2008 年第 1 期。

③ 方绪军、杨惠中、朱正才《英语口语能力描述语因子分析及能力等级划分——制定语言能力等级量表实证研究》，《现代外语》2011 年第 2 期。

用，因而仅仅使用其中一种方法来收集和编写描述语是不够全面的。学习者口语能力的描写需从三个方面入手：第一是分情景和模式的能做描述，如“能具体描述一个朋友，如他/她的外表和性格”。这是一个独白模式、涉及个人领域的描述语。第二是语言表现，包括语言的准确性、丰富性、流利性和得体性等，如“能用非常基础的连接词（如用‘和、但是、然后、因为’等）衔接字词”。第三是交际策略，这是语言交际能力不可或缺的一部分，在语言使用过程中处于中枢纽带的位置，比如在中级口语能力量表中有这么一条描述语：“能使用固定的表达（如‘这个问题很难回答’）为自己遣词造句争取时间。”

（二）关于描述语的编写

国内外语言能力描述语的收集或编写一般有两种不同的方法。其一是向专家征集对学习者语言能力的评述语，其二是根据专家商定的语言能力结构及其参数体系来编写描述语。

North（2000）[①] 在研究欧洲语言共同参考框架（CEFR）的过程中指出了很多语言能力标准或量表中描述语存在的问题，如否定式、表意不清、冗长、相互依赖、相对性表述等。North 认为这些问题严重影响了量表的科学性、准确性和实用性，并提出在 CEFR 量表描述语的编制中要遵循如下原则：（1）积极肯定式；（2）准确（避免使用表述模糊的词语，如“几个”“一些”“一系列”）；（3）可读性和逻辑性（避免使用专业性词语等）；（4）简短；（5）独立（描述语之间的相互独立性）。这些原则既提高了描述

① North, Brian, *The development of a common framework scale of language proficiency.* New York: Peter Lang Publishing, Inc, 2000.

语的可读性和实用性，也满足了后续描述语分析研究和量表化过程中使用各种测量统计方法的要求。

（三）描述语任务难度研究

《欧洲语言共同参考框架》（CEFR）在语言能力量表的描述语难度研究方面做出了有益的尝试。Council of Europe（2001）[①] 概括了三种划分描述语难度等级的方法：直觉法、定性法和定量法。

直觉法主要是参考现有的标准、大纲等文献资料，收集、整理描述语，根据若干位专家的经验，经过讨论、审议达成共识，以此作为描述语难度等级的标准并形成量表。之后，在试行的过程中，再征集使用者（如语言教师）的意见加以修订、微调。

在定性法中，研究者对众多的语言教师及有关人员进行调查研究，征集描述语并做定性分析。对描述语进行筛选、修改、分级、归类，讨论选择或删除的原则，分析归类、分级的原因等，并最终形成等级量表。

定量法包含科学的研究设计、大量数据的采集和统计分析等工作。除 CEFR 量表之外，现行的国内外的各种语言能力量表或大纲几乎全部采用直觉法或定性法制定得到。有些能力标准也宣称采用了定量分析的方法，但其实质是“定量描写”，主要在字数、词汇量和语法点的数目上利用了一些语料的频率统计结果。CEFR 量表的制定采用了定量法，把 280 条描述语分为七个问卷，对 1000 名考生（分成七级样本）进行调查，并用项目反应理论等现代测量技术进行描述语任务难度估算。但由于分级太细，每

---

① Council of Europe, *A Common European Framework of Reference for Languages Learning, Teaching, Assessment.* Cambridge: Cambridge University Press, 2003.

一级的样本数量就减少了，难度估算的精确程度也就打了折扣。

在国内英语能力统一量表的制定过程中，方绪军、杨惠中、朱正才（2011）[①]用 65 条描述语组成问卷，由 183 名老师对 10 名考生的口语考试视频录像做分项评分，然后使用聚类分析的方法把考生的能力水平和结构归为四类，但并未对描述语进行等级划分研究。

（四）Rasch 模型及其在描述语任务难度研究中的应用

问卷调查一般采用李克特量表（Likert scale），该量表要求被调查者指出自己对某项陈述的认同程度，一般使用 5 级量表。李克特量表的传统分析方法是将成组的或者全部的选项得分直接求和来计算每个项目或每个受测者的测量学特征。这种传统的累加方法基于两个假设：（1）每一个项目的贡献都是相同的；（2）每一个项目选项的测量都有相同的间距。这两条假设实际上是很难得到满足的。

项目反应理论（IRT）中的 Rasch 模型可以解决我们面临的困难。利用 Rasch 模型，我们可以将问卷中的顺序数据转化为等距数据[②]。基本的 Rasch 模型有考生和项目难度两个侧面，模型定义考生正确作答的概率是考生能力和项目难度之间的函数。通过使用对数函数，可以将等级量表上的原始数据转换到线性的等距量表上，该量表的单位被定义为洛基值（logits 或 log-odds）。

---

① 方绪军、杨惠中、朱正才《英语口语能力描述语因子分析及能力等级划分——制定语言能力等级量表实证研究》，《现代外语》2011 年第 2 期。

② Baker, John G., Carl V. Granger & Roger C. Fiedler. A brief outpatient functional assessment measure: Validity using Rasch models. *American Journal of Physical Medicine & Rehabilitation,* 1997, 76.

基本的Rasch模型只适用于二项计分的数据，Andrich（1978）[①]将其拓展为允许项目有超过2个以上反应项的等级模型，或称多级计分模型（Polytomous Rasch Model，简称为RSM模型）。采用李克特量表计分的问卷适合使用RSM模型来估算项目的任务难度。

三、研究方法、过程与结果

（一）描述语的选择与编写

在描述语的选择与编写过程中，我们采用的方法是收集国内外已有的语言能力量表和大纲，把其中的描述语挑选出来，然后根据专家[②]商定的语言能力维度和参数体系将合适的描述语放进去，最后再进行描述语的修订。挑选和修订描述语的基本原则是：（1）描述语的单维性，即每条描述语只描述一个参数或一项能力；（2）描述语的排他性，即任意一条描述语中都不含有其他描述语所描述的内容，描述语之间不重复；（3）描述语都采用正向描述的方式，不使用否定词语；（4）尽量避免使用程度词来修饰描述语，如“比较准确”等；（5）描述语在表达上做到准确、简洁。

下一步的工作是粗分水平等级。这项工作的重点是确定水平等级的数目，并把描述语归入各个等级中。为实现与欧洲语言共同参考框架（CEFR）的兼容，等级的数目定为三等六级，分别

---

① Andrich, David, A rating formulation for ordered response categories. *Psychometrika,* 1978, 43.

② 我们聘请了10位语言学、语言教学和语言测试方面的专家作为描述语选择、修改和定级的专家。

为初级低、初级高、中级低、中级高、高级低和高级高。确定等级数目后，我们根据描述语的来源等级类别（即该条描述语在原量表中的等级）将描述语归入三等六级中去，形成一个初步的描述语指标库。之后我们请专家商讨描述语指标库的内容，对描述语的等级归类和语言表述进行逐条审核，提出删改意见。

（二）汉语能力量表的编制

在专家删改意见的基础上，我们以描述语指标库为基础编制了针对初、中、高不同水平学习者的三份量表，每份量表均包括听、说、读、写四项语言技能。虽然描述语指标库中有三等六级之分，但为了在调查中获得更多信息，我们没有再细分六个小级别，而只是以初、中、高三个大类为纲。在项目的计分上，采取李克特量表 5 级计分的形式，其中 1 表示未能达到描述语所述能力，5 为完全能够达到。

具体到中级口语能力量表，共有 52 条描述语，涉及语言表现、交际策略和能做描述三个类别。评价语言表现的描述语共 10 条，分别为第 22、39、40、44—50 条；口语交际策略共 7 条，分别为第 5、10、37、38、43、51、52 条；其余的均为能做（can-do）描述。量表的结构框架图如下：

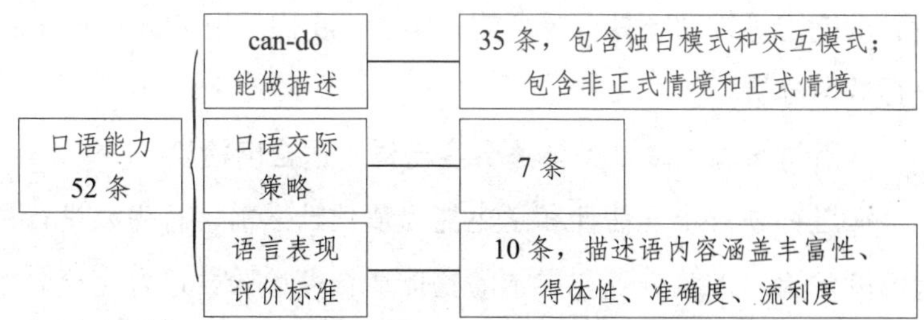

图 1　中级口语能力量表的框架结构图

（三）样本

汉语能力量表所述的各条描述语都是针对汉语学习者的，但鉴于学生自评量表的可靠性和有效性较难保证，在语言能力量表的调查过程中一般都以教师的他评数据为主，即由被调查学生的教师来完成问卷，判断他（她）的学生是否（或在多大程度上）达到描述语所述的能力。

本研究所涉及的样本为北京语言大学汉语学院二年级留学生以及进修学院中级班留学生，共443人，其中男生占46%，国别涉及日本、韩国、俄罗斯、美国、泰国、哈萨克斯坦、巴西等43个国家。

（四）研究方法

本研究采用多级计分的Rasch模型（RSM）来估算描述语任务难度，其计算函数为：

$$\log\frac{P_{nij}}{P_{ni(j-1)}}=B_n-D_i-F_j$$

其中，P_{nij}：考生n在项目i上被评定为等级j的概率；$P_{ni(j-1)}$：考生n在项目i上被评定为等级j−1的概率；B_n：考生n的能力参数；D_i：项目i的难度参数；F_j：从j−1到j的等级难度。

采用该方法可以使量表的难度值具有等距性，从而使依据量表所做的能力等级划分具有更高的科学性。我们使用Winsteps3.66.0进行数据分析。

（五）量表信度、整体适合度与样本适合度检验

在进行项目难度估计和学生能力值估计之前，首先要进行量表信度检验，以及量表与样本的整体适合度检验。适合度检验用以估算真实的反应与Rasch模型所估计的期望值的差值。适合度

检验的统计指标主要有两个，即 Outfit MNSQ（未加权的均方适合统计量）和 Infit MNSQ（加权的均方适合统计量），这两个指标的期望值均为 1，取值范围均介于 0 至无穷大。Outfit MNSQ 用来检测项目对于被试是否太简单或太困难。其值等于 1，表示项目具有局部独立性，项目与数据适合；逼近 0，表示此项目在测量上有过度预期的效果；若大于 1.3，一般认为此项目与数据不适合。Infit MNSQ 是 Outfit MNSQ 加权后的形式，它的特点是敏感且不易受极端值的影响。本研究采用上述两个指标作为项目适合度的判别依据，检验各范畴单一向度的假设，评估这些描述语与 Rasch 模型的适合度，以及它们所测量的概念的一致性。

52 条描述语所组成的量表的信度（Alpher 系数）为 α=0.99，说明量表的内部一致性信度非常高。量表以及样本的整体适合度检验结果见表 1、表 2。

从表 1 和表 2 可以看出，量表的项目（描述语）整体适合度 Infit MNSQ 与 Outfit MNSQ 值均为 0.99，十分接近 1，符合单维性模型假设，说明 99% 的项目为正常样本，量表整体适合度很好。样本整体适合度 Infit MNSQ 为 1.02，Outfit MNSQ 值为 0.99，也都接近 1，与模型符合度很高。

表 1 量表整体适合度检验结果

项目：52 条描述语	得分	样本数	难度值	残差	加权均方适合统计量	未加权均方适合统计量
均值	1527.1	411.2	0.00	0.08	0.99	0.99
标准差	172.76	1.0	1.18	0.00	0.37	0.37

表 2 样本整体适合度检验结果

样本：443 人	得分	样本数	难度值	残差	加权均方适合统计量	未加权均方适合统计量
均值	179.3	51.8	1.44	0.26	1.02	0.99
标准差	46.7	2.4	2.68	0.11	0.55	0.61

（六）52 条描述语的任务难度估算

Rasch 模型将人的能力与项目的难度放在同一个标尺上相互比较，在项目分析层面上，该项目的 Logits 值越大，表示项目越难；Logits 值越小，表示项目越容易。中级口语能力标准中的 52 条描述语的任务难度估算结果如下（按难度从高到低排列）：

表 3 52 条描述语任务难度值估算表

题号	难度值	题号	难度值	题号	难度值
S36	2.68	S46	0.42	S16	−0.90
S40	2.18	S42	0.41	S15	−0.91
S35	2.14	S29	0.21	S17	−0.94
S48	1.84	S44	0.21	S12	−0.95
S51	1.68	S27	0.13	S5	−1.02
S43	1.65	S37	0.11	S11	−1.02
S39	1.63	S32	0.08	S7	−1.09
S41	1.51	S33	0.02	S25	−1.10
S49	1.19	S30	−0.02	S18	−1.19
S34	1.17	S26	−0.11	S6	−1.36

续表

题号	难度值	题号	难度值	题号	难度值
S47	1.16	S21	−0.46	S9	−1.36
S52	0.98	S13	−0.46	S10	−1.46
S24	0.97	S28	−0.60	S4	−1.62
S50	0.90	S14	−0.63	S2	−1.74
S23	0.88	S31	−0.77	S3	−1.81
S45	0.74	S20	−0.78	S1	−2.10
S22	0.66	S8	−0.83	平均值	0
S38	0.52	S19	−0.87	标准差	1.18

从表3可以看出，52条描述语任务难度的Logits值范围是−2.10到2.68，总间距为4.78；难度平均值为0，标准差为1.18。总体来说，量表难度适中，描述语任务难度分布比较均匀，难度值相同的项目很少。

（七）被试的能力值估算

Rasch模型有被试能力和项目难度两个相互作用的侧面，在估算项目难度的同时也要分析被试能力的状况。结果表明，被试在量表上的平均得分（原始分）为179.3，标准差为46.7，在Rasch模型下的能力平均值（logits）为1.44，标准差为2.68，被试能力的最大值为8.46，最小值为−6.69，全距为15.15。可以看出，被试的能力分布范围要大于项目难度的分布范围。

（八）描述语任务难度分层与等级划分

估算描述语任务难度的主要目的之一是为描述语等级划分提

供依据。为此我们还要计算描述语任务难度的分离指数（separation index）。该指数是数据分层的依据，也可作为项目区分能力的检测指标。该指标为1.5—2.0表示可接受的区分能力，2.0—3.0表示区分能力良好，3.0以上表示区分能力非常好。

计算结果表明，描述语任务难度的分离指数为13.26，远大于3，说明项目具有很好的区分性。能够有效地区分被试的能力水平。通过分离指数，还可以计算项目的分层个数，结果表明，量表可信的分层个数为18层，也就是说52条描述语最多可以分为18个小层级。但是过多的难度层级会使分级的精确程度下降，同时也不利于能力标准的推广与解释。根据汉语作为第二语言的能力标准框架，标准将分为三等六级，在中级水平阶段，将分为中级低和中级高两档。因此，我们可以根据描述任务难度的logits值将量表分为中级低和中级高两个分量表。

全部描述语总体的难度跨度为4.78。由于logits值具有等距的性质，我们得到处于中间难度的项目难度值为：2.68－4.78/2=0.29。据此，我们可以计算出中级低分量表的描述语任务难度范围为［－2.10，0.29］，中级高分量表的描述语任务难度范围为［0.29，2.68］，描述语分级情况如表4所示。

表4 描述语难度分级表（按难度从高到低排列）

中级低（32条）	S29、S44、S27、S37、S32、S33、S30、S26、S21、S13、S28、S14、S31、S20、S8、S19、S16、S15、S17、S12、S5、S11、S7、S25、S18、S6、S9、S10、S4、S2、S3、S1
中级高（20条）	S36、S40、S35、S48、S51、S43、S39、S41、S49、S34、S47、S52、S24、S50、S23、S45、S22、S38、S46、S42

四、讨论

（一）量表的质量分析

量表的质量取决于项目的难度、区分度、选项分布及总体信度。汉语作为第二语言的中级口语能力量表信度非常高，α 系数达到 0.99。描述语任务难度平均值为 0，标准差为 1.18，量表分离指数为 13.26，说明量表的总体难度适中，项目区分度很高。另外，从单个描述语的五点计分分布情况来看，我们发现：（1）绝大部分描述语都涉及了 1—5 分五个分数；（2）相当一部分（50% 以上）描述语的五点计分阶梯校准（step calibration）效果总体良好；（3）描述语五点计分分布各有特点，说明除难度值不同之外，各描述语有其他的区分特性，如有的描述语对应能力值范围狭窄，除与描述语本身的内容有关之外，也与教师的主观评分特点有关。五点计分选项分布的特点提示我们，采用李克特五级计分的形式是可行的，各个分数的分布较为均匀，但教师主观评分的趋中情况仍旧存在。

（二）描述语任务难度的分布特点

一般来说，项目难度范围越广越好，并且由于准确估计不同能力值的人需要有较为均匀分布的项目难度，因此一般希望能尽量减少在难度测量尺度上项目分布的重叠性。52 条描述语组成的量表分离指数很高，说明项目难度分布范围较广。在 52 条描述语中只有 6 条描述语的任务难度两两重合，说明难度分布比较均匀。

从描述语难度层级的分布来看，处于中级低水平的项目有 32 个，占 61.5%，处于中级高水平的项目 20 个，占 38.5%。多数描述语适合描述中级低水平的学生，说明在量表编制过程中，描述语的选择有向中级低水平倾斜的情况，这提示我们在下一步的量表修订中要适当补充一些任务难度较高的描述语，使描述语的层级分布更加合理。

从描述语的分类来看，评价语言表现的描述语任务难度最大，10 条描述语的平均难度为 1.09，除了 S44 以外，其他 9 条描述语都归在中级高的分量表中。评价语言表现的描述语主要关注语言使用过程中的准确性、流利性、得体性和丰富性，包括语法、用词和句式变化等。这些要求对于多数中级水平的学习者来说很难完全做到。比如在 10 条描述语中难度最高的 S48（logits=1.48）是这样描述语言水平的：在复杂的语境中，能始终保持相当程度的语法准确性，即使在注意力分散的时候（比如正在打腹稿或在同时观察他人的反应）。

口语交际策略的描述语共 7 条，平均难度为 0.50，从平均难度来看属于中等偏难，但这 7 条描述语的难度分布很不均匀。其中，最容易的为 S10（必要时部分重复对方的话语以确认相互理解，使交流得以继续），难度仅为－1.46，最难的为 S51（熟悉自己常犯的语言错误并有意识地自我监控），难度为 1.68，难度差距达到 3.14，说明交际策略在使用难度上有很大的差异。S10 是维持语言交流所需要的一般策略，属于认知策略的一种，语言水平较低的学习者的使用频率要高于水平较高者。S51 是自我监控策略，这种监控策略的使用要基于对自己语言能力的充分认识，也就是说要具备相当的语言知识，因此高水平学习者能够更好地运用这项策略。

除了语言表现和交际策略以外，其他 35 条描述语均为能做

（can-do）描述，即描述在具体的语言情境下，学习者完成语言任务的能力。这35条描述语的任务难度分布也很分散，最难的S36（在有关复杂问题的正式讨论中，能像母语者一样为自己的立场辩护，进行清楚而又令人信服的论述）难度值达到2.68，为所有描述语中难度最大的，这说明中级水平学习者还不具备完善的成段议论和辩论能力。能做描述中最简单的是S1（能就日常生活和每天的活动提问和回答），难度值为－2.10，是量表中难度最低的，这表明中级水平的学习者已经很好地具备了日常生活的会话能力。

（三）描述语任务难度与学生能力值的关系

在项目反应理论中，被试能力值和项目难度值被放到同一量表中，具有相同的度量单位，因此可以做数值比较。我们使用Rasch模型估计了项目的难度参数和学习者的能力参数，结果表明，学生能力值平均水平高于项目难度的平均值，标准差也大于项目难度的标准差，说明学生能力水平高于项目平均难度水平，学生能力的分布范围也大于项目难度的分布范围。也就是说，项目的难度范围不能很好地涵盖学生能力值，量表出现了一定的“天花板”效应。这主要是因为描述语中“中级高”难度水平的项目数量偏少，没有足够难的任务去与高水平学习者的能力匹配。

通过学生能力值与描述语任务难度值的比较可以看出，虽然在量表编制时已经吸收了若干被部分专家归入“高级低”水平等级的描述语，但仍有部分学生的口语能力需要再补充一些较难的描述语才能得到充分的描述。进一步分析学生的背景，我们发现口语能力较高的学生有相当一部分为华裔，他们的口语水平高于写作和阅读水平，呈现出语言技能间的不平衡状态。总之，52条描述语的任务难度较之学生的能力值略微偏低，或者说量表中的描述语任务难度低的够低，高的还不够高。而从学生能力值来看，中级水平汉语学习者的口语能力异质性程度较高，这符合我们预先的设想，即比起初级和高级水平的学习者来说，中级水平学习者的能力分布较广，能力值全距较大。

附录：中级口语能力量表

1．能就日常生活和每天的活动提问和回答。①②③④⑤

2．能就熟悉的话题向朋友、同学、邻居提出推荐和建议。①②③④⑤

3．能用一连串的句子描述自己的家庭、住所、学历以及目前的职业等，虽然话语中可能夹杂母语或需借助肢体语言表达自己的意思。①②③④⑤

4．就熟悉的常规事件能使用电话交际。①②③④⑤

5．能使用固定的表达（如“这个问题很难回答”）为自己遣词造句争取时间。①②③④⑤

6．虽然交际依赖慢语速的重复、替代和纠错，但仍能完成简单的互动对话。①②③④⑤

7．能请求老师或同学在学业和职业上提供信息和指导，并讨论自己的一些选择。①②③④⑤

8．能通过与他人（如邻居、同学）互动来分享关于某个事物或地方（如历史、资源、动植物、旅游景点）的故事和知识。①②③④⑤

9．在银行或邮局，能办理诸如存款取款、邮寄包裹等一些常规的业务，能向银行或邮局职员进行询问。①②③④⑤

10. 必要时部分重复对方的话语以确认相互理解，使交流得以继续。①②③④⑤

11. 使用电话交际时，能了解所关心的细节问题。①②③④⑤

12. 面对选择能表明自己的取舍，并说明选择的原因，各方利弊。①②③④⑤

13. 就有关日常生活（如家庭、兴趣爱好、工作、旅行、时事等）的多数话题，掌握足够的词汇用以表达。①②③④⑤

14. 能提供居住区附近服务设施的信息。①②③④⑤

15. 能在餐馆中提出细致的点餐意见，描述简单的菜和饮料。①②③④⑤

16. 能通过电话预订送餐服务，包括可选择的或额外的细节服务（如餐巾、餐具、调味品）。①②③④⑤

17. 能应对在商店、邮局或银行发生的特殊情况，如对质量有问题的商品要求退货。①②③④⑤

18. 能发布有准备的简短的通知。①②③④⑤

19. 能在工作中接电话并做出应答（介绍自己和所属单位；问候通话对象；提供日常信息；保持、结束通话）。①②③④⑤

20. 处理日常生活事宜时（如购物、就餐、取款、办理银行业务、预订旅店房间等）几乎不存在任何困难。①②③④⑤

21. 能就自己熟悉的、感兴趣的或者是跟日常生活相关的话题（如家庭、娱乐、工作、旅行和社会新闻等）发表自己的意见，交流信息。①②③④⑤

22. 能就自己感兴趣的话题进行描述或论证，表达清楚连贯，详略得当。①②③④⑤

23．工作中，能回应客户的一般投诉，道歉并解决问题，将严重的投诉上报给上司。①②③④⑤

24．在听课或听讲座（包括参加一些非学术性的商务培训课程）时，能就可预见的或所熟悉的话题进行提问。①②③④⑤

25．能具体描述一个朋友，如他/她的外表和性格。①②③④⑤

26．能具体描述自己的学术背景和现在的工作职责。①②③④⑤

27．能口头概括一天的新闻。①②③④⑤

28．能说明行程计划（如需组织一次集体出游活动时），并能回答相关问题。①②③④⑤

29．能讲述一本书的内容或一部电影的情节，然后说出自己的看法。①②③④⑤

30．能条理清晰地描述自己的计划及各种准备工作，介绍日常事务，讲述个人经历。①②③④⑤

31．能简单地讲述自己的经历、理想、希望或目标。①②③④⑤

32．对于一些事情和经历，能表达自己的观点、看法并能有的放矢地加以阐述。①②③④⑤

33．就熟悉的或与个人有关的话题，能发起、展开或结束一段简单的对话。①②③④⑤

34．能就一个话题成段地议论、讨论或辩论，能清楚地提出观点，提供必要的解释或证据支持。①②③④⑤

35．能轻松地参与讨论和辩论，即使谈论的话题是抽象、复杂或陌生的。①②③④⑤

36．在有关复杂问题的正式讨论中，能像母语者一样为自己的立场辩护，进行清楚而又令人信服的论述。①②③④⑤

37．能对自己一时忘了名字的具体事物进行较合理的描述或定义，或者用简单的近义词替代本词让对方理解完成交际，如用“很多人一起坐的车”代替“公交车”。①②③④⑤

38．能主动地、有效地准备发言，如提前确定发言的重点，调动资源，如求助于教材、词典和老师等，选择最适当的词汇、句式等语言形式。①②③④⑤

39．能进行明白、详细的描述，语句层次分明，结构合理。①②③④⑤

40．能灵活、有效地使用社交语言，包括委婉和幽默用语。①②③④⑤

41．能做较长的自由表达并被听众理解，虽然有时为了寻找词句或自我纠错而有明显的停顿。①②③④⑤

42．求职面试时，能介绍自己的性格、教育背景和工作经历，证明自己的能力和资格。①②③④⑤

43．在可预知的交际场景中，会运用“套话”和“套路”进行交际。①②③④⑤

44．所说的话多为已学过的语句，同时也有自己组合的语句，可成段表达。①②③④⑤

45．能在没有帮助的情况下有效地进行表达，虽然有时因话语组织困难会出现停顿或“卡壳”。①②③④⑤

46．语音、语调正确，语速正常，不会妨碍听话者对话语所传递的信息的理解。①②③④⑤

47. 用词恰当，语句连贯，语言表达得体，虽然在表达复杂思想或遇到陌生的话题时仍可能有错误。①②③④⑤

48. 在复杂的语境中，能始终保持相当程度的语法准确性，即使在注意力分散的时候（比如正在打腹稿或在同时观察他人的反应）。①②③④⑤

49. 能对了解的情况进行清楚连贯的陈述并就可预见的问题或就事实性的问题做出回答。①②③④⑤

50. 能就自己所熟悉的或常见的主题做简单、直接、事先准备好的发言，大部分情况下发言清楚、重点明确，听众理解没有困难。①②③④⑤

51. 熟悉自己常犯的语言错误并有意识地自我监控。①②③④⑤

52. 能就所用的某种语言形式是否正确征询他人意见，交流失败时能使用不同的策略重新开始。①②③④⑤

第四节 语言能力描述与华文教学及评估的接口①

语言教学是一个系统结构，该结构的构成要素包括教学外部条件、教学基础理论以及教学本体，而尤以教学本体为核心构成

① 本节摘自范静哗《语言能力描述与华文教学及评估的接口——以〈新加坡小学一年级华文口语能力诊断量表〉为例》，《华文教学与研究》2015 年第 1 期。

要素。教学本体主要包括教学总体设计、教材编写、教学实践以及教学评估①，教学法以及评估主要以处理这些要素之间的关系为出发点。语言教学系统结构中的这些构成要素在一定时期会保持某种相辅相成的关系，这些关系的总和可谓是一个语言教学范式（paradigm）。当这些构成要素发生变化，它们彼此间的接口随之发生变化，便会形成一个新的动态平衡的有机整体，于是形成了范式的转换（paradigm shift）。本节将从教学范式的转换展开论述，结合语言教学与评估的当前发展，探讨语言能力描述与教学及评估之间的接口。本节将以新加坡小学华文口语能力的诊断性评估实践为例证，提出有针对性的教学设计理念与思路。

一、*教学范式的转换以及教学与评估的接口*

在教学法和评估的范式转换过程中，认知、教育以及学习理论都在理论奠基和导向方面发挥作用，然而就总体而言，教学法范式转换的关键主要是教学主体的转移。在近几十年里，教学主体由教师转向学习者，而教师被认为是传递“客观”的知识，学习者则是语言的“主观”使用者；由师到生的转换在教学原则上是缘于交际教学法原则的提出。与此对应的是，评估范式逐渐从“对教学的评估”（assessment of learning）转向“为教学的评估”（assessment for learning），从强调教学结果的终结性评估（summative assessment）转向强调教学过程的形成性评估

① 吕必松《汉语和汉语作为第二语言教学》，北京：北京大学出版社，2007。

（formative assessment）。“为教学的评估”更强调评估在教学过程中进行，并融入教学过程，主要评估学习者的实际使用能力以及实现这些能力的过程。

在当下的语言教学观念下，交际教学法的一些理念，尤其是“流利高于准确”的语言学习观，与教学实践及成效之间的差距越来越明显。近十多年来对于交际教学法的反思表明，即便是交际教学法所注重的互动能力，其标准也不甚具体，尤其是未能从语言形式与功能的角度进行分级界定，导致交际教学法范式下的语言教学与语言能力评估之间的接口较弱。这一现象促成了语言教学领域两个方面的发展。一方面是旨在为语言能力评估提供参考标准的语言能力描述的产生，其中最具代表性的努力与成果便是《欧洲语言共同参考框架》（*A Common European Framework of Reference for Languages*）（简称 CEFR，以下中文简称“欧洲框架”）。另一方面，任务型教学以交际教学法的修正形式出现，强调在以学习者为中心的教学中凸显语言形式的重要性，逐渐形成了聚焦于形式的（form-focused）显性教学理念。语言能力描述作为一套相对客观的指标，既可作为教学大纲设计的目标又可作为教学评估的能力点，因而可以作为连接教学与评估的指导标准，而教师则可以运用这些指标指导具体教学，借助能力描述中的能力指标将语言形式设计到具体的教学中，并在教学设计中凸显所要评估的能力要点。这种基于能力的教学设计在当前越来越为语言教学界所接受。

基于能力的教学设计，其重要思路就是要在教学设计之初便从输出的角度考虑输入，以结果导向的设计代替内容导向的设计，使教学过程能体现最终的评估目标，亦即将教学目标、教学过程和教学评估彼此结合。这种被称为逆向设计（backward design）的教学设计思路，追求在教学过程中以可接受的证据（acceptable evidence）构成课堂中的自我评估指标[①]，从而尽力保证教学设计具有较强的针对性。

综上所述，当前的语言教学范式主要还是以交际教学法为理论基础，而以任务型教学为其主要的教学实践形式。在这一教学范式下，要求教学预期结果与教学设计密切相关，而具体教学设计的目标应该融入一个总体的能力框架。因此，语言能力描述就成为语言教学与评估的基础和接口。然而，虽然能力描述可以提供一套一般意义上的能力指标，但并不一定能够直接转换为可以针对具体学习者的教学目标，因此能力描述还需要与具体的教学对象相结合。

二、欧洲语言共同参考框架及其不足

正如上文所述，语言能力描述对教学设计具有指导意义，而教学设计又应该将教学预期结果融入设计，因此如何评估语言能力描述对于具体教学的指导性便具有非常关键的意义。国际语言教学界已有多种语言能力描述，而尤以“欧洲框架”为代表。“欧洲框架”以能力为导向，对听、说、读、写与交际互动的各方面技能以能做（can-do）的方式进行描述，进而分为三等六级。由于对语言形式与功能的描述并不能直接转化为具体化的情境，因

① Wiggins, G. P. & J. McTighe, *Understanding by Design (Expanded 2nd ed)*. Alexandria, VA: Association for Supervision and Curriculum Development, 2005.

此为了便于让语言能力描述能与社会语用层面相结合，“欧洲框架”还基于语用情境的复杂性或难度对语言使用的情境进行分类分级，从而为这些技能与语言使用情境的结合提供实践与思考的方向。

除了“欧洲框架”外，其他较有影响的语言能力描述还有美国外语教学委员会（American Council on the Teaching of Foreign Languages，简称 ACTFL）制定的外语学习标准以及加拿大语言基准（Canadian Language Benchmarks）等。美国外语教学委员会的能力描述分为不均等的四等九级，其中初、中等各为三级，高等为两级，优等单独一级；而加拿大语言基准则参照巴赫曼（Bachman，1990[①]；Bachman & Palmer，2010[②]）等人对于语言能力的分类描述，以能力为描述基础，也是以学习者为中心、基于任务的框架，将能力平均分为三等十二级。

尽管“欧洲框架”的评估目标包括了学习者的自我评估，能使学习者对于预期结果有一个较为完整的概念[③]，然而，基于语言多元化的“欧洲框架”必须假定该框架所覆盖的语言从形式到语用层面具有某种程度的同质性，这种同质性假定较难考虑到不同学习者的个体差异，例如学习者文化背景与学习风格等。但这是任何一般性的标准化描述难以避免的。

---

① Bachman, L., *Fundamental Considerations in Language Testing*. Oxford: Oxford University Press, 1990.

② Bachman, L. & A. Palmer, *Language Assessment in Practice*. Oxford: Oxford University Press, 2010.

③ 加拿大语言基准也有类似的学习者需求评估，他们的分析从学习目标或交际主题需求的角度进行，如把“看医生”作为一个交际需求，这样就有可能将语言功能和形式结合到一个情景中，从而更方便任务型的教学设计。

虽然以“能做”这样的陈述（statements）所描述的内容是由易到难，就其本身而言也能体现出一种总体上符合习得顺序的语言能力进阶，但是各种不同的能做描述并没有语言形式上的难度描述和区分，因此虽然“欧洲框架”对教学规划和目标具有指导意义，却较难对学习过程进行指导。也就是说，“欧洲框架”的能力指标能指向语言交际与使用中的功能，却没有描述在教学课堂或学习现场中的语言形式难度。为此，欧盟资助了一个以语言能力诊断为目的的评估项目——DIALANG，目的便在于“帮助……学习者了解自己的语言水平，了解自己语言能力方面的优势与不足，……就如何改进其语言能力向学习者提供建议”[①]。DIALANG 项目“基于‘欧洲框架’中的总体与细节的技能表”设题[②]，以 14 种语言在网上提供诊断性测试，然而遗憾的是，由于是借助于网络平台的测试，他们提供的语言能力测试和自我评估只能涵盖读、听、（间接）写作、语法与词汇，而不能包括互动性的口语。因此，对于极为关键的口语能力的评估与诊断乃至标准的确立仍然付之阙如。例如，“欧洲框架”中对于入门级（B1）口语能力有这样的描述：“在一些可预知的交际场景中，能比较准确地运用句型和常用的平常‘套路’进行交际”；然而，即便我们将它具体化为实际交际行为，如将“可预知的交际场景”设置为“问路”，并且也可以对照“欧洲框架”中学习者自我评估里同级别中的描述，我们还会面临这样的问题：当一个语言学习者能完成一种交际任务时，所使用的语言形式的复杂度和准确性

① Alderson, J. C., *Diagnosing Foreign Language Proficiency: The Interface between Learning and Assessment.* New York: Continuum, 2005.

② 同①。

应该如何评估？完成“问路”这一交际任务所需的语言形式可能有很多，除了语言形式上的准确度之外，其复杂度或难度显然不同，而“欧洲框架”对此未做出区别性描述。因此，“欧洲框架”的语言能力描述并不是为具体语言形式的教学与评估提供参照。

在我们分析了“欧洲框架”本身对于语言教学与评估的功用后，我们还有必要从汉语教学评估的角度稍加分析。“欧洲框架”覆盖的主要是欧洲语言，与汉语语言能力的评估并非完全一致。“欧洲框架”以语音中心的西方语言为基础，是索绪尔所谓的表音文字系统，而汉语则属于表意文字系统；这两种语言系统从语音、语法到语篇都有明显的差异。汉语的语音系统相对来说也较为复杂，“欧洲框架”的能力描述对语音的要求却不一定符合汉语语言能力描述。由于表音语言的抽象性与西方形而上学的体系交织，在语法结构上显示为对于关系主从句的注重，而汉语则以主题句占优势，从句结构较不常用[①②]。在语段语篇层面，汉语倾向于以一种超句面层主题连锁（supra-sentential topic chaining）的方式构成语篇，而英文则呈现为一种主位-述位结构（theme-rheme organization）[③]。因此，“欧洲框架”对语言能力进行描述的理念可以适用于绝大多数的外语教学，但它所描述的语言能力指标

① Larsen-Freeman, D. Teaching and testing grammar. // M. H. Long & C. J. Doughty (eds.) *The Handbook of Language Teaching*. Chichester: Wiley-Blackwell, 2009.

② 曹逢甫《主题在汉语中的功能研究——迈向语段分析的第一步》，谢天蔚译，北京：语文出版社，1995。

③ 同①。

则需要根据具体目的语的特点进行调整。

随着汉语全球化进程的加速，汉语／华文教学界对语言能力描述的需求越来越迫切。然而，迄今为止，除了中国国家汉语国际推广领导小组办公室之前推出的《国际汉语能力标准》之外，还鲜有汉语能力等级共同量表，对这方面的研究也比较稀缺，其中杨惠中等（2012）[①]以中国语言能力等级共同量表为名的研究则主要针对中国的英语学习者。大陆之外的汉语使用区域中，台湾地区较早推广“华语文能力测验”（Test of Chinese as a Foreign Language，简称 TOCFL），形成了相对完整的能力评估体系；其分级的描述也与“欧洲框架”类似，分为三等六级，但是目前还没有推出口语和写作测试。在海外华文使用区域中，新加坡是首先进行华文语言能力描述的国家，并且在 2013 年基本成型，但由于政策等原因，新加坡教育部的华文语言能力描述暂时没有对外公布。这些能力描述系统主要参考“欧洲框架”以及美国外语教学委员会制定的外语学习标准，因此它们对于教学的指导意义以及局限也和上文对于“欧洲框架”的分析类似。所以，现有的汉语能力描述也同样难以直接转换到具体的语言教学设计中。

综上所述，语言能力描述是语言教学与评估接口的依据和关键，作为第二语言的汉语教学也应该有自己的语言能力描述，以便对具体教学起到确有实效的指导意义。然而，从评估的角度看，能力描述应该能在语言形式和功能方面提出可见的证据，以便将教学预期目标融入教学过程中并作为教学评估的能力点。这样的

---

① 杨惠中、朱正才、方绪军《中国语言能力等级共同量表研究：理论、方法与实证研究》，上海：上海外语教育出版社，2012。

能力描述便需要从语言交际功能的角度，对同一功能的语言形式进行分析归类。从形成性评估的角度看，这样的分析归类还需要考虑到学习者的学习过程，因此需要结合中介语研究，对学习者输出的不足以及语言偏误进行分析、归纳，提出基于诊断的学习者需求，从而为针对学习者的个性化教学提供依据。

三、新加坡小学一年级华文口语能力诊断工具的研发

所有的教学环境和教学对象都是独特的，要想真正做到因材施教，就必须有能够反映这一教学群体的语言能力指标。以当前的新加坡为例，有60%左右的华人家庭语言为英语，而即便是华语家庭的学生，华语能力的差异也非常大①。为了更好地回应华文学习者个体差异极大所带来的问题，新加坡教育部在2010年委托新加坡华文教研中心研发了以小学一年级为对象的《新加坡小学一年级华文口语能力诊断工具》，以期能够甄别学生不同起点以及语言能力的强弱侧面，使得华文教学能够“关注学生在母语学习上的不同起点，以照顾个别学生的需求”②，实施有效的差异性教学。《新加坡小学一年级华文口语能力诊断工具》的出发点就是要从口语能力描述的角度，将口语教学与口语评估紧密联系起来。

《新加坡小学一年级华文口语能力诊断工具》中的能力指标以新加坡小学一年级学生的实际口语能力为基础加以描述。研究

① 新加坡教育部《2010年母语检讨委员会报告书》，2011。
② 同①。

组以长篇访谈的方式收集将近两百名不同家庭语言背景、不同汉语程度学生的口语原始语料，转写之后再从语言形式、功能到语篇等角度进行质化和量化分析，尤其注意从中介语的角度分析语言形式和使用中的偏误特点。研究过程中的质化分析基于对口语访谈转写语料的标注和归纳；语言能力方面的标注包括词汇层、句子层以及语篇层，同时还在这些层面标注偏误、语码转换以及新加坡当地华文特点等。从词汇层的标注归纳出不同词类的使用情况，从句子层的标注归纳出不同句型以及体与态的用法特征，而语篇层的标注则用以说明语言交际中的语言功能，以陈述、描述、强调、确认、澄清、解释、询问、协商、假设、拒绝等不同类别进行归纳。偏误分析则诊断判别并描述学生的具体偏误，进而归纳学生的个体化学习需求。除了语言形式与功能之外，对口语能力的分析还包括口语交际过程中的互动能力。

根据对上述语料的分析和归纳，项目研究组研发出一份《新加坡小学一年级口语能力诊断量表》。该诊断量表（diagnostic rubrics）希望既反映出对华文语言互动能力的强调又回应日常教学的要求，因此该量表从语言能力（linguistic competence）和交际能力（communicative competence）两个范畴描述口语能力，将新加坡小学一年级学生口语能力描述为四个不同级别，分别称为萌芽期、展叶期、开花期和幼果期；量表能描述不同级别语言能力的强弱表现，同时也对口语产出的话语特点以及偏误进行记录。因此，该诊断量表既有进阶式的能力描述，又有语言形式与功能的具体表现。从语言能力范畴四个侧面的能力描述分别诊断评估：（1）词汇，评估具体话题下词汇使用的丰富度；（2）语法结构，评估口语表现中语法结构与词序等的可接受性；

（3）句型功能，主要评估句型的复杂度以及句子功能的效用；（4）语音语调，主要评估字音、字调与句调的可接受性，也考虑断句、节奏等语流层面的表现。例如，有关词汇的诊断评估主要包括两个方面，一方面是在一个话题下词汇使用的深广度，另一方面是词汇使用的正误。假若一个话题是关于水果的，那么说出喜欢哪些不同种类的水果可谓是具体话题下词汇使用的广度，而说出喜欢某种水果的具体原因或某种水果的特定种类等则可谓是词汇使用的深度。

交际能力主要分为互动链中的话轮和语段产出。所谓互动链是指“回应型话轮-话轮交接-启动型话轮”形成的一个互动循环。例如“甲：你好吗？乙：我很好。你呢？”便是一个最简单的互动链的例证。这里，甲的问话是“启动型话轮”，乙的“我很好”是“回应型话轮”，假若乙只是作出“我很好”这样的回应，那么乙就没有进一步产出“启动型话轮”；但是在这个对话中，乙的“你呢”是互动链中的一个关键，因为这个“你呢”标志着说话者由“回应者”转变为“话题启动者”的身份转换，从而使得话题进入下一个互动循环。请看项目研究中的一个真实语料例句：“甲：这个小孩怎么啦？乙：他做了不好的梦，哭了。甲：嗯。乙：我也做过不好的梦。”这里，乙的第二个话轮“我也做过不好的梦”便启动了新话题。互动链中的语段产出主要评估一个话轮中的语言产出量及其语义连贯性。

表1是《新加坡小学一年级口语能力诊断量表》的示意图（与实际使用的量表稍有不同）。

表 1 新加坡小学一年级口语能力诊断量表

<table>
<tr><th colspan="2"></th><th>萌芽期</th><th>展叶期</th><th>开花期</th><th>幼果期</th></tr>
<tr><td rowspan="8">语言能力</td><td rowspan="2">词汇</td><td>对一个话题下词汇使用丰富度的描述</td><td>描述</td><td>描述</td><td>描述</td></tr>
<tr><td>特点与偏误记录</td><td>偏误</td><td>偏误</td><td>偏误</td></tr>
<tr><td rowspan="2">语法结构</td><td>对语法结构词序可接受性的描述</td><td>描述</td><td>描述</td><td>描述</td></tr>
<tr><td>特点与偏误记录</td><td>偏误</td><td>偏误</td><td>偏误</td></tr>
<tr><td rowspan="2">句型功能</td><td>对句型复杂度与功能效用的描述</td><td>描述</td><td>描述</td><td>描述</td></tr>
<tr><td>特点与偏误记录</td><td>偏误</td><td>偏误</td><td>偏误</td></tr>
<tr><td rowspan="2">语音语调</td><td>对字音字调与句调可接受性的描述</td><td>描述</td><td>描述</td><td>描述</td></tr>
<tr><td>特点与偏误记录</td><td>偏误</td><td>偏误</td><td>偏误</td></tr>
<tr><td rowspan="8">交际能力</td><td rowspan="2">应答</td><td>对应答的逻辑性和充分性的描述</td><td>描述</td><td>描述</td><td>描述</td></tr>
<tr><td>特点与偏误记录</td><td>偏误</td><td>偏误</td><td>偏误</td></tr>
<tr><td rowspan="2">话轮交接</td><td>对话轮交接的自然流畅度的描述</td><td>描述</td><td>描述</td><td>描述</td></tr>
<tr><td>特点与偏误记录</td><td>偏误</td><td>偏误</td><td>偏误</td></tr>
<tr><td rowspan="2">话题延展</td><td>对话题延展及交际主动性的描述</td><td>描述</td><td>描述</td><td>描述</td></tr>
<tr><td>特点与偏误记录</td><td>偏误</td><td>偏误</td><td>偏误</td></tr>
<tr><td rowspan="2">连续产出量</td><td>对语段产出量及语义连贯性的描述</td><td>描述</td><td>描述</td><td>描述</td></tr>
<tr><td>特点与偏误记录</td><td>偏误</td><td>偏误</td><td>偏误</td></tr>
</table>

按照计分量表的编写原则[①]，该量表中的每个发展期同一项的描述主要是量的变化，以一年级学生互动型小组口语活动的真

① Herman, J. L., P. R. Aschbacher & L. Winters, *A Practical Guide to Alternative Assessment*. Alexandria, VA: Association for Supervision and Curriculum Development, 1992.

实录像材料作为评估标准的例证。量表的目的在于诊断性评估，因此量表中的描述内容结合了能力描述中的能做陈述，如“词汇较丰富，能回应一般话题，能进一步讲述和说明”，同时也将能做陈述与某个能力级别中具有典型意义的语言形式一致起来，如“语句多为较短的简单句，偶有表示并列、顺承、较常用的表示转折或原因的句子”。需要说明的是，一个学习者口语能力的不同侧面并不一定是平行发展的，例如项目组曾经给出这样的诊断描述：该学习者语音语调不很准确，缺少起伏，显得“洋腔洋调”，句子受到英文句法的影响而不是很符合华文习惯表达，尤其是地点“在”的位置以及双宾语结构错误，但在某些话题下的词汇量较丰富，而且交际能力较强，尤其能够延展话题，且能连续产出一段语义连贯的话语，不过由于所产出的内容较深广，所需词汇超出其应有水平，因此有时不得不借用英文。与这一阶段性描述相应的是具体口语活动的记录，说明口语诊断活动的话题、记录具体的偏误例证等。这些具体记录可以为针对性教学活动的设计提供依据，并且也为下一次诊断提供参照。

依据这个量表的诊断结果，学生口语能力不同层面的强弱得以比较准确地描述，然后按照综合评价将学生划分到不同能力发展期。这样的诊断评估既有总体判断，又能对学生的能力进行具体分析。诊断量表以其诊断性描述对学习者的口语能力进行评估，对口语能力的表现进行个体化的描述，并且为制定、调整和设计具体教学方案提供依据，从而可能避免在“欧洲框架”下一般性语言能力描述在指导具体教学时针对性不足的缺憾。

四、口语能力诊断与针对性口语教学

新加坡华文教育采取“先听说、后读写”的教学理念，着力于华语在社会中的使用，因此尤其强调语言互动技能的培养；在具体教学中，则倡导以差异性教学策略回应同一个班级中学生水平参差不齐的现状。新加坡教材按主题内容以单元模式编排课文，这样的好处是能够按照学生不同语言能力的现状将教学大纲的内容融入一个整体的教学规划中。然而，这种模式也有其缺点。其最显著的缺憾可以说是不太符合语言习得的顺序，尤其难以针对二语学习者进行由浅入深、循序渐进的教学安排。就小学一年级而言，由于语言形式要点并不完全符合语言发展的过程，教师要想照顾不同学习者的学习需求，就必须能够判断学生的实际能力并重新编排教学计划。“诊断量表”的基准是新加坡小学一年级学生的实际口语表现，其最重要的意义也就在于能够基于学习者需求而开发性地使用既有教材，充分发挥教材潜力，使既有教材更具有针对性，从而最大限度地提高教学效益。

针对性教学（targeted teaching），在教学设计中依据维果斯基的紧邻发展区理论，将学生在具体学科中的能力发展视为一个发展连续体（developmental continuum），甄别描述出个体学生在该连续体中的实际位置以及强弱侧面（犹如本节所描述的诊断能力量表中不同能力侧面的描述）；在此基础上，确认该学生下一步能够和应该学习的内容，并借助学习鹰架（scaffolding），采取往往是显性教学的策略进行干预性学习指导。因此，针对性教学是回应学习者具体需求的干预性教学，有很具体的教学预期。在总体教学设计上，针对性教学可以在两个方面展开：一方面可以沿着能力进阶的发展阶段（stages along the progression of increasing competence）进行系统化的教学[①]；另一方面，针对中介语发展阶段中的具体偏误进行个别化的教学干预，亦即以强化输入的方式防止与纠正偏误。强化输入（input enhancement）或结构化输入（structured input）是指为实现特定的教学目的而计划安排好的输入，这样的输入：1）能帮助学习者纠正其错误的语言加工策略，形成新的输入理解技巧；2）可以确定学习者是否正确认识到语言形式与意义之间的联系；3）要求学习者关注形式的同时，鼓励他们交流有意义的信息[②]。因此，结合了强化输入策略的互动型教学设计可以说是既符合当下强调交际互动能力的教学理念，又能够聚焦于形式，直接作用于学习者语言处理策略，解决学习者的具体问题。

基于以上教学理念和策略，《新加坡小学一年级华文口语能力诊断工具》项目组在新加坡六所小学进行了诊断后的针对性教学实践。研究小组和任课教师合作，先对学生进行了口语能力诊断、分析，然后从口语诊断量表上能代表学生口语发展的指标项中找出一些关键的点，结合小学低年级的华文课本，梳理出一个比较符合语言发展过程的线条，设计出一套具有针对性的教学目标建议，以此例证诊断量表与教学的接口。当然，鉴于新加坡小学低年级的华文水平与汉语作为第二语言的初级学习者有一定的类比性，我们这里的梳理也可以对汉语学习者有一定的参考

---

① Griffin, P., The comfort of competence and the uncertainty of assessment. *Studies in Educational Evaluation*, 2007.

② Wong, W., *Input Enhancement: From Theory and Research to the Classroom*. Boston: McGraw-Hill Higher Education, 2005.

意义[①]。

新加坡小学一年级华文教材中，除了开始的五个拼音教学单元，共有十五个课文单元[②]。一二年级华文以听说为主要教学目标，主要通过句式演练达到这一目标。研究组将各篇课文中的语言形式和功能与量表上的能力指标加以匹配，为口语教学理出一条线索，分别在不同的能力指标上进行有计划的教学强化或干预，从而实现上文所述的第一方面的针对性教学，即“沿着能力进阶的发展阶段”进行系统教学。

诚然，仅从句式的角度设计教学，并不容易达到交际互动能力的培养，也不一定能有效地进行结构化的输入以便预防并纠正偏误。为此，项目组要解决的是如何将句式教学融入各种不同的教学活动中，一方面能从不同侧面发展学习者的交际互动能力，

---

① 为了便于与汉语二语学习者对比，本节在此提供新加坡小学低年级的华文能力要求。根据新加坡教育部的《小学华文课程标准 2015》，新加坡小学一二年级的读写要求如下：识字量为 600—650 字，要求能够辨识字形、字音、字义，能辨别偏旁部首。阅读要求为：能借助汉语拼音、图画、视像等进行阅读，能正确、流利、有感情地朗读适合程度的篇章，能理解主要信息，能找出具体信息，理解阅读材料。书写要求为：能书写常用字 300—350 字，能正确使用标点符号，能写完整的句子。在书面互动方面，要求能使用适当的交流媒介达到交流目的（如用贺卡交流情感、用便条交换信息、用网上论坛交流看法），能掌握交流媒介的格式与用语（如贺卡、便条、书信、电邮）。小学一二年级的口语能力要求包括：能掌握华语的发音，具体指标为“能清楚、正确地读出声母、韵母、声调、音节”“发音标准，吐字清晰”；能构思说话内容，组织话语，具体指标为“能联系生活经验及先备知识构思说话内容”和“能有条理地说话”，以及“表达清楚、完整”；能有针对性地进行口语交流，具体指标为“能提出问题，并对他人的提问做出适当的回应”“能在话语不清楚时要求澄清”，以及“能通过有效的话轮转换与人对话”。

② 新加坡教育部已于 2014 年初开始进行新一轮的小学华文教材修订；在本节撰写完成时，新加坡小学一年级华文教材已经付印。汉语拼音不再单独集中进行，而是融入整个学年的各个教学单元中。

另一方面也能以有意义的语言输入方式达到防偏纠偏的目的。我们从能力进阶与习得过程的角度，围绕句式进行具有针对性的教学干预，将各个干预点所显示出来的能力发展方向连贯起来，梳理出一条从词汇、语序到句子，以句子进行互动交际，再将句子组合成语段的能力进阶。由于不同实验学校具有不同的针对性教学设计，不同学校的学生能力起点和总体水平不同，因此我们在此描述的总体规划统合了多所学校的教学实践，例如，将总体水平不同的学校全年的教学设计集中在以下规划的几个单元中，因此以下不同单元的教学设计也可以由不同学校根据实际需求压缩或延长。

结合到诊断量表上语言能力和交际能力的不同侧面，假定每五个星期为一个能力阶段（stage），我们便可以将十五个课文单元的内容按口语能力不同侧面的要求进行这样的编排：第1—5单元比较注重词汇、语序和句子；第6—10单元注重句型变化和连续提问或语段；第11—15单元注重生生互动和语篇。我们可以为每一课设定两个活动，第一个活动作为基础活动，主要是将句式教学融在与口语教学相关的不同侧面，例如词汇、语序等，第二个活动作为提升活动，以句式在互动交际活动中的运用为主，目的是能够提升互动能力。每个单元学习一个星期，每天一个学时，这样就与世界上以学时计算第二语言学习的级别具有可比性。

表2是一份《新加坡小学一年级口语能力针对性教学活动进阶例示》，这套针对性教学活动例示的设计参照《新加坡小学一年级口语诊断量表》上语言形式与功能以及交际互动能力的各项指标，同时基于对小学入学和小学一年级结束时的学生口语能力

诊断，并结合了教学大纲中对学生的预期能力。由于本套活动的设计结合了小学一年级的课文单元，因此也在总体上形成了一个能力发展进阶。

表 2　新加坡小学一年级口语能力针对性教学活动进阶例示

课次（单元）	基础活动	诊断量表中的主要对应能力指标	提升活动	诊断量表中的主要对应能力指标
一	1. 简单句的运用	语法句型	2. 话轮交接与问答中的身份转换	应答
二	1. 陈述与提问句式的转换	句型	2. 加强提问意识	话题延展
三	1. 连续提问与信息补充	应答	2. 根据情境进行提问	话题延展
四	1. 比较句型的产出	句型功能	2. 基于多项比较产出语段	句型功能、连续产出量
五	1. 同一功能下的多种问句	句型功能	2. 提问与描述，简单句组成的语段	话题延展、连续产出量
六	1. 以提问功能带动句型变化	句型功能	2. 情境互动中的问句句型变化	话题延展、句型功能
七	1. 句子扩展与语序	语法结构	2. 描述性语段	连续产出量
八	1. 同一功能下的不同句型	句型功能	2. 讲述型语段	连续产出量
九	1. 词类增加与语序变化	词汇、语法结构	2. 复述与转述的语段	连续产出量
十	1. 语序偏误与句型变化	语法结构、句型功能	2. 交际中语言的得体性	专项能力指标
十一	1. 复合句的语序	语法结构、句型功能	2. 提问、追问与语段	话题延展、连续产出量
十二	1. 句型选择与重组	句型功能	2. 基于讨论的语段产出	应答、话题延展、连续产出量

续表

课次(单元)	基础活动	诊断量表中的主要对应能力指标	提升活动	诊断量表中的主要对应能力指标
十三	1. 词类、语序与搭配	词汇、语法结构	2. 语义协商与提问能力的强化	应答、话轮交接、话题延展
十四	1. 词汇广度和准确度的提高	词汇	2. 描述与语篇能力	连续产出量
十五	1. 句型丰富度的提升	句型功能	2. 讨论与语意连贯能力的发展	连续产出量

虽然能够强化生生互动交流的口语活动形式很多，但有些形式的口语活动会限制交际双方语言的使用灵活性，如机械型的句型演练以及关键词替换的配对式活动便很难令学生有机会进行有意义的口语练习，容易抑制交际过程中的自主性语言使用能力。有意义的互动首先要保证交际者之间要有交际动机、各交际者有传达交际内容的语言形式，这就要求交际性口语活动能够在学习者之间造成信息差，促成信息流动。例如，我们发现学生的量词使用偏误较高，因此我们设计在教文具词汇时，复习颜色词汇，将词汇教学融入以句型展开的交际活动中。学生所需的必备句型是“你有……吗？（你有哪些文具？）；有几（量词）？它（们）是什么颜色的？”我们让学生调查一定数量的同学，训练学生通过提问进行互动的能力。学生应该根据自己的真实情况回答问题，然后学生报告自己的调查结果，从而训练学生产出一个语段。在一些学校，我们也将学生分组，在小组内报告后，整个小组归纳分析他们小组的调查结果，统计出诸如哪种（颜色的）文具最多或最少等。

鉴于防偏纠偏活动是日常教学中较少运用的活动，因此本节在此提供一个教学案例。我们发现新加坡小学生由于受到英文语法的影响，经常将表示地点的“在”的位置放在句末。为此，我们采用了一个针对地点“在”字句的防偏纠偏口语游戏。

这一口语游戏活动的过程如下：（1）准备3组纸条，每组不少于N张；（2）3组纸条上分别写上人名或动物，地点以及动词（可以根据上课的内容选择哪些词汇甚至哪些拼音）；（3）将全班分成3人或2×3人的小组，每人将拿到其中的一组（如果是写字练习，也可以让学生自己写出或者想出一组词）；（4）每人从自己的纸条中抽出一张，读出来，然后小组根据正确的语序读一遍，例如，“大象——在月亮上——吃蛋糕”；（5）在小组做完第一轮，即每个词都已经运用过一次之后，还可以打乱重新组合；或者，小组内的成员调换角色，随意说出自己想到的词，组成句子（这样，程度不同的学生便不会因为完成活动所需时间不同而引起课堂管理的问题）；（6）小组讨论，选出最有趣的3个句子，向全班同学汇报。

上面这一活动还可以有各种变化元素：（1）可以针对不同的词汇以便集中识字；（2）增加不同词类，如红色的、快乐地等，从而进行词序练习；（3）将句子展开，进行句型变化练习，如可以运用在“一边……一边……”的句型中，甚至更长的句型，如“……（不）可以一边做X一边Y，因为……”等。

虽然这个活动不是互动型活动，缺少实际的交际意义，但每次所产生的语言信息都是新的，因此更具有寓教于乐的性质；而且该活动容许学生进行很多种组合，从而不同进度的学生能够一起进行口语活动。这样的强化输入型语言游戏的主要目的是要学生在游戏过程中接受华文正确的语序。作为以防偏纠偏为目的的强化输入型活动，它能够将诊断评估与教学结合起来，而且能在有趣的教学游戏中较有效地实现教学目标。

五、结语

本节首先分析当今语言能力描述的实践以及对教学的作用，结合目前的教学评估理念的转换，提出语言能力描述应该与教学诊断进行结合才能更有效地指导教学。从教学角度着眼，大多数评估都可以起到诊断作用，但本节所述的《新加坡小学一年级口语能力诊断工具》能够更加直接有效地规划、设计和调整具体教材下针对具体学生的教学。本节以该工具中的量表为例，为口语互动能力的发展提供一套口语活动的设计思路，以具体的防偏纠偏活动例证了针对性教学策略，从而为语言能力描述和华文教学之间的接口提供一个实例。

下篇

汉语作为第二语言的教学大纲研究

第一章

词汇大纲研究

第一节 《汉语水平词汇与汉字等级大纲》的收“语”分析①

一、《汉语水平词汇与汉字等级大纲》收“语”情况

对外汉语教学是发展很快的应用学科，在学科发展过程中，陆续制定了一些标准和大纲，《汉语水平词汇与汉字等级大纲》②（以下简称《大纲》）是其中很重要的一个。《大纲》1990年正式列入国家汉办科研规划，1992年6月出版第一版。1994年起，编者历时5年，对《大纲》进行了词目、词序、词性标注等方面的修订。2001年6月《大纲》（修订本）第一版出版。2003年，国家汉办再次立项，围绕两个大纲（另一个为《汉语水平等级标准与语法等级大纲》③），组织人力进行基础性研究，为两个大纲的全面修订做前期准备工作。

---

① 本节摘自李红印《〈汉语水平词汇与汉字等级大纲〉收“语”分析》，《语言文字应用》2005年第4期。

② 国家汉语水平考试委员会办公室考试中心制定《汉语水平词汇与汉字等级大纲（修订本）》，北京：经济科学出版社，2001。

③ 国家对外汉语教学领导小组办公室汉语水平考试部《汉语水平等级标准与语法等级大纲》，北京：高等教育出版社，1996。

从内容来看，《大纲》一共收词语 8822 个，分甲、乙、丙、丁四个等级。其中，甲级词收词语 1033 个，乙级词收词语 2018 个，丙级词收词语 2202 个，丁级词收词语 3569 个。全部词语按级别和音序分别做了两种排列，每一词目逐一标注排列序号、词语、汉语拼音、词性、等级等。例如，按音序排列的词汇等级大纲 D 条中的例子（参见《大纲》第 214 页）：

1521 东 dōng（名，甲）

1522 东北 dōng běi（名，乙）

1523 东奔西走 dōng bēn xī zǒu（丁）

从对外汉语教学实际出发，《大纲》“同时选进了一部分常用的大于词的短语、结构及成语和习用语”（引自《大纲》第 16 页），这些成分没有标注语法属性，如按音序排列的词汇等级大纲中的例子：

1631 对不起 duì bù qǐ（甲）

7507 一帆风顺 yī fān fēng shùn（丁）

1640 对……来说 duì…… lái shuō（丙）

8717 总而言之 zǒng ér yán zhī（丙）

另外，所收离合词、动宾、动补结构也不标注词性，如：

6486 推翻 tuī fān（丙）　6340 跳舞 tiào wǔ（甲）

360 变成 biàn chéng（甲）

根据这一情况，我们对《大纲》所收大于词的成分（本节统称为“语”）进行了统计，除去离合词、动宾、动补结构的词，《大纲》共收“语”285 个，其中，甲级词收“语”20 个，乙级词收“语”43 个，丙级词收“语”64 个，丁级词收“语”158 个。具体比例为：

表 1

	收词语	收语	百分比
甲级词	1033	20	1.94%
乙级词	2018	43	2.13%
丙级词	2202	64	2.91%
丁级词	3569	158	4.43%
共　计	8822	285	3.23%

二、《大纲》收“语”分析

（一）《大纲》收“语”的比例

从甲、乙、丙、丁四级部分收“语”统计数字和百分比看，甲级词收“语”最少，丁级词收“语”最多，从甲级到丁级，“语”的收录量按一定比例呈递增态势。这似乎反映出研制者对词和“语”的态度，即认为“语”比词难，“语”所占比例多少是体现词汇等级难度的一个标准。这种收录比例很可能是研制者按计划、按比例有意安排的，目的可能是通过“语”的收录量来拉开甲、乙、丙、丁四级词汇的难度档次和收录量。

（二）《大纲》收“语”的类别

从《大纲》的收“语”情况来看，大致有几个类别：固定格式，如“除了……以外”；惯用语，如“没关系”；成语，如“画蛇添足”；“语块”①，如“就是说、总而言之”；其他，如“出

① 所谓“语块”是指大于词的惯用短语，但又无法归入传统意义上的成语、惯用语、固定结构等。

租汽车、从不、之类”。其他类中的成分性质较复杂，一部分现在看来应该定为词，另一部分看作词还是“语”有分歧。如：

“出租汽车”，《现代汉语词典》（修订本）[①]（下称《现汉》）出条，标注词性的《应用汉语词典》[②]（下称《应用》）收录并标为“名”。这样的成分还有“公共汽车、公用电话、农贸市场、知识分子、二氧化碳、少数民族、自由市场、透明度、外向型”，共10个。《大纲》收有“毛泽东思想、资本主义”等，都定为名词，与“出租汽车”等性质相同，不看作词似无道理。

“之间、之后、之前”，《应用》标为“名（方位名词）”，是看作词的，但未收“之类、之内、之外、之上、之下、之一、之中”等成分。《现代汉语规范词典》[③]都收了，并且标注为“名”。我们认为在《大纲》中应统一处理，或者都看作词，或者都看作“语”。考虑到这些成分都是由两个语素构成的，且结合得非常紧密，从对外汉语教学实际出发，把它们看成词似乎更利于教学和学习。

“一下、干吗、没事儿、不对、吹牛、没辙、岂不”《大纲》看作“语”，《应用》定为词，考虑到它们的结构和意义，都看成词比较合适。

“从不 / 没、毫不、毫无”在《现汉》《应用》中都是以“从”“毫”出条，只在释义中说明“用于否定句”，因此《大

---

① 中国社会科学院语言研究所词典编辑室编《现代汉语词典》（修订本），北京：商务印书馆，1996。

② 商务印书馆辞书研究中心编《应用汉语词典》，北京：商务印书馆，2000。

③ 李行健主编《现代汉语规范词典》，北京：外语教学与研究出版社、语文出版社，2004。

纲》可以考虑依据《现汉》加以调整。

“对不起”，《现汉》出条，《应用》收录但看作是词（标为“动”）。其他还有“开玩笑、有意思、不要紧、看不起、来不及、了不起、有的是、不像话、恨不得、可不是、闹笑话、忍不住、说不定、走后门儿、半边天、大锅饭、好样的”等。但有些成分，如“没关系、不敢当、看样子、出洋相、打交道”等，《应用》是看作“语”的（标为“惯”）。现在看来，在判定这些成分是词还是“语”时，目前的词典还有不一致的地方。实际上，“走后门儿、铁饭碗”等也应看作惯用语。《大纲》从对外汉语教学出发，把这类成分都看作“语”，应该说是合适的。

所收四字格中，有些是不是成语，判断起来也有分歧。例如“能歌善舞”，《汉语成语小词典》①未收，《应用》收了，并标为“成”；“多劳多得”，《汉语成语小词典》《现汉》《应用》均未收录，《现代汉语规范词典》②收了，但未标注。我们认为，从对外汉语教学出发，把“多劳多得”之类看作成语可能更利于教学和学习。类似的还有“一路平安、一路顺风、按劳分配、半真半假、大包大揽、浩浩荡荡、热泪盈眶、似笑非笑”等。

（三）《大纲》四级词汇实际收“语”分析

排除应确定为词的成分，《大纲》四级词汇中所收“语”的准确数量和类别可分析如下：

1. 甲级词实际收“语”16个，其中固定格式9个，惯用语5个，

---

① 北京大学中文系1955级语言班编《汉语成语小词典》（1998年修订本），北京：商务印书馆，1998。

② 李行健主编《现代汉语规范词典》，北京：外语教学与研究出版社、语文出版社，2004。

“语块”2 个，成语未收。如：

固定格式：除了……以外，从……到……，从……起，……得很，……分之……，……极了，连……都 / 也，一边……一边……，一……就……；

惯用语：对不起，开玩笑，没关系，没意思，有意思；

语块：为什么，有时候。

2. 乙级词实际收“语”32 个，其中，固定格式 11 个，惯用语 13 个，语块 6 个，成语 2 个。如：

固定格式：边……边……，从……出发，当……的时候，……的话，非……不可，既……也……，既……又……，一……也……，一方面……一方面……，越……越……，越来越……；

惯用语：不得不，不敢当，不好意思，不要紧，不一定，看不起，看样子，来不及，来得及，了不起，没什么，没事儿，用不着；

语块：不是吗，感兴趣，进一步，没用，算了，有的是；

成语：力所能及，实事求是。

3. 丙级词实际收“语”57 个，其中，固定格式 8 个，惯用语 24 个，语块 8 个，成语 17 个。如：

固定格式：不是……而是……，不是……就是……，到……为止，对……来说，就是……也……，拿……来说，一面……一面……，愈……愈……；

惯用语：不见得，不像话，不在乎，不怎么样，出难题，出洋相，打交道，打招呼，对得起，怪不得，恨不得，开夜车，可不是，没说的，闹笑话，闹着玩儿，忍不住，伤脑筋，舍不得，说不定，无所谓，有两下子，走后门儿，走弯路；

语块：得了，对了，或多或少，就是说，无论如何，有一些，这样一来，总而言之；

成语：成千上万，粗心大意，多劳多得，各式各样，画蛇添足，聚精会神，能歌善舞，千方百计，四面八方，万古长青，无可奈何，兴高采烈，一路平安，一路顺风，自始至终，自相矛盾，自言自语。

4. 丁级词实际收“语”149 个，其中，固定格式 6 个，惯用语 8 个，语块 11 个，成语 124 个。如：

固定格式：从……看来，非……才，……来看/……来讲，……来说，连……带……，一会儿……一会儿……；

惯用语：爱面子，半边天，大锅饭，发脾气，顾不得，好样的，铁饭碗，真是的；

语块：编者按，除此之外，看起来，可想而知，来回来去，没吃没穿，通货膨胀，推来推去，由此可见，与此同时，总的来说；

成语：按劳分配，百花齐放，百家争鸣，半途而废，半真半假，暴风骤雨，不卑不亢，不辞而别，不相上下，不言而喻，不正之风，不知不觉，层出不穷，诚心诚意，川流不息，从容不迫，等等。用图表（表 2 和图 1）反映就是：

表 2

	固定格式	惯用语	语块	成语	共计
甲级词	9	5	2	0	16
乙级词	11	13	6	2	32
丙级词	8	24	8	17	57
丁级词	6	8	11	124	149
共　计	34	50	27	143	254

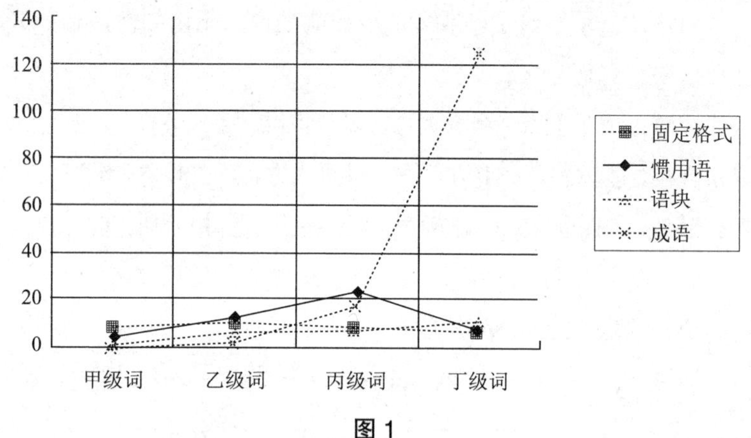

图 1

从图 1 可以清楚地看到，惯用语和成语收录量正好呈相反曲线分布，其中，惯用语收录量呈“枣核形”，中间大，两头小，从丙级到丁级，收录量明显下降，而成语收录量则由少到多，呈上升趋势，且从丙级到丁级，成语收录量陡然增加。固定格式从甲级到丁级，收录量呈平缓曲线分布，没有“高峰”，也没有“低谷”；“语块”总的收录量不大，但从甲级到丁级，呈逐渐上升态势。

三、“语词分立”新主张与《大纲》收“语”建议

（一）对《大纲》收“语”的意见

关于《大纲》收“语”问题，前人在分析《大纲》时有所涉及。赵金铭、张博、程娟（2003）认为，《大纲》“应进一步明确词本位的原则，尽量不收录非词成分”，并建议不单列这四种非词

成分：数字的大写、叠音形式、大于词的成分和特殊词语[①]。姜德梧（2004）认为，原则上，《大纲》应“只收词，而不收语素和短语”，原《大纲》在收词时对词与非词的界限划分得不是很清楚[②]。姜文认为，“除了……以外”这样一些结构不是词，它们的用法应该在教学中解决，而不是用一个词表来解决，事实上也解决不了。

我们认为，《大纲》收“语”问题已经引起人们的注意，但收不收“语”以及怎样收，是涉及词汇学理论的大问题，应该深入研究。

我们知道，《大纲》的研制和第一次修订，主要立足于汉语语法、汉语词汇的传统研究成果。传统词汇学认为，“词汇”指的是一种语言全部词的总汇，包括“由词构成的、性质作用相当一个词的语言单位，叫‘语’”[③]，如成语“愚公移山”，谚语“打蛇要打七寸”，俗语“敬酒不吃吃罚酒”，歇后语“猪鼻子上插葱——装象”等。我国大部分学者也持这种看法，认为“语”是词的等价物，“在作为语言建筑材料来构造句子的作用上相当于词”[④]。也有学者既把“语”看作词汇的成员，又注意到它与普通词汇的一些区别，将其称为“特殊词汇”[⑤]。从这一角度看，《大纲》收“语”是有理论根据的。而“除了……以外”等固定结构

---

① 赵金铭、张博、程娟《关于修订〈（汉语水平）词汇等级大纲〉的若干意见》，《世界汉语教学》2003 年第 3 期。

② 姜德梧《关于〈汉语水平词汇与汉字等级大纲〉的思考》，《世界汉语教学》2004 年第 1 期。

③ 符淮青《现代汉语词汇》，北京：北京大学出版社，1985。

④ 刘叔新《汉语描写词汇学》，北京：商务印书馆，1995。

⑤ 周荐《汉语词汇新讲》，北京：语文出版社，2000。

的收录也是从对外汉语教学实际出发收录的，也无不可。但这样说，并不意味着《大纲》在收“语”问题上就没有可商榷的余地了。

我们认为，《大纲》作为国家研制的纲领性文件，应该既有理论依据，又要密切关注新的研究成果，及时更新，及时修订。目前《大纲》对词汇学、语义学乃至词典学的最新研究成果、最新进展等关注不够、反映不足，这影响了它在收词、编排等方面的发展。

（二）“语词分立”新主张

应该说，21 世纪汉语词汇学引人注目的动向是“语词分立”新主张的提出。2002 年，温端政先生撰文[①]，质疑传统词汇学关于词汇的定义，并探讨词、语的不同性质与分别，首次提出了“语词分立”的主张[②]。该文的基本观点就是，“语”和“词”是两种性质不同的语言单位，应该把“语”从“词汇”中分立出来，把“词”从“语汇”中分立出来，用温端政先生的话说就是：

> 第一，“词”既是词汇单位，又是语法单位；而“语”只是语汇单位，不是语法单位；第二，“词”有“虚、实”之分，词的意义有词汇意义和语法意义两个方面；“语”没有“虚、实”之分，都是“实”的；第三，实词的词义（词汇意义）的基本特征是概念性；而语义（“语”的意义）的特征是它的叙述性。

---

① 温端政《论语词分立》，《辞书研究》2002 年第 6 期。

② 温端政先生在《“龙虫并雕”和“语”的研究》（《语文研究》2000 年第 4 期）中初步分析了汉语语汇的系统性；在《论语词分立》中进一步探讨了汉语的词和语问题。

温端政先生认为，叙述性是“语”的共同特征，是“语”区别于“词”的最重要的特征。它具体分为三种类型：第一种，描述性，描述事物的形象、性质或状态，如“碰钉子”“牛头不对马嘴”等；第二种，表述性，表达某种推理或判断，传授某种知识（包括经验），如“远水不解近渴”“吃一堑，长一智”等；第三种，引述性，前一部分是“引子”，从中引出后一部分，后一部分描述某种形象、性质或状态，如“十五个吊桶打水——七上八下”“骑驴看唱本——走着瞧”等。

我们认为，尽管“语词分立”新主张在论证中还有一些值得商榷的地方，如“语”究竟是不是语法单位，描述性、表述性和引述性是不是同一个层面上的东西，等等，但总的看，“语词分立”新主张加深了我们对“语”的认识，也加深了我们对“词”“词汇”的认识，其提出本身就具有重要的理论意义和很广的应用前景。

我们认为，“语词分立”新主张的提出，除温端政先生指出的有利于加强“语”的研究和教学、有利于语词类辞书的编纂外，还有利于在对外汉语教学中明确建立“语素（汉字）”“词”和“语”三级语言教学单位，理清三者关系，提高教学效率，也有利于《大纲》扩大视野，制定合理的词语收录原则和编排体例。

（三）《大纲》收“语”存在的问题

温端政先生在分析以收词为主兼收“语”条的词典（如《现代汉语词典》[①]）时指出，这样做存在以下问题：第一，收“语”

---

① 中国社会科学院语言研究所词典编辑室编《现代汉语词典》（修订本），北京：商务印书馆，1996。

不平衡，其中成语收得最多，惯用语其次，谚语又其次，歇后语极少；第二，收“语”标准不明确，带有某种程度的任意性；第三，对“语”的释义缺乏准确性。对照《大纲》，我们看到前两个问题在《大纲》中也不同程度地存在着。

《大纲》未收谚语和歇后语。这就向我们提出两个问题，一是这些成分是不是汉语表达所需要的成分，二是对外汉语教学需要不需要教这些成分。对于第一个问题，答案显然是肯定的。现代汉语中有不少富有表现力、形象生动的俗语、谚语和歇后语，例如，“三天打鱼，两天晒网”“挂羊头卖狗肉”“说曹操，曹操到”“百闻不如一见”“不入虎穴，焉得虎子”“狗拿耗子——多管闲事”“老鼠过街——人人喊打”等，它们在汉语中的作用是毋庸置疑的。对于第二个问题，实际上答案也是肯定的。我们知道，对外汉语教学到了高级阶段，学习材料多是直接从文学名著、报章杂志上选摘的，这些材料中自然存在着一些形象生动的语言表达形式，如俗语、谚语、歇后语等。如果要教地道的汉语，如果要让外国学生真正理解汉语、理解中国文化，这些成分是不能不教的。事实上，随着汉语水平的提高，外国学生对这些语言成分的学习也是有需求的[①]。

《大纲》收了成语，而且在丁级词部分，包括成语在内的四字格成分的收录量大大增加。这也向我们提出了两个问题，一是成语是不是汉语词汇教学唯一的或主要的难度标志，二是四级词

① 〔韩〕诸葛真《汉韩俗语文化内涵比较》（北京大学对外汉语教育学院硕士学位论文，2003年）指出，随着韩国人学习汉语热情的高涨、整体汉语水平的提高，比较汉韩俗语及文化内涵，帮助韩国学生掌握汉语俗语，对于提高他们的汉语水平和学习兴趣，是十分必要的。

汇中，成语的收录比例、收录标准如何确定。关于第一个问题，严格讲，应该对汉语的各类“语”进行考察以后才可下结论，但从语感上看，谚语、歇后语对外国学生来说，学习和理解难度决不次于成语，因此对外汉语教学不能只关注成语，而不理会谚语和歇后语。关于第二个问题，也应该深入研究后再下结论，但目前来看，四级词汇中，成语的分布是不均衡的，大量成语都放在丁级词部分不合适。另外，成语的收录标准也不明确。以“大”字打头的成语为例，《大纲》收了“大公无私、大同小异、大有可为”三个，另收“大包大揽”四字格一个。但汉语中“大”字打头的成语有许多，如“大材小用、大打出手、大刀阔斧、大敌当前、大动干戈、大而无当、大发雷霆、大快人心、大名鼎鼎、大器晚成、大是大非”等，为什么只收上边三个而不收其他？我们看不出明确标准。如果考虑常用性的话，“大名鼎鼎、大是大非、大器晚成”等恐怕也有资格收录。

《大纲》中的“语”未标注类别，只标注了等级，如“对不起”（甲）、“非……不可”（乙）、“半途而废”（丁）等，但划分等级的依据是什么？我们知道，“语”的意义和用法比词复杂得多，词可以主要根据词频来确定级别，“语”却很难。《大纲》显然是按同一标准给词和“语”划分等级的，这对“语”来说可能是不合适的。

（四）我们的建议

根据以上分析我们认为，《大纲》可以而且应该收“语”，但具体操作时应注意以下几点：

1. 根据实际语料进行调查研究，平衡《大纲》收“语”类型和比例。成语固然要多收，其他类型的“语”也要收，如何收、收多少应根据语言实际裁定。同时完全可以突破“语”的字数限制，三字、四字“语”要收，五字、六字甚至更长的“语”也要收，这对丰富《大纲》有好处。

2. 从对外汉语教学实际需要出发，应该系统收录“非……不可”“一边……一边……”“总的来说”等对汉语学习有重要价值的固定格式和“语块”。

3. 更重要的是，《大纲》应在“词汇等级大纲”“汉字等级大纲”之外，新增一个“语汇大纲”，把“词汇等级大纲”中收录的“语”提取出来，放在“语汇大纲”中，同时根据实际语料和对外汉语教学需要，增补各类新“语”。这样做的好处是，既可以避开词和非词问题的纠缠，又可以为“词汇等级大纲”腾出宝贵篇幅，增补应收而未收的单双音节词[①]，同时还有利于完备《大纲》的内容和体例，使已有的“汉字等级大纲”“词汇等级大纲”和“语汇大纲”三位一体，相互照应，充分体现“语素（汉字）”“词”和“语”三级词语教学单位的关系及构成。

4. 为避免不必要的争论，可以考虑在新增的“语汇大纲”中，只收“语”，不分级。

---

① 李红印、章琼、刘敬华《同素近义单双音节词计量分析及对〈汉语水平词汇与汉字等级大纲〉修订的意见》（国家汉办修订《汉语水平大纲》专题研究项目，待刊）分析，有不少常用的同素近义单双音节词，该大纲未收，应该增补。

第二节　对外汉语词汇大纲与两种教材词汇状况的对比研究[①]

一、词汇计量研究与词表的研制

计量方法在我国语言研究中有着悠久的内在理性需求。中国现代语言学中的语言计量研究经历过“不以孤证立论”“专书研究”“大规模语料库”三个阶段，其间伴随着的是由手工到电脑，由卡片到数据库，统计规模由百万级语料到千万级，再至亿级语料的发展[②]。词汇计量研究最集中的体现就是各种词表的研制，它起于20世纪的50年代，其主要目的也是服务于语言教学。刘英林、宋绍周[③]（1992）在研制《对外汉语教学词汇大纲》时调查了之前的16种词表，加上“对外汉语教学词汇大纲（8822）”（国家对外汉语教学领导小组办公室，1992），就是17种。这些词表所包含的词少则3000，多则9000，由此可看到现代汉语常用词的一个大致范围。

从17种词表的研制单位，可观察到词表的性质与用处。

北京语言学院（包括国家汉办）：8种

---

① 本节摘自苏新春《对外汉语词汇大纲与两种教材词汇状况的对比研究》，《语言文字应用》2006年第2期。

② 苏新春《关于〈现代汉语词典〉词汇计量研究的思考》，《世界汉语教学》2001年第4期。

③ 刘英林、宋绍周《论汉语教学字词的统计与分级（代序）》，见国家对外汉语教学领导小组办公室汉语水平考试部《汉语水平词汇与汉字等级大纲》，北京：北京语言学院出版社，1992。

中国人民大学：2 种

文字改革委员会：2 种

中文信息处理研究单位：2 种

北京航空航天大学：1 种

北京师范大学：1 种

山东大学：1 种

其中服务于对外汉语教学的最多，达 8 种。说明这个领域对教学词汇量的控制有着相当迫切的需要。

近年对词表的研制仍在继续，不过重点已经转到对现代汉语整体词汇面貌的反映。有的是以计算机的语言处理为服务对象，有的是以整个社会人群为服务对象。前者如清华大学孙茂松主持的《信息处理用现代汉语分词词表》①，词语数量在 10 万条左右，后者如李行健主持的《现代汉语通用词表》②，规模达 6 万余条。笔者主持的“现代汉语通用词语词量与分级”也属此列。

二、两种词表的对比研究

20 世纪中期以来所研制的各种现代汉语词汇的词表中，以《现代汉语频率词典》③（下面简称《频率》）的 8548 条和《对外汉语教学词汇大纲》④（下面简称《大纲》）的 8822 条影响最大。

---

① 孙茂松、王洪君、李行健等《〈信息处理用词汇研究〉九五项目结题汇报 信息处理用现代汉语分词词表》，《语言文字应用》2001 年第 4 期。

② 李行健《〈现代汉语通用词表〉（国家标准）的研制工作》，《语言文字应用》2000 年第 2 期。

③ 北京语言学院语言教学研究所编著《现代汉语频率词典》，北京：北京语言学院出版社，1986。

④ 国家汉语水平考试委员会办公室考试中心制定《汉语水平词汇与汉字等级大纲》（修订本），北京：经济科学出版社，2001。

对已有词表做一番考察，无论是对观察词表的性质与作用，还是对检验词表制定出来后的社会应用价值，甚或对正在进行的词表研制工作，都有着重要的借鉴作用。下面对这两个影响最大的词表做对比分析。

（一）《频率》与《大纲》的相同点

1. 规模相当

《频率》以使用度为标准，以使用度 6 为界，得出常用词语 8548 条。《大纲》得出常用词语 8822 条，二者相差 274 条。它们的总量非常接近。是不是现代汉语词汇的运用、理解，常用量就可以定在这个幅度？这是一个很值得探讨的问题。

2. 都有很高的权威性

《频率》是我国第一部有着严格统计学意义上的反映现代汉语词汇的词量、词长、词汇分布、构词状况的数据词典，出版于 1986 年。它的统计语料规模不大，总量为 181 万字。它的研制始于 1979 年，当时计算机的使用还很不普遍，功能也还有限，手工统计仍占了相当重的分量，语料处理量不可能太大，但统计分析工作做得非常精当，所得到数据代表性强，可信度高。

《大纲》面向汉语学习者，特别是以汉语为第二语言的学习者，是规范性词表。国家汉办在《大纲》“前言”中这样叙述了它的用处：（1）作为我国初等、中等汉语水平考试和高等汉语水平考试的主要依据。（2）作为我国对外汉语教学总体设计、教材编写、课堂教学和成绩测试的重要依据。（3）作为我国少数民族汉语教学以及中小学语文教学的重要参考。（4）作为编制汉语水平四级通用字典及其他辞书编纂的框架范围。“主要依据”“重要依据”“重要参考”“框架范围”的表述，足以显示《大纲》在教学领域、特别是对外汉语教学领域所具有的作用和权威。

3. 密切的渊源关系

《频率》与《大纲》之间的密切关系是显而易见的。前者是后者所主要依据的“七个动态性词频统计词典”之一，由于《频率》的价值和影响，它在七个词典中有着特别的地位。在具体制作中，《频率》还成为形成《大纲》词表的四个直接来源表之一。研制者坦言：“我们基本上以此为依据，并稍作调整。”[①] 这不仅仅是因为《频率》的目的也是首先考虑到对外汉语教学的需要，而且两个词表的制作单位都属于同一个系统。

（二）《频率》与《大纲》的差异点

1. 词表性质的差异

《频率》属现代汉语通用词语词表。它的研究宗旨是：“从汉语教学的各种需要出发，同时着眼于上述各方面的要求，决定通过大量语言材料的统计，按词语单位和汉字出现频率、使用度以及在各类语料中的分布情况，编纂出一部汉语词汇和汉字的频率词典。”[②] 而《大纲》属教学用词表：“《词汇与汉字大纲》不同于一般的教学词汇大纲，而是一种规范性的水平大纲。它是中国对外汉语教育方针、政策与现实的对外汉语教学之间的‘联系纽带’和‘中介桥梁’；它源于教学，又高于教学；它依据现

① 刘英林、宋绍周《论汉语教学字词的统计与分级（代序）》，见国家对外汉语教学领导小组办公室汉语水平考试部《汉语水平词汇与汉字等级大纲》，北京：北京语言学院出版社，1992。

② 北京语言学院语言教学研究所编著《现代汉语频率词典》，北京：北京语言学院出版社，1986。

代汉语的动态性字词频度统计，同时又从实际出发，进行必要的专家干预。”[①] 定位的不同恰恰是影响到词表研制的最重要因素之一，所以它在下面一系列方面都会表现出差异来。

2. 研制方法不同

《频率》是完全根据实际语料中字词的使用频率与分布状况得出的，因此，它对语料的构成做了非常仔细的甄别。它把所统计的语料分成“报刊政论文章及专著”（占24.39%）、“科普书刊材料”（占15.73%）、“剧本和日常口语材料”（占11.17%）、“各种体裁的文学作品”（占48.71%）。这四大语料类别的划分大体框定了后来调查现代汉语整体面貌时确定语料来源的分类。因此《频率》可以说是一个纯粹的“描写性”词表，直接生成于语料。它完全依赖于语料中的频率与分布，受到了语料构成的重要影响。而《大纲》是在已有的若干种有影响的词表基础上，将它们均呈现的词都收进来，对部分呈现的词则采用专家多次或增或删的筛选方法。这样做的好处是“使收入大纲中的词条更加完整，避免和减少在频度统计中由于分类、选材、抽样、分词等引起的背景干扰”。概括起来就是，“总之，从目标定性开始，到定量再统计，又回到定性再筛选，最后产生定性定量等级词表和字表”[②]。显然，它不是原生性词表，而是“二次重构性”词表。

---

① 刘英林、宋绍周《论汉语教学字词的统计与分级（代序）》，见国家对外汉语教学领导小组办公室汉语水平考试部《汉语水平词汇与汉字等级大纲》，北京：北京语言学院出版社，1992。

② 同①。

3. 词表内容的差异

尽管《大纲》声言“基本依据”《频率》，只是“稍作调整”；其实，二者的差异还是相当明显的。为了便于说明，我们先将两个词表做些简化处理，即都处理为单一的词形。

先看《频率》，8548 条去除重复后为 7638 条，里面有 405 条有重复。重复包括四种情况：一个词形多个词语，即同形异义词；一词多类，即兼类词；一个词语多个字形，即异形词；一义多词，即变换词。具体情况见下表：

表 1 《频率》成组词调查

<table>
<tr><th></th><th>类型</th><th>例词</th><th colspan="3">数量</th></tr>
<tr><td rowspan="4">成组</td><td>同形异义词</td><td>来（来去之来、从某时算时、跟动词后、概数）</td><td rowspan="4">405组</td><td rowspan="4">含910词</td><td rowspan="5">8548条</td></tr>
<tr><td>兼类词</td><td>过（助词、补语、动词、副词）</td></tr>
<tr><td>异形词</td><td>成分 / 成份　撤消 / 撤销</td></tr>
<tr><td>变换词</td><td>区书（区委书记）</td></tr>
<tr><td colspan="2">单词</td><td></td><td colspan="2">7638 条</td></tr>
</table>

再看《大纲》，8822 条去除重复后为 8419 条，里面有 186 条有重复。所谓重复，除了《频率》包括的同形异义词、兼类词、异形词、变换词四种情况外，还包括同类词。具体情况见下表：

表 2 《大纲》成组词调查

<table>
<tr><th></th><th>类型</th><th>例词</th><th colspan="3">数量</th></tr>
<tr><td rowspan="5">成组</td><td>同形异义词</td><td>行（动词、量词、动〈形〉、名词）</td><td rowspan="5">186组</td><td rowspan="5">含403词</td><td rowspan="6">8822条</td></tr>
<tr><td>兼类词</td><td>好（形词、副词、动词、连词）</td></tr>
<tr><td>异形词</td><td>成分 / 成份　报道 / 报导</td></tr>
<tr><td>变换词</td><td>从不 / 没　有（一）点儿
……来看 /……来讲</td></tr>
<tr><td>同类词</td><td>伯父 / 伯伯　德语 / 德文
老大妈 / 大妈　吸烟 / 抽烟</td></tr>
<tr><td colspan="2">单词</td><td></td><td colspan="2">8419 条</td></tr>
</table>

表 3 《频率》与《大纲》成组词的词数

<table>
<tr><th rowspan="2">每组含词</th><th colspan="4">组内词数</th></tr>
<tr><th colspan="2">《频率》</th><th colspan="2">《大纲》</th></tr>
<tr><td>4</td><td>18</td><td rowspan="3">910</td><td>6</td><td rowspan="3">403</td></tr>
<tr><td>3</td><td>64</td><td>19</td></tr>
<tr><td>2</td><td>323</td><td>161</td></tr>
<tr><td>1</td><td colspan="2">7638</td><td colspan="2">8419</td></tr>
<tr><td>总数</td><td colspan="2">8548</td><td colspan="2">8822</td></tr>
</table>

从上面三个表的统计可以看出，《频率》与《大纲》都有成组词，每组最多的都是 4 个词。可它们以“组”统词的情况也有着明显的不同：（1）《频率》更为注意对词的划分，在每组 4 词、3 词、2 词的三个级别中，其数量都多于《大纲》，因此，每组所包含的词的总数，前者也是后者的倍数，910 ∶ 403。（2）《大

纲》有以“类”组词的现象，如“伯父/伯伯”“德语/德文”“老大妈/大妈”“吸烟/抽烟”“那里/那儿”“法语/法文”“日语/日文”“外语/外文”“英语/英文”“星期日/星期天”“这里/这儿”“那里/那儿”“京剧/京戏”“礼拜天/礼拜日”“热水瓶/暖水瓶”“手绢/手帕”“照片/相片”“的确良/涤纶”“……来看/……来讲”“薪金/薪水”。这显然是出于教学的目的，带有明显的人工干预痕迹。用《大纲》编纂者的话来说，它们是“联想”原则的产物。

为了更简要地显示两个词表的异同，下面将成组的词进行简化，只保留每组中的代表词（即位于首位的词），形成无重复词的词表，然后再来进行比较。这样得到了下面的结果。

表4 《频率》与《大纲》异收词比较

	《频率》	《大纲》
总词数	8548	8822
不重复数	8043	8605
共收词	6422	
异收词	1621 18.9% 阿太、啊呀、欸、氨基酸、鹌鹑、俺、俺们、按需分配、暗堡、暗地里、黯然、昂、昂首、凹透镜	2183 24.7% 阿拉伯语、哀悼、唉、艾滋病、爱戴、爱面子、爱惜、碍事、安宁、按劳分配、按期、案情、暗杀、暗中、昂贵、昂扬、奥秘

将《频率》与《大纲》进行对照，发现共有词语数是6422，相同部分只占总数的≈80%。《频率》独有词语1621条，占总数的18.9%；《大纲》独有词语2183条，占总数的24.7%。上表中

是 A 字母的所有异收词。从这些词可以观察到，一是二者差异的部分不小，二是《大纲》的生活类词语多，似乎显得更常用些。我们对两个词表中的“长 zhǎng”字同素词、“语”字同素词进行过对比，比较的结果都能清楚地说明这一点。

三、两种教材词汇的对比研究

为了更好地分析词表的性质与作用，也为了了解教材词汇的现状，下面分析两套在对外汉语教学界有相当影响的教材。

（一）北大初级教程词汇调查

北京大学对外汉语教学中心组织编写了汉语系列教材。该教材分《汉语初级教程》（四册）、《汉语中级教程》（二册）、《汉语高级教程》（二册）。“教材内容根据循序渐进的原则安排。初级阶段着重于基础训练，中级阶段着重于巩固并提高运用汉语的能力，高级阶段着重于培养独立阅读原著和书面表达的能力。该教材 1985 年始编，1987 年完成。曾获 1988—1992 年度中国对外汉语优秀教材一等奖。”[①]为了与另一套教材具有更好的对比性，这里选用了《汉语初级教程》，下面简称“北大初级教程”。

“北大初级教程”共四册，第四册是汉字教材，这里暂时除外。从第一册的第 16 课起至第三册末，共有课文 80 篇。课文内容广泛，包括了外国学生在中国的吃、穿、住、行、购物、娱乐、交友、学习等生活的基本方面。第三册的课文侧重于对中国社会

---

① 该《汉语初级教程》封底出版说明。北京大学出版社，1993 年第 2 版，2003 年第 9 次印刷。

各方面的了解，如学校、农村、经济政治、民俗民习、婚礼节庆、文学曲艺、医疗卫生等。每一课都有“语言点”，主要是在语法知识上。而词汇知识则主要是通过课文内容广度及编写时的深浅把握来体现的。初级教材“着重于基础训练”，因此从它身上来观察教材的词汇面貌还是比较合适的。

“北大初级教程”80篇课文共使用了汉字符号21 979个，词语14 759条，不重复的词1776条。按词语频率相同的为一级，共有92个词级。一个词级中出现相同频率最多的为1次，共有608词出现了1次；按单个词出现次数最多的是“的”，达684次，其次是“我”，达479次。统计结果显示频率高的词数量少、频率低的词数量多的特点。覆盖总语料的50%只用了75条词，以后每增加10%的覆盖率，增加词语几乎一倍。表5是词语的语料覆盖情况。

表5 北大初级教程词语覆盖率

累计词语数量	出现频率	覆盖率
75	34	50%
133	20	60%
230	11	70%
411	6	80%
771	3	90%
1100	1	95%

（二）北语汉语教程词汇调查

北京语言大学编纂了对外汉语本科系列教材（语言技能类）的一年级教材《汉语教程》。这套教材“是为初学汉语的外国学生编写的”“语言材料都是外国人来华学习、生活或工作所需要的。教材的情景也都是以外国学生在中国的实际生活而设置的。无论是会话的编写或者是短文的选择，都力求生动活泼，富有情趣。”① 该教材由北京语言大学出版社出版，1999 年第 1 版。下面简称“北语汉语教程”。

表 6　北语汉语教程词语覆盖率

累计词语数量	出现频率	覆盖率
95	57	50%
185	31	60%
366	14	70%
749	7	80%
1653	3	90%
2630	1	95%

“北语汉语教程”包括三册，每册分上下，共 6 本，有课文 100 篇。共使用了汉字 55 754 个，词语 37 556 条。按不重复来计算，则有词语 4527 条，再按词语的不同词性来划分，则为 5002 条。为了与其他数据便于比较，这里选用的是不分词性的 4527 条。覆盖总语料的 50% 只用了 95 条词，以后每增加 10% 的覆盖率，增加词语几乎一倍。表 6 是词语对总语料的覆盖情况。

（三）北大初级教程与北语汉语教程的词汇之比较

通过上面对“北大初级教程”与“北语汉语教程”两套教材的调查来比较它们的面貌，并通过与《大纲》的对比，发现几处

① 见于该教材前的“一年级系列教材说明”。

颇有趣味的地方：

1. 北大版比北语版的用字与用词要少。前者的总用字是21 979个，词语14 759条，不重复的词1776条。后者的总用字是55 754个，词语37 556条，不重复的词4527条，前者的三个数字都占后者的约39%。

2. 两套教材都表现出高频词少、覆盖力强的特点。北大初级教程覆盖总语料的80%用了411个词，只占总词语数23.1%；北语汉语教程覆盖总语料的80%用了749个词，只占总词语数4506的16.6%。

3. 两套教材的共有词语少。它们的词语总量不相等，前者只是后者的约39%，比较同异时会有些困难。但仍可显示出一些有价值的信息。

二者的同有词语只有1189条。从词语数量少的北大初级教程来看，有587条不在其中，相异者达三分之一。虽然里面有不少的言语词，但属于常用词、基本词的仍有不少。例如在《大纲》之列的达249条。其中属于甲级词的有：矮、饱、部分、点心、动物、放假、复杂、鸡蛋、经验、凉快、面包、农业、请假、上边、数学、文学、文章、握手、意见。

属于乙级词的有：病房、玻璃、餐厅、草地、衬衫、出院、打倒、电报、电影院、动物园、发达、奋斗、服从、改正、感想、根据、工艺品、共产党、故乡、挂号、观众、广告、过程、过年、海关、航空、好玩儿、和平、恨、猴子、黄油、会场、婚姻、接待、阶段、结合、解放、进口、军队、宽、来得及、力气、粮食、零钱、美术、棉衣、庙、名胜、能干、披、乒乓球、平等、瓶子、其次、其余、牵、签订、强调、敲、亲爱、庆祝、缺点、人口、人员、善于、蛇、设备、深入、狮子、石油、蔬菜、顺利、送行、塔、填、西部、西方、先进、雄伟、熊猫、压迫、严肃、医学、用处、优点、悠久、右边、雨衣、允许、窄、展览会、招待、政策、直接、值得、至少、总结、醉、左边、座谈。

细列的目的是为了更清楚地说明二者词汇量的差异。由于对“词”的切分不一致，还由于词汇单位的大小不一致，如收了“卫生间”没有收“卫生”，收了“马马虎虎”没有收“马虎”，而恰恰是后者进入了词表。至于单字，情况尤甚。如果换从北语版的角度来观察，由于北语版的词汇量大，其差异当然更为明显。

（四）两套教材与《大纲》词汇的比较

由于两套教材各有自己的编写原则与取材范围，要进行比较有时会显得客观性差些。现在可把它们与《大纲》来做个比较，因为后者是一个指导性标准，是一个规范性词表，比较起来客观性会强些。可结果显示，它们与《大纲》的差异仍相当突出。

表 7　北大初级教程与《大纲》的词汇比较

<table>
<tr><td></td><td>大纲</td><td>北大</td></tr>
<tr><td>总词数</td><td>8822</td><td>14 759</td></tr>
<tr><td>不重复数</td><td>8606</td><td>1776</td></tr>
<tr><td>共收词</td><td colspan="2">1236</td></tr>
<tr><td rowspan="2">异收词</td><td>甲级词≈260</td><td>碗、反对、翻译、往、危险、全体、伟大、喂、机器、爬、发烧、拍、基础、文学家……</td></tr>
<tr><td>乙级词≈1550</td><td>拣、积极性、价格、价值、假条、坚定、坚决、坚强、尖、尖锐、加强、艰苦、加工、捡、减、减轻、减少、箭、渐渐……</td></tr>
</table>

北大初级教程未收《大纲》的甲级词≈260条，未收的乙级词≈1550条，这只是一个概数。因为词表中有一些是搭配使用的语法结构，如"连……都/也……""……分之……"等。在教材词汇统计时未将语法结构词进行统计。还有的教材里收了复音词，而没有收单字，如收了"请假""寒假""放假""暑假"，而没有收"假"。还有个别是分词的缘故，如《大纲》中收有"点钟"，而教材统计词表中将它们拆分。

北语汉语教程未收《大纲》的甲级词≈90条，未收的乙级词≈980条，这也是一个概数，《大纲》中有一些是搭配使用的语法结构，如"……之间……""一边……一边……""一……就……""……极了""连……都/也……"等，教材词汇统计也未将这些语法结构词统计在内。还有的是教材收了"基本义""鸡蛋汤""图书馆""一部分""海边""办公室""西北面""草原""草绿"，而没有收"基本""鸡蛋""馆""部分""海""办公""北面""草"。上面所比较的两套教材都是初级教材，可它们与《大纲》中的甲级、乙级词语，差异率都挺高。把两套教材的数据与《频率》做了对比，其较明显的差异同样令人难忘。

表8 北语汉语教程与《大纲》的词汇比较

	大纲	北语
总词数	8822	37 556
不重复数	8606	4527
共收词	2675	
未收词	甲级词≈90条	矮、饱、表扬、草、点心、点钟、电车、电灯、动物、复杂、钢笔、工业、公共汽车、黑板、会话……

续表

	大纲	北语
未收词	乙级词 ≈980	安心、按时、拔、白菜、半导体、半拉、保、保卫、报到、碑、悲痛、北部、北方、北面、本领、本事、本质、逼、比例、必然、必要……

看来《大纲》所“规定”的教学词表，并未在现有的教材得到很好的落实。会不会是因为教材“初级”、词汇量太小，才造成如此的差异呢？答案并非如此。我们将北大版的“汉语初级教程”与“汉语中级教程”和“汉语高级教程”合起来统计，其数据及比较结果可用下表来显示：

表 9　北大初、中、高级教程与《大纲》的词汇比较

	大纲	北大
总词数	8822	95 771
不重复数	8606	10 671
共收词	4804	
异收词	3801　44.1% 癌、爱滋病、爱面子、碍事、安稳、安详、按期、案件、案情、暗淡、暗杀、暗中……	5867　54.9% 安顿、安放、安分、安息、安歇、安逸、按理、暗想、暗笑、暗自、傲慢、懊悔、懊恼……

即使在初、中、高级教程总共 97 551 条中，《大纲》的甲级词语不见于其中的仍有若干条，如“迟到、词典、磁带、电、电车、游泳、辅导、感冒、钢笔、黑板、会话、集合、精彩、开学、米饭、铅笔、袜子、香蕉、月球”等。教材中没有“电”，但有“电灯、

电话、电报、电脑、电视、电线、电影、电影院、电扇”，可《大纲》中的“电”显然不应该是作为词素存在的。

四、思考与对策

（一）现有词表的内容缺损与完善之方法

有一项内容是《频率》有而《大纲》没有的，即词的频率及语料的说明。这点差别在很大程度上就是由它们是描写性词表还是规定性词表、是原生性词表还是二次再生性词表所造成的。在编制词表时，需要对统计对象语料的性质、年代、功能、分布做出仔细甄别。再好的语料也不可能包办一切事情；不同的目的需要不同类型的语料，这应该成为语言计量时要特别加以注意的地方。

（二）根据汉语教学的目的与功能来编制汉语教学用的通用型词表与专用型词表

教学用词表与通用词表显然是不同的，母语教学用词表与对外汉语教学用词表也有着巨大的差别。这是《大纲》在编制时特别加以强调的地方。但应该看到，由于对外汉语教学的针对性很强，学生的类型多种多样，不同类型的学生有着不同的需求，不同的学习类型也有着不同的需求，因此，希冀用一种对外汉语教学用词表来应用于对外汉语教学的一切方面，显然也是不现实的。因此，应该将对外汉语教学词表进行通用型与专用型的分工，或在研制通用型词表时进行分层分级的区分。这里的分层与分级不再是简单地依照频率，而应特别重视不同领域、不同功能、不同场合的交际需求。一个好的词表，除了应该有义项、义频外，还应该有义类的理由。

（三）在词表科学化的基础上加强词表的指导性

《大纲》在它发布之时就指出了它在对外汉语教学的四个方面具有重要的指导性作用，可在实际的教学活动和教材的编写中并没有得到落实。没有落实的原因既有《大纲》的科学性程度不够，也有教材编写者对词汇的选择与使用不够科学。因为愈是教学的基础阶段，目的明确、理据可靠的词汇量化观就愈加显得重要。这点是毫无疑义的。

（四）加强汉字教学，以弥补词表刚性的不足

对外汉语教学的知识指导文件中还有一个“汉字大纲”。对此人们的重视程度往往有明显的轻重之分。其实，认读汉字学的不仅仅是字形，而是通过字形掌握它所载现的意义。也就是说大部分的汉字学习其实质是汉语语素的学习，在汉字身上，集结着汉语语素的音、义、形。词是由字组成的，在词表中可能没有包括某个词，但这个词的组成成分汉字，却可能会分别都出现过。例如，《大纲》的“点钟”没有在教材中出现，但教材中出现了几点钟的“点”，钟表的“钟”。又如“杯子”没有在教材中出现，但出现了“玻璃杯”“干杯”。没有“电”，但有“电灯、电话、电报、电脑、电视、电线、电影、电影院、电扇”等。汉字大多表的是语素，所以有汉字属语素文字说，更重要的是汉语的构词法大都使用的是复合法，语素在里面起着重要的构成作用。在大一级、复杂些的组合单位中不会完全相等，可在低一级、简单些的语言单位中重合率却会高得多。因此，加强汉字教学，其实在很大程度上也是起到了直接的或替代性的词汇教学的目的。

第三节 外国学生汉语字词学习的影响因素①

《汉语水平大纲》（以下简称《大纲》）中字词的选择与分级是一项非常重要的研究课题。大纲汉字、词汇的选择和分级标准的制定，要考虑的因素很多，不但要依据基于汉语母语者语料的常用字词的统计学研究（字或词的出现频率、字的构词能力等），也要考虑外国人汉语字词学习的规律。影响外国人字词学习的因素有哪些？哪些字词先学会、容易学会，哪些字词后学会、不容易学会？对这些问题进行实证的定量研究和定性研究，可以从外国人字词学习的角度为《大纲》字词选择、分级、排序提供科学的理论依据。

一、*相关研究概述*

已有的关于本族人学习汉语的研究表明，从汉字属性特征的角度看，影响汉字学习的主要因素有：（1）出现频率。出现频率高的汉字比出现频率低的汉字易学。（2）字形复杂性。字形复杂性包括笔画数、部件数、笔画类型、字形对称性等特征。笔画数少的汉字比笔画数多的汉字易学，部件少的汉字比部件多的汉字易学，笔画横直的汉字比笔画斜曲的汉字易学，字形对称的汉字比字形不对称的汉字易学。（3）结构类型。左右结构的字比上下结构的字易学，左右、上下结构字比包孕结构字易学。外国人汉字学习是否具有类似的规律，还需进一步研究。

---

① 本节摘自江新、赵果、黄慧英等《外国学生汉语字词学习的影响因素——兼论〈汉语水平大纲〉字词的选择与分级》，《语言教学与研究》2006年第2期。

近十年来，针对外国人的汉语字词学习的研究逐渐增多。该领域进行的实证研究主要包括以下几个方面：（1）汉字的频率、字形复杂性、构词数等属性特征对汉字学习效果的影响[①②③④⑤]；（2）汉字声旁意识和形旁意识[⑥⑦⑧]；（3）汉字学习策略[⑨⑩⑪⑫]；（4）汉字识别与汉字书写的关系[⑬]；（5）汉语字词知音与知义

---

① Sergent, W. K. & Everson, M. E., The Effects of Frequency and Density on Character Recognition Speed and Accuracy by Elementary and Advanced L2 Readers of Chinese. *Journal of the Chinese Language Teachers Association,* 1992, 27 (1/2).

② 周清海、梁荣基《字词频率与语文学习成效的相关研究》，见《第四届国际汉语教学讨论会论文选》编辑委员会《第四届国际汉语教学讨论会论文选》，北京：北京语言学院出版社，1995。

③ 柳燕梅《生词重现率对欧美学生汉语词汇学习的影响》，《语言教学与研究》2002 年第 5 期。

④ 江新《汉字复现率对拼音文字背景的外国学生汉字学习的影响》，见研讨会论文选编委员会《北京地区第三届对外汉语教学学术研讨会论文选》，北京：北京大学出版社，2004。

⑤ 赵果《初级阶段欧美留学生识字量与字的构词数》，《语言文字应用》2003 年第 3 期。

⑥ Shen, H. H., Radical Knowledge and Character Learning among Learners of Chinese as a Foreign Language. *Proceedings of the International Conference on Chinese Pedagogy,* 2000.

⑦ 江新《外国学生形声字表音线索意识的实验研究》，《世界汉语教学》2001 年第 2 期。

⑧ 陈慧、王魁京《外国学生识别形声字的实验研究》，《世界汉语教学》2001 年第 2 期。

⑨ McGinnis, S., Students Goal and Approaches. In M. Chu (ed.), *Mapping the Course of the Chinese Field*, Kalamazoo, MI: Chinese Language Teachers Association. 1999.

⑩ Ke, C. Effects of Strategies on the Learning of Chinese Characters among Foreign Language Studies. *Journal of the Chinese Language Teachers Association*, 1998, 33 (2).

⑪ 江新、赵果《初级阶段外国留学生汉字学习策略的调查研究》，《语言教学与研究》2001 年第 3 期。

⑫ 赵果、江新《什么样的汉字学习策略最有效？——对基础阶段留学生的一次调查研究》，《语言文字应用》2002 年第 2 期。

⑬ Ke, C., An Empirical Study on the Relationship between Chinese Character Recogniton and Production. *The Modern Language Journal*, 1996, 80.

的关系[①②③]；（6）汉字教学方法[④]；（7）接受型词汇与表达型词汇之间的距离[⑤⑥]；（8）汉字正字法意识[⑦⑧]；（9）汉字书写错误[⑨]；（10）汉语虚词的学习[⑩⑪⑫⑬⑭⑮]。汉语虚词的学习常常被

---

① Everson, M. E., Word Recognition among Learners of Chinese as a Foreign Language: Investigating the Relationship between Naming and Knowing. *Modern Language Journal*, 1998, 82.

② Yang, J., Orthographic Effect on Word Recognition by Learners of Chinese as a Foreign Language. *Journal of Chinese Language Teacher Association*, 2000, 35(2).

③ 江新《不同母语背景的外国学生汉字知音和知义之间关系的研究》，《语言教学与研究》2003 年第 6 期。

④ 柳燕梅、江新《欧美学生汉字学习方法的实验研究——回忆默写法与重复抄写法的比较》，《世界汉语教学》2003 年第 1 期。

⑤ Lin, Y., Vocabulary Acquisition and Learning Chinese as a Foreign Language. *Journal of the Chinese Language Teachers Association*, 2000, 35(1):85-108.

⑥ 鹿士义《词汇习得与第二语言能力研究》，《世界汉语教学》2001 年第 3 期。

⑦ 同⑥。

⑧ 江新《初学汉语的美国学生汉字正字法意识的实验研究》，见赵金铭编《对外汉语研究的跨学科探索》，北京：北京语言大学出版社，2003。

⑨ 江新、柳燕梅《拼音文字背景的外国学生汉字书写错误研究》，《世界汉语教学》2004 年第 1 期。

⑩ Wen, X., Second Language Acquisition of the Chines Particle le. *International Journal of Applied Linguistics*, 1995, 5(1).

⑪ Wen, X., Acquisition of Chinese Aspect: An Analysis of the Interlanguage of the Learners of Chines as a Foreign Language. *Review of Applied Linguistics*, 1997.

⑫ Teng, S. H., The Acquisition of “了 le” in L2 Chinese,《世界汉语教学》1999 年第 1 期。

⑬ Polio. C., Nonnative Speakers’s Use of Nominal Classifiers in Mandarin Chinese. *Journal of Chinese Language Teacher Association*, 1994, 29.

⑭ Kuo, J. Y., Strategies for Learning Classifiers. In B. Swierzbinetal. (eds.), *Social and Cognitive Factors in Second Language Acquisition,* Somerville, MA: Cascadilla Press. 2000.

⑮ Bourgerie, D. S., Acquisition of Model Particles in Chinese Second Language Learners. In S. Mcginnis(ed.), *Chinese Pedagogy: An Emerging Field*, Columbus, OH: Ohio State University Foreign Language Publications. 1996.

看成是语法习得的范围。我们研究的重点为实词的学习。

外国人汉语字词学习研究取得了一些成果，但迄今为止，还很少有人从《大纲》字词选择和分级标准的制定需要出发，来系统总结和归纳已有的字词学习研究成果，并就外国人字词学习的影响因素进行有针对性的实证研究。本节拟从两个方面进行研究：

1. 实验研究：对外国人字词学习的影响因素进行实验研究。包括汉字使用频率、构词能力、字形复杂性（笔画数、部件数）等因素对汉字学习的影响；词语的使用频率、字的使用频率等因素对词语学习的影响。

2. 语料分析：对外国人汉字和词语使用的情况进行统计和分析。包括不同阶段留学生实际拥有的汉字量和词汇量（教学字词量不一定等于学生实际拥有的字词量）、并将留学生作文常用词与《大纲》词汇进行对比。

二、外国人汉语字词学习的影响因素的实验研究

（一）实验 1：汉字出现频率、构词数、笔画数、部件数与汉字学习的关系

1. 方法

被试为在北京语言大学学习汉语的一年级第一学期的非汉字圈国家留学生 28 人，他们是以英语、法语或俄语等语言为母语、以汉语作为第二语言的汉语初学者，学习的教材为杨寄洲主编的《汉语教程》[①]，每周 24 学时，测验时学习时间为 4 个月，近

① 杨寄洲编著《汉语教程》，北京：北京语言文化大学出版社，1997。

400 个学时，学完了 1 至 33 课。

从《汉语教程 I》的前 33 课课文和生词表中出现的汉字中随机选取 102 个字进行测验。要求被试根据字形写出汉字的拼音并组词或短语。然后计分，拼音计分时声母和韵母正确就计为正确，忽略声调；意义计分时词或短语的意义正确就计为正确，忽略字形。

同时，统计每个汉字的四个属性：（1）出现频率。统计汉字在前 33 课的课文和生词表中出现的次数，作为汉字在教材中的出现频率（也称为教材字频）。（2）构词能力。统计每个汉字在前 33 课的生词中参与构词的次数，作为汉字的构词能力。（3）笔画数。（4）部件数，统计以上海交通大学汉字编码组主编的《汉字信息字典》[①] 中的数据为准。

2. 结果

采用相关分析的统计方法对数据进行分析，探讨汉字的出现频率、构词能力、笔画数、部件数与汉字学习效果的关系，结果见表 1。

表 1 汉字的频率、构词数、笔画数、部件数与汉字拼音、意义成绩之间的简单相关

	频率	构词数	笔画数	部件数
拼音正确率	0.416	0.562	－0.333	－0.328
意义正确率	0.414	0.590	－0.326	－0.319

（所有 $p < 0.01$）

① 上海交通大学汉字编码组、上海汉语拼音文字研究组编著《汉字信息字典》，北京：科学出版社，1988。

表 1 简单相关分析的结果表明，汉字的频率、构词数、笔画数、部件数与汉字测验成绩都有显著相关。从拼音成绩看，汉字的频率、构词数与汉字拼音成绩有显著的正相关关系，即汉字频率越高，构词数越高，汉字测验成绩越好。汉字的笔画数、部件数与汉字拼音成绩有显著负相关，即笔画数越多、部件数越多，汉字拼音成绩越差。意义成绩也有相同的统计结果。

但是，由于频率、构词数、笔画数和部件数这几个变量之间可能存在相互关系，因此，为了研究在其中两个变量的影响保持恒定的情况下另一个变量与汉字成绩之间的相关，我们对汉字的频率、构词数等因素与汉字测验成绩之间的关系进行了偏相关分析，见表 2。

表 2　汉字的频率、构词数、笔画数、部件数与汉字拼音成绩、意义成绩之间的偏相关

	频率	构词数	笔画数	部件数
拼音正确率	0.140	0.369**	−0.091	−0.055
意义正确率	0.114	0.415**	−0.089	−0.039

（**p ＜ 0.01）

由表 2 可见，对于频率、构词数、笔画数和部件数这四个因素，当控制了其中三个因素对某个因素以及汉字拼音成绩的影响，与拼音成绩的相关系数最大的就是构词数，其次是频率，最小的是笔画数、部件数。具体地说，当控制了频率、笔画数、部件数对构词数与汉字拼音成绩的影响，构词数与汉字拼音成绩的相关系数仍然非常显著；但是，当控制了构词数、笔画数、部件数对频率与汉字拼音成绩的影响，频率与汉字拼音成绩之间的相关变得很弱，相关系数不显著；同样，当控制了其他三个因素的影响，笔画数、部件数与汉字拼音成绩之间的偏相关都不显著。对四个因素与意义成绩的偏相关分析也得到了相同的结果。

从简单相关看，汉字的出现频率、构词数、笔画数、部件数与汉字学习效果都是相关的；从偏相关看，汉字的构词数与汉字学习效果的关系最为密切。本实验只是一个相关性研究，要知道这些因素与汉字学习效果之间是否存在因果关系，还必须进行控制比较严格的实验研究。

（二）实验 2：整词出现频率、单字出现频率与整词学习的关系

以非汉字圈国家的留学生为被试，从留学生已学过的教材的词表中随机选择一定数量的双字词和多字词进行测试，要求被试进行识别（写出词语的拼音并组成短语），采用相关分析的统计方法对数据进行分析，探讨整词的出现频率、单字的出现频率与整词学习效果的关系。

1. 方法

被试与实验 1 的被试相同。测验材料是从《汉语教程 I》的前 33 课的生词表（包括人名、专名和补充生词）中随机选取的 76 个双音节和三音节词。要求被试根据词形写出词的拼音并写出意义（用被试熟悉的语言来写）。计分原则同实验 1。同时，统计每个词的两个属性：（1）出现频率。统计整词在前 33 课的课文中出现的次数，作为整词在教材中的出现频率；（2）单字出现的频率。统计词中的每个汉字在前 33 课的课文中出现的次数，

作为单字的出现频率。

2. 结果

表 3　整词频率、单字频率与整词学习成绩之间的简单相关

	整词频率	单字频率
拼音正确率	0.276	0.464
意义正确率	0.322	0.481

（所有 $p < 0.01$）

表 3 表明，整词频率、单字频率与整词测验成绩都有显著相关，频率越高，测验成绩越好。

但是，由于整词频率、单字频率这两个变量之间可能存在相互关系，因此，为了研究在其中一个变量的影响保持恒定的情况下另一个变量与测验成绩之间的相关，我们对整词频率、单字频率与整词测验成绩之间的关系进行了偏相关分析，见表 4。

表 4　整词频率、单字频率与整词学习成绩之间的偏相关

	整词频率	单字频率
拼音正确率	−0.052	0.391**
意义正确率	0.000	0.378**

（$^{**}p < 0.01$）

由表 4 可见，当控制了单字频率对整词频率与整词拼音成绩的影响，整词频率与汉字拼音成绩的相关系数不显著；但是，当控制了整词频率对单字频率与整词拼音成绩的影响，单字频率与整词拼音成绩之间的相关仍然非常显著。对两个因素与意义成绩的偏相关分析也得到了相同的结果。

从简单相关看，整词的出现频率、单字的出现频率与整词学习效果都是相关的；从偏相关看，单字出现频率与整词学习效果的关系最为密切。实验2也只是一个相关研究，要知道整词的出现频率、单字的出现频率与整词学习效果之间是否存在因果关系，还必须进行控制比较严格的实验研究。

3. 结论

综合以上两个实验的结果，我们得到以下初步结论。

（1）外国人的汉字学习效果受汉字出现频率、构词数、字形复杂性（笔画数、部件数）的影响。出现频率越高、构词数越多、笔画数和部件数越少，学习效果越好。这个结论提示我们，要选择高频的常用的汉字教给学生，而且要按照频率高低和常用程度来决定汉字在大纲中的等级，高频的常用的字先学习，等级较低；低频的不常用的字后学习，等级较高。还要选择构词能力强的汉字教给学生，而且要通过提高生字在学生已有词汇中的构词数，来提高生字的学习效果。此外，字形简单的字先学习，字形复杂的字后学习。

（2）外国人的词语学习受整词出现频率和单字出现频率的影响。整词出现频率越高，单字出现频率越高，词的学习效果越好。因此，我们要选择出现频率高的合成词教给学生，同时也要重视选择出现频率高的汉字教给学生。选择基础的常用字教给学生，既有助于单字的学习，也有助于词汇的学习。

三、外国学生汉字和词汇使用的统计分析

（一）留学生语料的选择

我们收集了不同国家、不同年级的外国学生汉语作文语料。所有语料都是学生在考试时独立完成的作文，是比较自然、真实的语料。本研究以其中一部分语料为基础，来统计分析留学生作文用字和用词情况。

从所收集的作文语料中分别随机选择不同国家（韩国、日本、东南亚、非汉字圈）、不同水平（初级、中级、中高级）12—20人的主题相似的语料（共107 333字）进行统计分析。选取语料时尽可能使语料来源在学生的国籍、汉语水平这两个因素上是平衡的，语料的主题也基本一致（理想的做法是，使语料包括多个主题，而且语料的主题在不同国家和学生的汉语水平上平衡，遗憾的是，目前我们还做不到这一点）。见表5。

表5 各个阶段留学生的语料字数、主题、国家、人数

	年级	语料字数	语料主题	国家及人数
初级	B班	18 601	写信	韩国20/日本20/东南亚20/非汉字圈20
中级	二年级	48 139	写信	韩国20/日本20/东南亚19/非汉字圈20
高级	三年级	40 593	论学习汉语的意义；论生与死	韩国20/日本13/东南亚12/非汉字圈15

（二）留学生汉字和词语使用数量统计结果

选取适当的语料样本后，我们对留学生作文中使用的汉字和

词语的数量、使用频率进行了统计。汉字的统计比较容易，词语的统计牵涉词切分的问题，所以比较困难。本节采用机器自动切分然后进行人工校对的方法。自动切分后，请从事对外汉语教学和研究的语言学专业的研究生、教师进行人工校对，对机器切分的明显错误进行改正。

我们分别统计了初级、中级、中高级三个阶段学生的汉字数量和词语数量。表6是不同阶段留学生汉字和词语数量的统计结果。

表6 不同水平留学生汉字和词语使用数量

水平	汉字数量	词汇数量
初级	907	1161
中级	1491	2572
中高级	1296	2403
总计	1847	3985

下面将留学生汉字和词汇使用量与《大纲》的要求进行比较。由于我们只统计了从初级到中高级（三年级）学生的语料，所以只与《大纲》丙级的要求比较。通过比较可以看到，在统计的语料中，留学生使用的汉字总量（1847个）还达不到《大纲》丙级要求的汉字量（2205个），留学生使用的词语总量（3985个）也远未达到《大纲》丙级要求的词汇量（5253个）。

统计得到的汉字和词语使用总量与《大纲》要求的数量存在差距，有三个可能的因素：一是学生的实际用字量和用词量不止这么多，但由于所统计语料的主题比较单一，样本量也不够大，所以统计结果并不能完全反映留学生实际的用字量和用词量。二是该方法统计出来的只是学生的产生型汉字量和词汇量，而学生的识别型汉字量、词汇量比产生型的要大。三是学生的汉字量和词汇量确实没有达到《大纲》的要求，这是因为学生学得不够多、输入汉字量和词汇量不够大，还是因为《大纲》要求过高？这一问题值得研究。

（三）留学生汉字和词语使用频率统计结果

我们统计了初级到中高级学生的汉字和词语使用频率，得到不同阶段留学生汉字使用频率表、词语使用频率表。比较发现，留学生经常使用的一些词语《大纲》并未收入。例如：

双字组：

表姐　地狱　点菜　敦厚　法语　刮风　汉族　好汉　好玩　回归　回国　回家　吉他　记住　解脱　京剧　烤鸭　厉害　聊天　临死　魅力　面条　母语　难忘　期末　期中　钱包　清淡　缺课　人才　日语　入世　软卧　思路　寺庙　听力　外语　吸烟　下次　下雪　阳台　英文　英语　油腻　早上　总是　走路　足迹

三字组：

比如说　火车票　拉肚子　旅行社　上个月　实际上　手提包　售货员　售票员

俗话说　太极拳　下星期　音乐会　怎么办　只不过　主人公

四字组：

大吃一惊　各种各样　哈哈大笑　好不容易　胡思乱想　另一方面　没完没了

名胜古迹　宁死不屈　万事如意　一般来说　一无所有　总而言之

此外还有不少常用的专名《大纲》也没有收入（但教材中一般都有），例如“中国、英国、德国、法国、欧洲、亚洲、非洲、瑞典、东京、广州、苏州、杭州、黄河、天坛、故宫”等。

上述词语在我们统计的语料中出现的次数都不少，从直觉上看也是常用的，是学生应该掌握的，但是《大纲》没有收入。《大纲》选词时一方面依靠母语者语料的频率统计，另一方面依靠专家的直觉判断。但仅这两个方面还不够，还应该对学习者的词汇使用情况进行分析。本研究对留学生汉字和词语使用频率所做的统计，有助于了解留学生的常用字和常用词，为汉字和词汇大纲的编制提供参考。

当然，由于语料、词切分等诸多限制，本研究提供的留学生字频和词频资料（特别是词频资料）还存在许多不足，因此本研究在方法上的意义可能大于实际资料的意义。

四、《大纲》字词选择和分级

（一）《大纲》汉字和词语选择及分级的优缺点

《大纲》所收的词应是常用词，这一点大家已达成共识。确定现代汉语的常用词汇或基础词汇，是编制词汇大纲的基础，但如何确定常用词却不是一个简单的问题。

刘英林、宋绍周（1992）[①] 指出了已有词汇大纲选择词语遵循的 8 条原则：常用性原则、均匀性原则、科学性原则、规范性

---

① 刘英林、宋绍周《论汉语教学字词的统计与分级（代序）》，见国家对外汉语教学领导小组办公室汉语水平考试部《汉语水平词汇与汉字等级大纲》，北京：北京语言学院出版社，1992。

原则、实用性原则、联想性原则、包容性（节省性）原则、序列性（等级性）原则。从实际操作的角度看，以上原则可以概括为以频率和使用度为主、以专家主观判断为辅。这种客观与主观相结合的方法，是合理的，也是可行的。但《大纲》采用时存在以下问题：

1. 语料的问题。频率统计所依据的语料存在的主要问题是：书面语体语料较多、口语语体语料较少[①]，语料过时，语料的数量不够大（仅一百多万）。赵金铭等（2003）[②]也认为用于词频统计的语料在数量、范围和语体等方面存在不足。因此，根据这些语料统计所得的词频选择常用词，必定导致有些常用词没有被收入，有些非常用词却收了进去。例如《大纲》有“根据地”，没有“骗子”[③]，有“法西斯”而没有“小偷”，有“帝国主义”而没有“电脑”。因此，新的词汇大纲依据的词频统计应该基于及时更新的语料。

2. 专家干预方法的问题。主观判断可以弥补频率统计方法的不足，但仅局限于几十位专家联想干预是不够的，应该借鉴国外基础词汇研究的方法，采用调查法[④]，进行大样本的词汇联想测验或主题联想测验。

3. 对留学生日常生活中常用词的研究不足。有的词语在

---

① 孙德金《〈HSK 词汇等级大纲〉问题浅见》，见《第四届国际汉语教学讨论会论文选》编辑委员会《第四届国际汉语教学讨论会论文选》，北京：北京语言学院出版社，1995。

② 赵金铭、张博、程娟《关于修订〈（汉语水平）词汇等级大纲〉的若干意见》，《世界汉语教学》2003 年第 3 期。

③ 同①。

④ 同①。

词频统计中可能属于低频词，但在留学生的日常生活中却是常用词，例如“米饭”。哪些词属于这样的词，这个问题靠专家联想干预的方法可以在一定程度上解决，但不能完全解决。

专家联想干预是一种主观方法，应结合客观方法进行。研究留学生常用词的客观方法有二：一是以广泛使用的对外汉语教材的课文语料和词表为基础统计词频和常用词。二是以留学生的语料为基础统计词频，根据留学生词语使用频率来确定常用词。赵金铭（1989）[①]曾使用过第一种方法。确定常用字时，他除了依据字的频率（基于母语者语料的统计、字的构词能力），还依据对四部基础汉语教材用字的统计。后一种方法，已发表的论文中至今未见采用。本研究采用该方法对留学生常用词语进行了研究，在统计留学生词语使用频率方面提供了一个样例，以期为词汇大纲修订提供方法上和资料上的参考。

4. 处理字词关系时采用以词定字的方法存在不足。只根据词的出现等级来决定汉字的等级，可能对汉字学习不利，最终导致对词汇学习不利。在处理字词关系时，是否可以考虑针对汉语词多字少的特点，采取以字定词的方法？这个问题下面还要详细讨论。

（二）新大纲字词选择和分级应遵循的原则

综上，我们为等级大纲的字词选择和排序、字词关系的处理等问题的解决提出两种方法。

---

① 赵金铭《〈外国人基础汉语用字表〉草创》，见南开大学对外汉语教学中心编《汉语研究》第二辑，天津：南开大学出版社，1989。

1. 以字定词，字词协调

第一步：选择汉字。根据汉字的出现频率（依据母语者语料的统计）和留学生使用频率（依据留学生语料的统计）来选择汉字。例如，先确定各个等级应该学习的汉字量（例如前 1000、1500、2000、2500 个高频字）。

第二步：以字找词。在不同频率等级的词中找出由这些汉字组成的所有的词。例如，确定各个等级应该掌握的词汇量（例如前 1000、3000、5000、10 000 个高频词），并分别在不同词频等级的词中找出由这些字组成的词。表 7 是以北京语言大学信息科学系网站提供的以小说为文本统计的字频和词频资料为例，对各个频率等级汉字在各个频率等级词汇中的构词数进行统计的结果。这里的构词数指某个等级的汉字在某个等级的词汇中构词的个数，非单音节词的汉字必须全部属于指定等级才计算在内。

表 7　各个等级汉字在不同等级词汇中的构词数

		1 级	2 级	3 级	4 级
		前 1000 个高频词	前 3000 个高频词	前 5000 个高频词	前 10 000 个高频词
	前 500 个高频字	769	1449	2048	3366
1 级	前 1000 个高频字	979	2330	3445	4977
2 级	前 1500 个高频字	1000	2436	3551	7438
3 级	前 2000 个高频字	1000	2732	3847	8460
4 级	前 2500 个高频字	1000	3000	4435	9199

对于前 10 000 个高频词来说，如果能认识 500 个汉字，就可以认识其中 3366 个词的汉字（33.66%）；如果认识了 1000 个汉字，

就能认识其中 4977 个词的汉字（49.77%）。依此类推。

第三步：适当调整。根据这些词的出现频率、留学生的使用频率适当调整各等级的词汇量。

由此看来，“以字定词”的方法既是可行的，也是有效的，它既可以有效地减轻学生汉字学习的负担，又能迅速扩大学生的词汇量。例如赵金铭（1989）① 所说，找出外国人基础汉语用字，让学生先学习这些字，比无计划地任意学要好得多。学了基础字，不但可以认识那些“熟字熟义”的所谓语义透明词，也有助于认识那些“熟字生义”的所谓不透明词，而词义的学习，反过来又可加深字义的理解，“字义和词义是辗转相生的”②。

2. 各自为政，互相协调

具体做法是，汉字和词汇按各自标准进行选择和排序，最后分级时再进行协调，达到统一。

选择汉字时可以依据的标准是：出现频率高、构词数高、留学生使用频率高。选择词汇时可以依据的标准是：整词出现频率高、单字出现频率高、留学生整词使用频率高、留学生单字使用频率高。这一标准考虑了外国人汉字和词汇学习的主要影响因素，汉字选择的标准也与赵金铭（1989）③ 制定“外国人基础汉语用字表”时采用的三个原则（频率、构词能力和常识）一致。这种方法比较传统，但与更传统的“以词定字”相比有所改进，既重视词频，又兼顾字频。

---

① 赵金铭《〈外国人基础汉语用字表〉草创》，见南开大学对外汉语教学中心编《汉语研究》第二辑，天津：南开大学出版社，1989。

② 同①。

③ 同①。

字词选择和分级无论采用哪个方法，都有一个重要的前提，就是要从对外汉语教学的实际需要出发，分别以汉语母语者的语料（有代表性和时代性）、汉语教材语料、留学生的语料三类语料为基础进行字频、词频和汉字构词数的统计。

第四节 《词汇大纲》与 2005 媒体高频词语比较研究[①]

2006 年 9 月，商务印书馆出版了《中国语言生活状况报告 2005》[②]，其中的下编公布了国家语言监测与研究中心平面媒体、有声媒体、网络媒体三个分中心针对中国内地报纸、广播电视和网络的用字用词调查结果，这是反映“我国当前语言国情状况”的“第一手资料”，引起了社会各界，特别是语言教学和对外汉语教学界的高度关注。

本节对《汉语水平词汇与汉字等级大纲》（以下简称《词汇大纲》）[③]和《中国语言生活状况报告 2005》（下编）公布的 2005 年“报纸、广播电视、网络高频词语表”（以下简称“2005 媒体高频词语表”）在性质、目的和研制方法等方面的差异进行

① 本节摘自刘长征《〈词汇大纲〉与 2005 媒体高频词语比较研究》，《云南师范大学学报》（对外汉语教学与研究版）2007 年第 3 期。

② 国家语言资源监测与研究中心编《中国语言生活状况报告 2005》，北京：商务印书馆，2006。

③ 国家对外汉语教学领导小组办公室汉语水平考试部制定《汉语水平词汇与汉字等级大纲》（修订本），北京：经济科学出版社，2001。

了比较，对两个词表收录词语的并集、差集进行了对比分析，以期为对外汉语教学用词表的研制开发、为《词汇大纲》的修订和更新以及对外汉语词汇教学提供参考。

一、《词汇大纲》与“2005媒体高频词语表”简介

（一）《词汇大纲》

《词汇大纲》是国家对外汉语教学领导小组办公室汉语水平考试部开发研制的《汉语水平词汇与汉字等级大纲》的词汇部分，这是一部规范性汉语水平词汇大纲，是我国初等、中等汉语水平考试和高等汉语水平考试的主要依据，也是我国对外汉语教学总体设计、教材编写、课堂教学和成绩测试的主要依据。《词汇大纲》收词8822个，包括甲级词1033个，乙级词2018个，丙级词2202个，丁级词3569个。《词汇大纲》自1992年问世以来，一直作为我国汉语水平考试和对外汉语教材编写的纲领性文件，在对外汉语教学领域发挥了巨大的作用。2001年出版了修订本，但只是抽换了个别词条。本节依据的是2001年的版本。

《词汇大纲》中除了收录词语之外，还包括部分固定结构和关联词语，如“除了……以外”（甲）、“不是……而是……”（丙）、“……的话”（乙）等，还有同义词括注，如“阿拉伯语（阿拉伯文）”（乙）。为了便于比较，我们对《词汇大纲》的这种条目进行了调整，把“除了……以外”（甲）类拆分成两个甲级词条“除了”和“以外”，删除“……”；把“不是……而是……”（丙）拆分成两个丙级词条“不是”和“而是”，删除“……”；把“……的话”（乙）变成一个乙级词条“的话”，删除“……”；把“阿

拉伯语（阿拉伯文）”（乙）拆分成两个乙级词条“阿拉伯语”和“阿拉伯文”。最后再对整个词表进行去重处理。去重处理只考虑词形，不考虑同一词形的不同词性、不同义项和不同等级，最终得到一个含有8628条词语的“大纲词表”。其中甲级词973条，乙级词1964条，丙级词2133条，丁级词3558条。

（二）“2005媒体高频词语表”

“2005媒体高频词语表”由国家语言资源监测与研究中心平面媒体、有声媒体和网络媒体三家分中心联合调查发布。调查语料分为平面媒体（报纸）、有声媒体（广播电视）、网络媒体三种。

平面媒体根据“发行量、发行地域、媒体价值、阅读率”等5个因素选择了2005年15种报纸的网络版作为调查语料。这15种报纸包括（按音序排列）：《北京青年报》《北京日报》《北京晚报》《法制日报》《光明日报》《广州日报》《华西都市报》《环球时报》《今晚报》《南方周末》《人民日报》《深圳特区报》《羊城晚报》《扬子晚报》《中国青年报》。

有声媒体选择了2005年广播电视一些节目文本作为调查语料。这些语料是电台、电视台播出的有声节目的录音或录像转写成的文本资料。

网络媒体选择了新华网、人民网、中华网、中国新闻网、新浪网、网易等网站的新闻文本作为调查语料，不包括BBS、博客中的内容。

三种媒体的语料共计892 034个文本文件，909 429 700字符次，其中汉字出现732 143 010字次。调查使用的分词软件是中国科学院自动化研究所研制的分词标注系统。覆盖率达到90%的词种数为 11 213 条。为了反映语文词语的基本面貌，从 11 213 条词语中排出了以下 4 类词语：人名、部分地名、其他专名（机构名、企业名、品牌名）和数字类的具体数量，还排除了非词和分词有误的单位 12 条。最终列入“2005 媒体高频词语表”的分词单位共 10 356 条。其中绝大部分是词，也包含有个别语素和固定短语。根据我们的计算，这 10 356 条词语在全部语料中的覆盖率为 87.6%。

二、《词汇大纲》和“2005 媒体高频词语表”的主要差异

（一）两个词表的性质和目的不同

1.《词汇大纲》属于规范性词表，“是一种规范性的水平大纲。它是中国对外汉语教育方针、政策与现实的对外汉语教学之间的‘联系纽带’和‘中介桥梁’；它源于教学，又高于教学；它依据现代汉语的动态性字词频度统计，同时又从实际出发，进行必要的专家干预”[①]。《词汇大纲》的主要用途在“前言”中总结为四点：（1）作为我国初等、中等汉语水平考试和高等汉语水平考试的主要依据；（2）作为我国对外汉语教学总体设计、教材编写、课堂教学和成绩测试的重要依据；（3）作为我国少数民族汉语教学以及中小学语文教学的重要参考；（4）作为编制汉语水平四级通用字典及其他辞书编纂的框架范围。

“主要依据”“重要依据”“重要参考”“框架范围”的表述，

① 刘英林、宋绍周《论汉语教学字词的统计与分级（代序）》，见国家对外汉语教学领导小组办公室汉语水平考试部《汉语水平词汇与汉字等级大纲》，北京：北京语言学院出版社，1992。

足以显示《词汇大纲》在教学领域、特别是对外汉语教学领域所具有的作用和权威[①]。

2.“2005媒体高频词语表”是一种纯粹的描写性词表，主要目的是“为了切实掌握我国当前语言国情状况，及时把握我国年度用语用字的第一手资料，为国家语言政策的调整和制定以及语言文字规范标准的制定、修订提供参考。”[②]我们认为，正是因为“2005媒体高频词语表”是反映“我国当前语言国情状况”的“第一手资料”，必然也会对我国的语文教学和对外汉语教学具有重要的参考价值。

（二）两个词表的语料来源和研制方法不同

1.《词汇大纲》中词语的来源主要是“七个动态性词频统计词典”，将全呈现的词都收进来，对部分呈现的词则采用专家多次或增或删的筛选方法，“使收入《词汇大纲》中的词条更加完整，避免和减少在频度统计中由于分类、选材、抽样、分词等引起的背景干扰”[③]。概括起来就是，“从目标定性开始，到定量再统计，又回到定性再筛选，最后产生定性定量等级词表和字表”。所以，《词汇大纲》不是原生性词表，而是“二次重构性”词表[④]。《词汇大纲》所依据的词表主要是在20世纪90年代前的语料基础上

---

① 苏新春《对外汉语词汇大纲与两种教材词汇状况的对比研究》，《语言文字应用》2006年第2期。

② 国家语言资源监测与研究中心编《中国语言生活状况报告（2005）》，北京：商务印书馆，2006。

③ 刘英林、宋绍周《论汉语教学字词的统计与分级（代序）》，见国家对外汉语教学领导小组办公室汉语水平考试部《汉语水平词汇与汉字等级大纲》，北京：北京语言学院出版社，1992。

④ 同①。

研制而成的，距今已有十几年的时间，显得相对陈旧。

2.“2005媒体高频词语表”是在国家语言资源监测与研究中心平面媒体、有声媒体和网络媒体三个分中心分别建立的动态流通语料库的基础上统计生成的，是一种客观的描写性词表，客观地反映了2005年中国主要报纸、广播电视和网络等媒体的词语使用情况。每种媒体语料的选择依据一定的客观标准，保证了语料的代表性、权威性和高流通度，从而保证了统计结果的客观性和代表性。

（三）两个词表的分词标准略有不同

关于词和短语的区别一直是汉语词汇研究中难以解决的问题。不同的自动分词系统都具有各自不同的分词标准。确切地说，自动分词系统的切分结果应该称为分词单位，和语言学上“词”的概念是不同的。况且，到底什么是“词”，“词”和“短语”的划界问题是语言学界也一直没有解决的问题。所以，列入“2005媒体高频词语表”的分词单位共10 356条，“其中绝大部分是词，也包含有个别语素和固定短语。”《词汇大纲》收录的除了词以外，还收录了大于词的短语、结构、成语和习惯用语等，据李红印（2005）统计有254条[①]。

虽然两个词表在性质、目的、研制方法等方面有所不同，但是，我们认为两个词表的比较仍然可以为语言教学和对外汉语教学提供有益的参考。特别是“2005媒体高频词语表”是一部客观反映2005年中国内地主要大众媒体用词情况的词语表，是反映“我国年度用语用字的第一手资料”，其本身就对对外汉语教学的词表

① 李红印《〈汉语水平词汇与汉字等级大纲〉收“语”分析》，《语言文字应用》2005年第4期。

研制和词汇教学具有非常重要的参考价值。《词汇大纲》与它的比较可以在某种程度上反映出《词汇大纲》收录的词语在今天中国内地语言生活中的适用性和实用性，可以为《词汇大纲》的修订和更新提供重要的参考和依据。

三、《词汇大纲》和“2005 媒体高频词语表”的内容比较

（一）《词汇大纲》与“2005 媒体高频词语表”的共有词语

《词汇大纲》与“2005 媒体高频词语表”的共有词语，即两个词表的交集共 5629 条。其中甲级词 887 条，乙级词 1656 条，丙级词 1345 条，丁级词 1741 条。按照这 5629 条词语在“2005 媒体高频词语表”中的频率计算，两表共有词语在 2005 年报纸、广播电视和网络文本中的覆盖率为 72.94%。详见表 1：

表 1 《词汇大纲》与“2005 媒体高频词语表”的共有词语

等级	甲级词	乙级词	丙级词	丁级词	合计
大纲中该等级词语总数	973	1964	2133	3558	8628
两表共有词语数	887	1656	1345	1741	5629
占该等级词语总数的百分比	91.2%	84.3%	63.1%	48.9%	65.2%
在媒体文本中的覆盖率	39.82%	18.62%	7.68%	6.83%	72.95%
例词（按频次排序前十例）	的、在、了、是、和、一、不、有、也、中	将、与、记者而、但、两、并以、名、市场	就、把、看、之其、价、据、股网、才	时、版、会员、讯、投资、财经、相关、不得、结果、证	

两表共有词语占“2005 媒体高频词语表”收录条目总数的54.4%，占《词汇大纲》收录条目总数（经过我们调整之后）的65.2%。也就是说，《词汇大纲》中有超过 65% 的词语和“2005 媒体高频词语表”是一致的。两表的共有词语主要是高频语文词语和部分报刊新闻中的常用词语。有些词语虽然词形相同，但是从义项上看可能差异很大。比如《词汇大纲》中的丙级词“股”的词性标注是量词，而在“2005 媒体高频词语表”中应该是“股票、股市、炒股”的“股”；丙级词“网”在“2005 媒体高频词语表中”是“因特网”的“网”。

（二）《词汇大纲》有，“2005 媒体高频词语表”无的词语

《词汇大纲》有，“2005 媒体高频词语表”无的词语共有2999 条，占《词汇大纲》词语总数的 34.8%。其中甲级词 86 条，占甲级词总数的 8.8%；乙级词 308 条，占乙级词总数的 15.7%；丙级词 788 条，占丙级词总数的 36.9%；丁级词 1871 条，占丁级词总数的 51.1%。详见表 2：

表 2 《词汇大纲》有，“2005 媒体高频词语表”无的词语

等级	甲级词	乙级词	丙级词	丁级词	总计
数量	86	308	788	1817	2999
占该等级词总数的百分比	8.8%	15.7%	36.9%	51.1%	34.8%
例词	法文 西边 袜子 汽水 面条儿 咳嗽 公共汽车 跑步 上边 口语	阿拉伯文 阿拉伯语 哎 哎呀 白菜 半导体 半拉 半夜 包子 报导	哎呦 唉 按期 暗暗 奥秘 扒坝 白白 柏树 拜访	哀悼 哀求 爱戴 爱面子 爱惜 碍事 安宁 安稳 安详 按劳分配	

《词汇大纲》有，“2005 媒体高频词语表”无的词语大致包括下面几种类型的词语：

1. 从语体上看带有明显的口语性质的词语。如“西边、东边、玩儿、一块儿、好吃、哎呀、哎哟、唉、半拉、不得了、不敢当、不要紧、不一定”等。这和“2005 媒体高频词语表”调查的语料主要是书面语语料有关。

2. 从内容上看与日常生活，特别是学校生活密切相关的词语。如“公共汽车、出租汽车、句子、本子、语法、钢笔、预习”等。

3. 具有明显时代色彩的词语。如：“按劳分配、特务、拖拉机、无产阶级、资产阶级、资本家、资本主义、百花齐放、百家争鸣、半边天、炊事员、大锅饭、待业、的确良、地主、反革命、翻身、军阀、手榴弹、铁饭碗、个体户、投机倒把”等。

4. 分词单位或书写形式不一致。如：“一点儿、一下儿”等。

第 3 类词语反映了《词汇大纲》的时代性和相对陈旧，没有进入“2005 媒体高频词语表”，说明这些词语在今天的社会语言生活中已经很少使用。《词汇大纲》修订要剔除旧词语，这一类词语是要首先考虑的。

从表 1 和表 2 还可以看出，《词汇大纲》收录的甲、乙、丙、丁四级词语，随着等级的提高，在“2005 媒体高频词语表”中出现的条目占该等级词语总数的百分比呈逐渐降低的趋势。甲级词和“2005 媒体高频词语表”的共有部分占甲级词总数的 91.2%，乙级词和“2005 媒体高频词语表”的共有部分占乙级词总数的 84.3%。而丙级词和丁级词则分别只有 63.1% 和 48.9%（见图 1）。

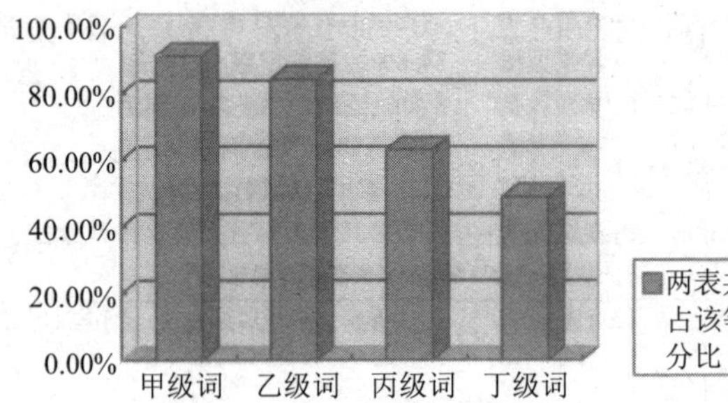

图 1 两表共有的各等级词语占该等级词语总数的百分比示意图

这是一种很有趣的现象，同时也可以在教学词表研制方面给我们以有益的启示。甲级词和乙级词大部分是常用、通用的语文词语，受语料的年代和语料题材、范围的影响比较小，属于汉语词汇系统中较为稳定的部分比较大。而丙级词和丁级词部分则受语料年代和语料题材、范围的影响较大。因而为了语言教学服务的词表中丙级词和丁级词的确定，那么语料的选择需要考虑更多的因素，其中，语料的题材、范围、年代、规模等方面的平衡需要进一步深入的调查、分析和研究。

（三）“2005 媒体高频词语表”有，《词汇大纲》无的词语

“2005 媒体高频词语表”共 10 356 条词语中不在《词汇大纲》内的有 4727 条，占总数的 45.6%，而在全部媒体文本中的覆盖率仅为 14.65%。这个数字也说明“2005 媒体高频词语表”中不在《词汇大纲》中的词语大部分是频率相对较低的。我们考察了这 4727 条词语，大致可以分为下面这几种类型：

1. 地名，包括国家或地区名、城市名，如：中国、美国、日本、韩国、英国、德国、法国；欧洲、亚洲；北京、上海、重庆、港澳台等；

2. 报纸、网站名称，如：人民日报、足球报、新浪网、人民网等；

3. 报刊新闻的专用或常用词语：本报、栏目、要闻、导报、时报、周刊、早报、转载等；

4. 表示新事物、新科技、新观念以及人们关注的新话题的词语：手机、网络、社区、网站、电子版、网上、论坛、密码、音像；版权、证券、媒体、品牌、上市、联赛、投资者、股权、机制、热点、奥运会、禽流感等；

5. 分词标准不一致造成的词语：第一、第二、第三、这次、这种、不能、不会、一点、一家、一下、每年、找到等。

第1类和第2类属于专名。虽然“2005媒体高频词语表”排除了部分专名，但是保留了国名和地区名、我国的直辖市名和特别行政区名，概指性地名如“华北”“江南”，重要机构名如“联合国安理会”“中共中央”等。而《词汇大纲》没有收录专名，这是由于两个词表的性质和收词原则不同造成的差异。

第3类词语是报刊新闻的专用或常用词语，“2005媒体高频词语表”的调查语料主要是报纸，网络媒体的文本也是以新闻为主，所以这些词语出现在高频词语表中是很正常的。从对外汉语教学的角度看，这些词语应该是报刊阅读、新闻听力等课程的重点词语，是否应该收入《词汇大纲》是应该进一步研究的问题。

第4类词语是反映新事物、新科技、新观念和人们关注的新话题、新热点的词语。这一类词语和上文提到的几种类型的词语，如第3类词语形成鲜明的对照。修订《词汇大纲》要剔除陈旧过时的词语，及时补充新词语，重点应该是这两类词语。国家语言资源监测与研究中心从2006年开始，每年将定期公布前一年的监测结果，这对《词汇大纲》的修订与更新无疑具有重要的参考价值。

第5类词语是由于“2005媒体高频词语表”语料的自动分词系统所采用的分词标准和有些词条的书写形式不同造成的差异。《词汇大纲》中“第”和数词、“这”“一”加量词构成的数量结构是分开的，“一点”和“一下”在《词汇大纲》中的书写形式是“一点儿”和“一下儿”。《词汇大纲》的修订更新如果利用语言监测的成果，还需要对数据进行适当的整合与重构。

四、小结

“2005媒体高频词语表”是反映我国当前的语言国情状况和年度词语使用情况的第一手资料，可以为国家语言政策的调整和制定以及语言文字规范标准的制定、修订提供参考，同时也对我国的语文教学和对外汉语教学具有非常重要的参考价值。

《词汇大纲》与“2005媒体高频词语表”虽然在性质、目的、收词原则、研制方法等方面存在着差异，但是，两个词语表的比较还是可以给我们许多有益的启示。《词汇大纲》部分词语陈旧过时的问题，新词语不能得到及时补充的问题在这里得到了客观、量化的反映。《词汇大纲》收录的甲、乙、丙、丁四级词语，随着等级的提高，在“2005媒体高频词语表”中出现的条目占该等级词语总数的百分比呈逐渐降低的趋势，而且差异显著，说明丙级词和丁级词部分受语料年代和语料题材、范围的影响较大，教学词表的研制，特别是高等级词语的确定，对语料的题材、范围、年代、规模等方面的平衡问题需要进一步深入的调查、分析和研究。

虽然词语在文本中的覆盖率并不完全等同于学习者掌握了这些词语之后对文本的理解率，但是现在两表共有词语在2005年报纸、广播电视和网络文本中72.94%覆盖率还是偏低。学习者如果要读懂报纸、看懂听懂电视广播节目，还需要另外补充大量词汇，《词汇大纲》的实用性、对当今中国社会语言生活状况的适用性及指导对外汉语教学的有效性难免让人产生忧虑。

语言监测目前还是一个崭新的课题，《词汇大纲》的修订和更新如何有效地利用语言监测的最新成果，还需要两方面的沟通和共同努力。

第五节　汉语国际推广背景下的词汇等级标准研究①

一、问题的提出

随着经济全球化和中国国际地位的提升，学习汉语的人越来越多，据统计，目前全球学习汉语的总人数已达4000万②。截至2010年10月，中国在海外已启动322所孔子学院，分布在96个

① 本节摘自孙晓明《汉语国际推广背景下的词汇等级标准研究》，《民族教育研究》2012年第1期。

② 新华网《全球学习汉语人数超过4000万人》（2010-08-19）。http://news.xinhuanet.com/2010-08 /19 /c_13452457.htm。

国家和地区；启动了369个孔子课堂，分别设在34个国家[①]。对外汉语教学的重心由国内转移到国外，在汉语国际推广的进程中，一个非常重要的环节就是汉语教学与国际语言教学标准接轨的问题。

20世纪末，美国和欧盟先后提出了一系列外语教学标准体系的新理念。美国1996年正式公布了《21世纪外语学习标准》（*Standards for Foreign Language Learning in the 21st Century*）。欧盟2001年正式公布了《欧洲语言共同参考框架：学习、教学、评估》（*A Common European Framework of Reference for Languages*：*Learning*，*Teaching*，*Assessment*，简称CEF）。这些标准的发布反映了在全球化背景下外语教学的新潮流，代表了新型外语教育的理念。《21世纪外语学习标准》改变了以往以语言知识为核心的教学理念，强调交际、强调综合运用语言的能力、重视文化认知能力的培养。欧盟CEF则是以“行动为导向”作为语言标准，因而强调在“交际活动”中实现交际任务。CEF通过交际活动将听、说、读、写四种技能很好地结合在一起，突出了语言综合交际能力的培养。

由此可见，上述两个标准并不强调语言结构和功能项目，他们所强调的是交际能力。在这种新的外语教学理念下，如何看待传统意义上的教学重点——语言结构，是一个值得探讨的问题。

《21世纪外语学习标准》指出：“从前大多数外语课堂教学集中在‘怎样说’（语法）和‘说什么’（词汇）。当然，这些语言要素的确是重要的。但是当今外语教学研究的组织原则是‘交

① 汉办网站：http://www.hanban.edu.cn/confuciousinstitutes/node_10961.htm.

际’。交际强调的是‘为什么说’，‘对谁说’，‘什么时候说’。所以，语法和词汇是交际的基本工具，交际则是交际能力的获得，即以有意义和恰当的方式与说其他语言的人进行交际的能力的获得。这是当今外语教学课堂的最终目的。”在这种情况下，如何在现有的汉语水平词汇等级大纲的基础上建立与交际活动和交际任务相结合的词汇等级标准，从而较好地解决综合交际能力培养问题，是一个非常值得探讨的问题。

二、已有的词汇等级标准

（一）国外的词汇等级大纲

事实上，国外外语教学领域很早就将词汇按照等级加以划分。West[①] 提出了最常用的 2000 词的词表（General Service List）。Xue 和 Nation[②] 编制了学术词汇表（The University Word List），这是目前英美大学普遍采用的学术词汇表。但是，这一词表存在两个方面的问题：一是编制词表时没有遵循统一的标准，二是在没有借助计算机的情况下，主要依靠手工完成编制词表的工作，能够处理的语料非常有限，语料选择的范围也较小[③]。Coxhead 在构建学术英语语料库的基础上，编制完成了包括 570 个词汇，准确地说是 570 个语义域（Semantic Field）的学术词汇表（The

① West Michael, *A General Service List of English Words.* London: Longman, Green & Co, 1953.

② Xue G Nation P., A university word list. *Language Learning Communication*, 1984, (3).

③ Coxhead A., A new academic word list. *TESOL Quarterly*, 2000, (34).

Academic Word List）。在编制的过程中，该词表是在除去了最常用 2000 词汇（General Service List）的基础上，通过语料库筛选出在学术文章中出现频率最高的词条而编制完成。

上述研究表明，国外学者在词汇等级标准研究方面已取得较为丰厚的研究成果。然而，国外绝大多数研究都是基于英语的词汇等级研究，其他语种的研究比较少。从这个角度上讲，汉语作为第二语言的词汇等级研究发展前景广阔。

（二）汉语的词汇等级大纲

1.《汉语水平词汇与汉字等级大纲》

《汉语水平词汇与汉字等级大纲》[①] 是 1992 年编制的，以词频为依据进行词汇的筛选和确定词汇的等级。《汉语水平词汇与汉字等级大纲》是对汉语词汇和汉字进行筛选并形成汉语词汇和汉字等级系列的规范性的水平大纲，它与《汉语水平等级标准》《汉语水平语法等级大纲》等大纲相互配合，是对外汉语教学总体设计、教材编写、课堂教学和教学测试的重要依据。我们的研究主要关注词汇问题，《汉语水平词汇与汉字等级大纲》将词汇分为四级：甲级词（1033 个）、乙级词（2018 个）、丙级词（2202 个）和丁级词（3569 个），共 8822 个。同时，《汉语水平词汇与汉字等级大纲》的汉字库系统是在词汇大纲的基础上生成的，甲、乙、丙、丁四级词中共含 2864 个字。其中，除了 34 个汉字以外，都属于 3500 常用字范围内。

《汉语水平词汇与汉字等级大纲》对于汉语学习者，特别

---

① 国家对外汉语教学领导小组办公室汉语水平考试部《汉语水平词汇与汉字等级大纲》，北京：北京语言学院出版社，1992。

是以汉语作为第二语言的学习者来说，是规范性词表，在教学领域特别是对外汉语教学领域具有权威性。当然，《汉语水平词汇与汉字等级大纲》研制10多年来，许多学者也从不同角度提出了对于大纲的一些修订意见，其中包括词频问题、口语词问题、多义词及兼类词的分级问题①、词汇量的问题②以及收词量的问题③。显然，上述研究为汉语词汇等级标准的研究提供了有益的思路。

2.《汉语国际教育用音节汉字词汇等级划分》

《汉语国际教育用音节汉字词汇等级划分》④是2010年编制的，与《汉语水平词汇与汉字等级大纲》相同，也是以词频为依据进行词汇的筛选和确定词汇的等级。然而，与《汉语水平词汇与汉字等级大纲》所不同的是，词汇筛选的另一个依据是字频，这与《汉语水平词汇与汉字等级大纲》的“汉字跟着词汇走”的二维基准模式不同⑤。

《汉语国际教育用音节汉字词汇等级划分》将词汇分为一级（普及化等级）、二级（中级）、三级（高级）共三级词汇。在

---

① 赵金铭、张博、程娟《关于修订〈（汉语水平）词汇等级大纲〉的若干意见》，《世界汉语教学》2003年第3期。

② 李英《关于〈汉语水平词汇与汉字等级大纲〉的几个问题》，《中山大学学报论丛》1997年第4期。

③ 李清华《〈汉语水平词汇与汉字等级大纲〉的词汇量问题》，《语言教学与研究》1999年第1期。

④ 国家汉办，教育部社科司《汉语国际教育用音节汉字词汇等级划分》课题组《汉语国际教育用音节汉字词汇等级划分》，北京：北京语言大学出版社，2010。

⑤ 刘英林、马箭飞《研制〈音节和汉字词汇等级划分〉探寻汉语国际教育新思维》，《世界汉语教学》2010年第1期。

普及化等级中，设定了最低入门等级常用词505个。这种设计符合汉语国际推广的理念，正如刘英林所指出的，加速了汉语的国际化、大众化、普及化、规模化进程。

由于《汉语国际教育用音节汉字词汇等级划分》是2010年研制出来的，目前关于它的研究还比较少，但与《汉语水平词汇与汉字等级大纲》相比，其优势非常明显，主要表现在词汇量和选词两大方面。

首先，从词汇数量上看，《汉语国际教育用音节汉字词汇等级划分》共收入词汇11 092个，比《汉语水平词汇与汉字等级大纲》的词汇量多出2270个，这符合汉语教学的要求。目前的国际汉语教学现状表明，中高级教材普遍存在超纲词过多的情况，判定词汇是否“超纲”的标准就是《汉语水平词汇与汉字等级大纲》。因此，《汉语国际教育用音节汉字词汇等级划分》增加收入词汇的数量有利于汉语教学的进一步规范化。事实上，学者们普遍认为《汉语水平词汇与汉字等级大纲》中的词汇量偏低，姜德梧[①]从字根的平均构词能力的角度提出，《汉语水平词汇与汉字等级大纲》的词汇量应增至10 000—12 000个；李清华[②]指出，《汉语水平词汇与汉字等级大纲》定的汉字量合适，词汇量应增至15 000词；张凯[③]认为，《汉语水平词汇与汉字等级大纲》把汉字教学量定为3000是合适的，而把词汇量定为8821则有些保守。

---

① 姜德梧《关于〈汉语水平词汇与汉字等级大纲〉的思考》，《世界汉语教学》2004年第1期。

② 李清华《〈汉语水平词汇与汉字等级大纲〉的词汇量问题》，《语言教学与研究》1999年第1期。

③ 张凯《汉语构词基本字的统计分析》，《语言教学与研究》1997年第1期。

其次，从词汇的词频选择来说，选词频度关系到大纲所依托的语料和采用的统计方法问题，是非常重要的根本性问题。《汉语国际教育用音节汉字词汇等级划分》依据的是《广播电视对话节目语料》《有声媒体语料》《三媒体综合语料》《九年义务教育（新课标）语文科语料》《国家语委现代汉语语料库（核心语料库）》等语料库 2005 年至 2009 年收入的最新语料，可以很好地反映当今社会词汇使用的真实频度。而作为最重要、最核心的选材依据，《广播电视对话节目语料》更是反映了当今社会口语词汇使用的情况，符合语言交际性的教学理念。

当然，《汉语国际教育用音节汉字词汇等级划分》既然是词汇大纲，关注的焦点应该是在词汇方面。然而，除了词汇外，《汉语国际教育用音节汉字词汇等级划分》还收入了大量的短语，包括固定格式、习惯用语和成语等。这与《汉语水平词汇与汉字等级大纲》的情况基本相同。李红印[①]认为，应该把“语”从《汉语水平词汇与汉字等级大纲》词汇中提取出来，归入新增的“语汇大纲”，与已有的“汉字等级大纲”“词汇等级大纲”相照应。对于如何看待这些短语，我们同意李红印的观点，并不特别关注短语的问题。总之，《汉语国际教育用音节汉字词汇等级划分》符合新形势下汉语国际教学的需要，将在汉语教学、教材编写和语言测试等方面发挥巨大的作用，其意义不容忽视。

综上所述，国内外关于词汇等级的研究主要根据词频划分词汇等级，并未与语言功能相结合，并未考虑理解性词汇和产出性

① 李红印《〈汉语水平词汇与汉字等级大纲〉收“语”分析》，《语言文字应用》2005 年第 4 期。

词汇的区分问题。从这个角度上讲，汉语词汇等级标准研究具有广阔的发展空间。

三、汉语国际推广背景下的词汇等级标准

在汉语国际推广背景下建立新的词汇等级标准，在词汇选择和分级上应遵循以下两个原则。

（一）词汇等级考虑理解性词汇与产出性词汇区分的原则

在第二语言词汇习得和教学领域，理解性词汇和产出性词汇的研究一直备受关注。这是因为一方面，词汇习得的过程就是词汇理解与产出能力的获得过程；另一方面，已有的词汇习得研究成果表明，第二语言学习者在词汇理解和产出这两种技能之间存在着巨大的差异，产出能力明显滞后。汉语作为第二语言教学的目的是为了培养学生运用汉语进行交际的能力，基于这种理念，词汇教学的目的应该是使学习者能够将词汇知识运用到交际之中。

交际包括口头交际和书面语交际。无论是口头交际还是书面语交际，产出性词汇都是至关重要的。而已有的研究，主要是探讨理解性词汇的，虽然产出性词汇因与交际关系密切而备受关注，但已有的研究成果还是非常有限的。我们的研究，就是要探讨理解性词汇和产出性词汇的等级划分，这对于培养第二语言学习者运用汉语进行交际的能力有重要意义。

江新等[①] 通过对十余万字的“外国学生汉语作文语料库”进

---

① 江新、赵果、黄慧英等《外国学生汉语字词学习的影响因素——兼论〈汉语水平大纲〉字词的选择与分级》，《语言教学与研究》1997 年第 1 期。

行统计，分析一至三年级以汉字文化圈为主的留学生作文用词情况。统计结果显示，初级留学生使用的词汇数量为1161个，中级留学生使用的词汇数量为2572个，中高级留学生使用的词汇数量为2403个，合计3985个。由于该研究只统计了从初级到中高级（三年级）学生的语料，所以只能与《汉语水平词汇与汉字等级大纲》（以下简称《大纲》）丙级的要求比较。通过比较可以看到，在统计的语料中，留学生使用的词语总量（3985个）远未达到该《大纲》丙级要求的词汇量（5253个）。虽然该研究的依据是《汉语水平词汇与汉字等级大纲》，而该大纲的选词依据主要是1990年以前的语料，在一定程度上不能反映出当今社会词汇使用的真实情况，但至少说明，留学生的理解性词汇量和产出性词汇量之间存在着巨大的差异。词汇等级的划分应该考虑到理解性词汇和产出性词汇之间的这种差异。

（二）词汇等级与语言功能相结合的原则

在汉语国际推广背景下建立词汇等级标准，还需要考虑词汇的功能类的问题。根据《高等学校外国留学生汉语教学大纲》[①]，交际任务是从语言教学与语言学习的角度对现实生活中的言语交际活动进行的提炼和概括，由交际目的、语言功能、语境、话题和语言要素等几方面的因素构成。我们根据《高等学校外国留学生汉语教学大纲》所涉及的交际任务并结合汉语教学的语言功能划分，将词汇分为五类：基本交际类、生存类、社会活动类、个人信息类以及综合信息类。

---

① 国家对外汉语教学领导小组办公室编《高等学校外国留学生汉语言专业教学大纲》，北京：北京语言大学出版社，2002。

基本交际类的词汇主要包括与人打招呼、相互介绍、表示感谢、歉意、祝贺、受邀参加宴会、基本社交礼仪、书信用语等与日常交际相关的基本词汇。

生存类词汇主要包括饮食、购物、寻医问药、寻求帮助、基本生活服务（如去银行存取钱、理发、照相、洗衣、办护照）等日常生活所必需的相关词汇。

社会活动类主要包括旅行交通、邮电通讯、参观访问、娱乐休闲、体育运动、获取媒体信息等参与社会集体活动的相关词汇。

个人信息类主要包括个人基本情况、婚姻和家庭、学习和工作、爱好和特长、看法和态度、打算和愿望、做某事的原因和目的等与个人信息紧密相关的词汇。

综合信息类囊括了除上述四类词汇以外的其余词汇，主要包括环境自然、行政外交、经济贸易、文化艺术、法律道德、科普等相关词汇。

仅以《汉语国际教育用音节汉字词汇等级划分》中最低入门等级 505 个常用词为例，其中包括基本交际类词汇 77 个，生存类词汇 220 个，社会活动类词汇 79 个，个人信息类词汇 71 个，综合信息类词汇 58 个。在这五类词汇中，基本交际类词汇和生存类词汇约占最低入门等级常用词总量的 59%，这说明《汉语国际教育用音节汉字词汇等级划分》反映了词汇的功能类问题，在此基础上对学习者的使用词汇的功能类分析是非常有意义的，可以为词汇等级的划分提供参考。

汉语国际推广背景下建立词汇等级标准，有一个重要的前提，就是要从汉语教学的实际需要出发。目前，汉语教学的重心已经由国内转到了国外，面临的主要问题是与国际外语教学标准接轨的问题。因此，在当前新的形势下，词汇等级标准的确立应该从语言交际出发，考虑理解性词汇和产出性词汇区分的原则以及词汇等级与语言功能相结合的原则，这对于推广汉语具有重要的实践价值。

第六节　关于词汇大纲语言单位取向问题的思考[1]

语言单位有语素、词、词组、句子等不同层级，词汇大纲应当收取哪一层级的语言成分，这本是一个不言而喻的问题。然而，新近面世的《新汉语水平考试大纲》（1992）[2]（以下简称《新HSK大纲》）词表却在相当程度上收录"词组"而不收"词"，与此相关的，是较多收录复合词而未收作为其构成成分又可自由使用的单音节词。本节在描述这种"重大轻小"取向的基础上，尝试对其背后的观念误区进行解析，并对词汇大纲应持何种语言单位取向提出一些建议。

① 本节摘自张博《关于词汇大纲语言单位取向问题的思考——兼议〈新汉语水平考试大纲〉"重大轻小"的收录取向》，《语言教学与研究》2015 年第 1 期。

② 国家汉办 / 孔子学院总部编制《新汉语水平考试大纲》（1—6 级），北京：商务印书馆，2009—2010。

一、《新汉语水平考试大纲》“重大轻小”取向的表现

“新汉语水平考试”（笔试）共分6级，每级都有词汇量指标。《新HSK大纲》将各水平等级及其词汇量与《国际汉语能力标准》《欧洲语言共同参考框架》（CEF）的对应关系表示如下：

新HSK	词汇量	国际汉语能力标准	欧洲语言框架（CEF）
HSK（六级）	5000及以上	五级	C2
HSK（五级）	2500		C1
HSK（四级）	1200	四级	B2
HSK（三级）	600	三级	B1
HSK（二级）	300	二级	A2
HSK（一级）	150	一级	A1

为观察新HSK词汇量指标有何特点，我们选取与之相关的3种词汇量指标进行比较分析。这3种词汇量指标分别来自《（汉语水平）词汇等级大纲》（1992）[①]（以下简称《词汇大纲》）、《汉语国际教育用音节汉字词汇等级划分》（2010）[②]（以下简称《等级划分》）和《德语区汉语教学协会对新汉语水平考试的几项说明》（2010）[③]（以下简称《说明》）。

---

① 国家对外汉语教学领导小组办公室汉语水平考试部《汉语水平词汇与汉字等级大纲》，北京语言学院出版社，1992。

② 国家汉办、教育部社科司《汉语国际教育用音节汉字词汇等级划分》课题组《汉语国际教育用音节汉字词汇等级划分》，北京：北京语言大学出版社，2010。

③ http://www.fachverband-chinesisch.de/sites/default/files/FaCh2010_ErklaerungHSK.pdf.

表 1 新 HSK 词汇量指标与相关词汇量指标对比

新HSK	一级 150	二级 300	三级 600	四级 1200	五级 2500	六级 5000及以上
词汇大纲	甲级 1033	乙级3051①	丙级 5253	丁级 8822		
等级划分	普及化水平（入门级）505	普及化水平 2245	中级水平5456	高级水平9631	高级“附录”11 092	
说明	A1 600	A2 1200	B1 2500	B2 5000	C1 ?	C2 ?

通过对比可以看出，《新 HSK 大纲》词汇量指标有三个特点。

1. 起点低。《新 HSK 大纲》一级词汇量门槛极低，分别占《词汇大纲》甲级词的 14.5%、《等级划分》普及化水平（入门级）的 29.7%、《说明》A1 级词的 25%。

2. 最高级词汇量指标为不定量。《新 HSK 大纲》六级的词汇量为“5000 及以上”，这是一个以 5000 为下限而“上不封顶”的不定量。这种表述在数量指标体系中极少见到。因为水准性数量指标的含义是“按规定至少要达到的某一数量”或“不少于某一数量”，也就是说，任何一个水准性数量指标，自身就隐含着以它为下限可向上延展的不定性，因此，标注“以上”是没有意义的。

3. 总量偏低。新 HSK 词汇量远低于国内两种相关词表，其最高级词汇量（即总量）分别只占《词汇大纲》的 56.7%、《等级划分》的 45.1%。从它与《欧洲语言共同参考框架》（以下简称《框架》）的实际对应关系来看，差距也很大，因为，“迄今

① 《词汇大纲》原来标注的是各级新增词汇量，为方便比较，此表中改为累计量。

为止，《欧洲语言共同参考框架》对所有外语在词汇量方面的要求都是：A1 级约 500 个，A2 级约 1000 个，B1 级约 2000 个”[①]。因此，《说明》并不认可《新 HSK 大纲》各水平等级及其词汇量与《框架》的对应关系，建议将新汉语水平考试与《框架》的等级对应做如下调整：

新 HSK 等级词汇量	（新 HSK 文献所认定的《框架》等级）	德语区汉语教学协会认定的《框架》等级
新汉语水平考试 一级词汇量 150 个（只需汉语拼音）	（A1）	无
新汉语水平考试 二级词汇量 300 个（只需汉语拼音）	（A1）	A1.1（不含汉字）
新汉语水平考试 三级词汇量 600 个	（B1）	A1
新汉语水平考试 四级词汇量 1200 个	（B2）	A2
新汉语水平考试 五级词汇量 2500 个	（C1）	B1
新汉语水平考试 六级词汇量 5000 个以上	（C2）	B2

这表明，德语区汉语教学协会认为 5000 的词汇量并不能真正对应《框架》C2 级的词汇量，只能对应《框架》B2 级的词汇量。虽然《说明》未列出《框架》Cl 和 C2 级的词汇量，但从 A1—B2 级的词汇量增长幅度来看，C2 级词汇量应当在 10 000 以上。

在词汇量如此有限的情况下，新 HSK 词表在收词方面又有哪些特点呢？我们发现，与《词汇大纲》相比，除了增收部分新

① Manfred FRUHAUF（傅曼德）《德国波鸿鲁尔大学语言学院汉语中心速成班兼论汉语水平测试问题》，见 http://www.landesspracheninstitut — bochum.de/chinesisch/lesenswertes.html。

常用词（如“堵车、短信”等）和学习者日常交际所需要的词语（如“母语、填空”）外，最突出的特点在于有一种“重大轻小”的取向。表现在以下三个方面：

第一，收录一批词组，却没有（或没有完全）收录构成词组的常用词，或者没有收录与词组构成成分同义的常用词。表2列举的是相关实例。

表2 新HSK所收词组与未收录词的对照表

所收词组	未收录的词	所收词组	未收录的词	所收词组	未收录的词
凹凸	凹、凸	系领带	系、领带	上进心	上进、心
波涛汹涌	波涛、汹涌	见多识广	见识、广	深情厚谊	深情、深厚、情谊
唱歌	唱、歌	健身房	健身、房	涮火锅	涮、火锅
称心如意	称心、如意	锦绣前程	锦绣、前程	素食主义	素食、主义
打电话	打、电话	空前绝后	空前、绝、后	塑料袋	塑料、袋
打篮球	打、篮球	苦尽甘来	苦、甘、尽	踢足球	踢、足球
弹钢琴	弹、钢琴	垃圾桶	垃圾、桶	统筹兼顾	统筹、兼、顾
登机牌	登机、牌	连续剧	连续、剧	无理取闹	无理、取闹
电子邮件	电子、邮件	流泪	流、泪/眼泪	无穷无尽	无穷、尽
放暑假	暑假	聋哑	聋、哑	物美价廉	物美、价廉
高速公路	高速、公路	名胜古迹	名胜、古迹	想方设法	设法
公共汽车	公共、汽车	难能可贵	可贵	行李箱	行李、箱
国庆节	国庆	爬山	爬、山	元宵节	元宵
火车站	火车	牛奶	牛、奶	招投标	招标、投标
鸡蛋	鸡、蛋	迄今为止	迄今、止	砖瓦	砖、瓦
急于求成	急于、求、成	青少年	青年、少年	做生意	生意

表2中的词组绝大部分是自由词组，且绝大部分并非其组成成分的强势组合，从新HSK词表所收词组与其同类组合或组成成分单用的频次对比可以看出这一点。例如，在北京大学中国语言学研究中心（CCL）现代汉语语料库中，新HSK词表收录的“打篮球”出现139次[①]，而未收录的“打球”862次；“涮火锅”5次，未收录的“涮羊肉”75次，“吃火锅”51次；“行李箱”108次，未收录的“行李”2834次，“箱”17 612次；“空前绝后”129次，未收录的“空前”3833次；“无穷无尽”477次，未收录的“无穷”3322次，“无尽”1387次。

第二，收录较多复合词，却没有收录作为其语素的可以自由使用的常用词。例如：收“开幕式”，未收“开幕”；收“充电器”，未收“充电”；收“钢铁”，未收“钢、铁”；收“碧玉”，未收“玉”；收“咀嚼”，未收“嚼”；收“停泊、停顿、停止、停滞”，未收“停”；收“出租车、堵车、救护车、车厢、卡车、摩托车、刹车、自行车”，未收“车”。这种收词取向导致新HSK词表失收很多常用单音节词。例如，下面这些词单用的频度都很高，在《现代汉语常用词表》[②]（2008）（以下简称《常用词表》）中频序排位均在1000之前，甚至有9个词的频次位列前100，而收词量为5000的新HSK词表却未予收录（词后数字表示频序）：

笔$_{735}$　边$_{441}$　变$_{264}$　唱$_{876}$　城$_{611}$　打$_{409}$　飞$_{850}$　海$_{647}$　后$_{43}$
话$_{195}$　活$_{675}$　级$_{929}$　记$_{822}$　加$_{543}$　见$_{219}$　建$_{670}$　靠$_{354}$　力$_{814}$

---

① 2014年3月21日检索，下同。

② 《现代汉语常用词表》课题组《现代汉语常用词表（草案）》，商务印书馆，2008。

流$_{868}$ 毛$_{980}$ 美$_{193}$ 面$_{378}$ 名$_{102}$ 女$_{329}$ 排$_{857}$ 跑$_{528}$ 偏$_{858}$ 期$_{515}$ 其$_{68}$ 起$_{72}$ 气$_{596}$ 前$_{83}$ 强$_{286}$ 清$_{686}$ 情$_{811}$ 权$_{792}$ 全$_{159}$ 区$_{664}$ 入$_{394}$ 山$_{461}$ 神$_{849}$ 生$_{398}$ 声$_{399}$ 时$_{33}$ 市$_{356}$ 事$_{137}$ 手$_{289}$ 受$_{189}$ 说$_{15}$ 天$_{74}$ 停$_{990}$ 同$_{99}$ 头$_{254}$ 土$_{968}$ 图$_{400}$ 晚$_{787}$ 未$_{276}$ 文$_{775}$ 线$_{729}$ 心$_{270}$ 性$_{652}$ 学$_{239}$ 眼$_{896}$ 因$_{163}$ 于$_{59}$ 语$_{956}$ 原$_{421}$ 早$_{328}$ 占$_{820}$ 战$_{885}$ 制$_{622}$ 中$_{534}$ 周$_{509}$ 抓$_{474}$ 总$_{174}$ 主$_{881}$ 子$_{676}$ 自$_{182}$ 总$_{174}$ 作$_{134}$

第三，新 HSK 词表所收词语的平均词长长于相关词表。上述两种“重大轻小”的做法，使新 HSK 词表所收双音节及多音节词的比重高于相关词表，而单音节词的比重则低于相关词表。下表是新 HSK 词表与《现代汉语频率词典》（1986）（以下简称《频率词典》）和《常用词表》前 5000 词的词长对比[①]。

表 3 新 HSK 收录词语与两种频率词表前 5000 词的词长对照表（比重：%）

	单音节词		双音节词		3—6 音节词		词均音节
	词数	比重	词数	比重	词数	比重	
新 HSK	699	13.98	4037	80.74	264	5.28	1.94
频率词典	1782	35.61	3116	62.32	102	2.04	1.67
常用词表	1463	29.26	3352	67.04	185	3.7	1.76

任何一个词汇大纲都会把词语的常用度作为最重要的收词标准，新 HSK 词表收录了为数众多的复合词甚至自由词组，却没

① 标志儿化的“儿”皆未计做独立音节，如“哪儿”计为单音节词，“玩意儿”计为双音节词。

有收录作为其构成成分且能自由使用的常用词，在词频统计如此便捷且有数种权威统计数据可以参考的当今，我们推测，这恐怕不是由于疏忽导致的“收大遗小”，而应当是陷入某些观念误区的有意识的“收大弃小”。

二、解析“重大轻小”取向的观念误区

（一）误区之一：收录词组符合“语块”教学法

以往人们以为，语言的生成就是把一个个词按照语法规则进行组合的结果。后来Becker（1975）发现，语言表达实际上是一个词汇短语（lexical phrase）组合的过程[①]，即，我们根据自己想要传达的信息或想要表达的看法，从短语库（phrasal lexicon）中提取一些能反映主要表达内容的词汇短语，然后把这些短语按语法粗略地加以连缀，再填入一些细节信息或根据需要对短语加以细微修订。Becker所说的lexical phrases后来也被称为“语块”（chunk），被认为是人类语言记忆与生成的最小单位，因而也是第二语言教学的理想单位。在Nattinger和DeCarrico（1992）[②]、Lewis（1993、1997）[③]等的大力倡导下，语块教学法（lexical

---

① Becker, Joseph D., The phrasal lexicon. In B. Nash-Webber & R. Shank (eds.) *Theoretical Issues in Natural Language Processing*. Cambridge: Bolt Beranek & Newman, 1975.

② Nattinger, James R. & Jeanett S. DeCarrico, *Lexical Phrases and Language Teaching*. Oxford: Oxford University Press, 1992.

③ Lewis, Michael, *The Lexical Approach*. Hove, England: Language Teaching Publications, 1993. Lewis, Michael, *Implementing the Lexical Approach: Putting Theory into Practice*. Hove, England: Language Teaching Publications, 1997.

approach，或译作“词汇法”）逐渐成为一种较有影响的教学法流派。近年我国英语教学界有学者通过语块教学法的实验研究，发现“学生语言表达的流利性、准确性、地道性和用词多样性方面均明显好于对照班学生”①。在对外汉语教学领域，不少教材常将词组列入生词表，原《词汇大纲》（1992）和新出的《等级划分》（2010）也收录了少量大于词的语块，这些迹象表明，对外汉语教学中的词汇输入实际上也早就不再恪守“词”单位了。尽管学者们对词汇大纲收取大于词的成分意见不一，有些学者不赞成②，也有学者在充分理解的前提下提出一些问题和改进建议③，不过，语块在对外汉语教学中的价值和作用却得到广泛认可，多有学者指出，语块训练法有助于学习者生成地道的表达，减少母语给汉语学习带来的负迁移影响，避免语用失误，提高语用水平④。大概正是由于语块教学法理论的深刻影响，使新 HSK 比起此前和同期的词汇大纲来，表现出更为鲜明的“重大轻小”取向。

然而，任何一种好的理论都有它的适用范围，超出其适用范围生硬套用，往往会适得其反。拿一个简单的例子来说，当教学

---

① 于秀莲《语块教学法与提高英语应用能力的实验研究》，《外语界》2008 年第 3 期。

② 赵金铭、张博、程娟《关于修订〈（汉语水平）词汇等级大纲〉的若干意见》，《世界汉语教学》2003 年第 3 期。马清华《唯频率标准的不自足性——论面向汉语国际教育的词汇大纲设计标准》，《世界汉语教学》2008 年第 2 期。

③ 孙菁《〈汉语国际教育用音节汉字词汇等级划分〉中“非词成分”收录评析》，《华文教学与研究》2013 年第 4 期。

④ 周健《语块在对外汉语教学中的价值与作用》，《暨南学报》（哲学社会科学版）2007 年第 1 期。亓文香《语块理论在对外汉语教学中的应用》，《语言教学与研究》2008 年第 4 期。

中出现“弹钢琴”这个短语时，教师采用语块策略，把它作为一个整体教给学生，而不是分成“弹”和“钢琴”两个生词来教，这确实是明智之举：一来可以为学生日后流利顺畅地表达提供一个理想的语言单位，二来可以避免学生从“弹钢琴”的母语表达（例如英语的 play the piano）出发，基于先前学过的“打篮球”（play basketball）、“打排球”（play volleyball）等，把“弹钢琴”说成“打钢琴”。然而，新 HSK 词表把“弹钢琴”作为一个单位收录，却没有收录“弹”和“钢琴”，这就有问题了。虽说“弹钢琴”确实属于李慧所说的“具有频率关联的语块”[①]，可它并不是一个典型的高频搭配。在 CCL 语料库中，“弹钢琴”出现 223 次，我们用“弹”和“琴”有序相距小于等于 5 的查询方式检索，共得“弹（……）琴”980 次，除了“弹月琴 / 六弦琴 / 电子琴 / 风琴”等外，最高频的搭配是“弹琴”，出现 500 次；而“钢琴”在 CCL 语料库中出现 2967 次，这表明它与“弹”组合的概率只是 7.5%。那么，新 HSK 词表单把“弹钢琴”绑定收录，是不是会使语块教学或测试只顾其一，不顾其余了呢？由此看来，教学中可能遇到的“语块”是丰富多彩、各种各样的，词汇大纲希冀站在教学的立场，为教学提供现成的语块，这通常只能是一种美好的愿望，在收录容量极为有限的情况下，势必出现挂一漏万的情形。词汇大纲所能做的，唯有为语块教学提供可用于“组块”的语言成分——词，至于教学中如何组块，那是教学的事，词汇大纲不能“越组代庖”。

---

① 李慧《基于关联类型的汉语语块分类体系探讨》，《西华师范大学学报》（哲学社会科学版）2013 年第 2 期。

（二）误区之二：收录复合词可达以“复”赅“单”之效

对于原《词汇大纲》8822 的词汇量，学界普遍的看法是略显偏低[①]，因此，与新 HSK 同期面世的《等级划分》将词汇量提升至 11 092 个，可新 HSK 为什么没有扩大词汇量反而极大地缩减了词汇量？原因在于，新 HSK 重要的研制理念是降低难度，“努力使自己成为考生汉语学习道路上的‘跳板’，而非‘绊脚石’；其难度是考生努力跳一跳就触手可及的，而非高不可攀的；是受考生普遍欢迎的，而非令考生望而生畏的；是鼓励性的，而非淘汰性的”（《新汉语水平考试大纲·前言》）。为实现降低考试难度的目标，“新 HSK 在不同等级考试的难度控制上，主要以词汇、题型为重要控制因素”[②]。可原本近万个词语都不够用，怎么靠 5000 个词来满足考试用词及教学词汇呢？估计在词汇量指标的限制下，新 HSK 研制者不得不在复合词与作为其构成要素的单语素词之间做出收录复合词舍弃单语素词的选择。他们或许以为，学习者掌握了一个复合词，当然也就掌握了它的构成要素，这样，收录一个复合词，就等于连带收了构成它的单语素词。比如，收了“美妙”，就等于同时收了“美”与“妙”，也就是说，只用一个词的额度，实际上收了三个词，可以获得以“复”赅“单”、以一当三的功效。

---

① 张凯《汉语构词基本字的统计分析》，《语言教学与研究》1997 年第 1 期。李清华《〈汉语水平词汇与汉字等级大纲〉的词汇量问题》，《语言教学与研究》1999 年第 1 期。刘长征《〈词汇大纲〉与 2005 媒体高频词语比较研究》，《云南师范大学学报（对外汉语教学与研究版）》2007 年第 3 期。

② 张晋军、解妮妮、王世华、李亚男、张铁英《新汉语水平考试（HSK）研制报告》，《中国考试》2010 年第 9 期。

如果真的以为学习者掌握了复合词也就同时掌握了其语素，那么这在很大程度上是对二语学习者复合词认知加工模式的误解。在词汇识别中，语素能否参与复合词的认知加工过程，是20世纪70年代以来颇有争议的问题，尽管有分解式表征模型、整词式表征模型和混合模型等不同的学说[①]，然而，从理论上推测，第二语言学习者会在相当长的一段时间里，主要以整体方式来存储含有两个或多个语素的复合词，语素很难参与复合词的加工过程，同样也很难从复合词的意义及结构中被识别出来。原因在于，在二语词汇发展的形式阶段（the formal stage）和一语句法语义词调解阶段（the L1 lemma mediation），词项中尚未包含形态信息（包括屈折形式和构词规则），这是因为，不像二语词和它的一语翻译对应词常可共有语义句法信息，形态规则通常是因语言而异的，不那么容易迁移[②]。例如，学习者可以通过母语词的标意，将英语egg的语义句法信息赋予汉语的“鸡蛋”，可并不知道其内部要素和构词规则是什么，于是在点菜的时候说出“我要吃鸡蛋的妈妈”。这个学界盛传的事例说明，学习者通常是经由母语词的对译来整体识解二语复合词的意义，而不是从语素及其结构来识解复合词的意义。其实，二语学习者不光注意不到复合词的语素义和构词规则，即便是更大的语言成分，他们也有可能只知道它的整体意义，而不明白整体意义与构成成分的关系。比如，有留学生写道，“我并不想小看

① 张玲燕、金檀、田朝霞《词素认知加工——基于形式还是基于语义？》，《心理科学》2013年第3期。

② Jiang, Nan, Lexical representation and development in a second language. *Applied Linguistics,* 2000, 21(1).

中国人，但是实际上‘一个坏蛋毁了一锅汤’”[①]，这表明他很清楚“一只老鼠毁了一锅汤”的意思是一人一事害了整体，但并不明白这来自于一只老鼠掉进锅里毁了一锅美汤的比喻，因而才有可能把“老鼠”说成“坏蛋”。除了这类来自词汇错误的证据之外，冯丽萍（2003）[②]的实验研究也证明，中级汉语水平的外国学生的“中文词素意识尚处于发展过程中，他们对合成词的词汇结构、对两个词素之间的语义关系还不敏感”。由于初、中级二语学习者对汉语复合词大多采用的是整体识别模式，语素意识非常淡薄，因此，新HSK倾向收取复合词，如果是希望以“复”赅“单”，让学习者在习得复合词的同时连带习得其构成成分，因“大”知“小”，这只能是来自母语者自身语感的不切实际的期许。

三、词汇大纲应有的语言单位取向与收录原则

通过解析新HSK词表“重大轻小”取向的不合理性，我们认为，词汇大纲应有的语言单位取向当是“重小兼大”。“重小兼大”取向可概括为以下两项收录原则。

（一）坚持“词”本位，兼收语义不透明的常用语块

词汇大纲必须坚持以“词”为本位收录语言成分，不宜收录自由词组。因为，“词”是“最小的能够独立活动的有意义的语

① 参见“北京语言大学中介语语料库”。

② 冯丽萍《中级汉语水平外国学生的中文词汇识别规律分析》，《暨南大学华文学院学报》2003年第3期。

言成分”[①]。从理论上说，词构成词组的能力是无限的，比如，“爬”和“山”不仅可以组合成“爬山”，它们还可以分别跟其他常用词语组成“爬楼梯、爬树、爬雪山、往上爬、爬到、爬过、爬上去、爬过去、爬起来、爬进去、爬出来”“一座山、高山、大山、小山、山洞、山上、山前、山里、山中、三面环山”等等。新 HSK 多把“爬、山”这类“能够独立活动”的词语捆绑收录，看起来像是节省了一两个收录项目，实际上限制了词语组合的无限可能性，反而是非常不经济的。因此，词汇大纲越是收词数量有限，越要坚守“词”本位立场，这样才能确保对外汉语词汇教学、测试和二语学习者的语言生成拥有广阔的空间。

词汇大纲可以兼收一些由“词”组成的常用语块，但前提是，这些语块的语义透明度较低，其意义无法从构成要素的意义直接推导出来。比如，新 HSK 词表收录的“不客气、画蛇添足”等就属于这类语块。而表 2 所列举的“波涛汹涌、称心如意、名胜古迹、迄今为止、素食主义、无穷无尽”等，虽然在结构上有较强的凝固性，但语义透明度较高，可以由组成部分的意义推知出整体意义，这种语块在收词数量有限的情况下没有必要收录，倒是可以酌情收录作为其构成要素的可以自由使用的常用词，如“称心、名胜、古迹、迄今、素食、主义、无穷”等。

如果按语义透明度标准来衡量，新 HSK 词表对语义不透明的常用语块及复合词还应予以更多关注。因为，从《新汉语水平考试真题集》（以下简称《真题集》）中，我们就能发现新 HSK 词表失收了一些这类语言成分。例如：

① 朱德熙《语法讲义》，北京：商务印书馆，1982。

（1）女：我考得不太好，我只会做选择题，汉字几乎一个都不会写。

男：慢慢来，慢慢来。①

（2）奇怪，小王最近经常迟到，……你知道这是怎么回事吗？②

（3）“眼睛好多了吧？”“是，药已经吃了，现在没事了。”③

（4）“行李多吗？要不要我开车去接你？”“不用了，就一个箱子，东西很少。”④

例（1）中的“慢慢来”不指慢慢过来，通常是用于劝别人别着急，一步一步地做；例（2）“怎么回事”通常与“事”无关，而是用于询问原因，相当于“什么原因”；例（3）（4）中的“没事”“不用”的意义更不是字面义的加合，而已成为高度词汇化的语言成分，在《现代汉语词典》（第6版）中，“没事”被处理为动词，意思是“不要紧；没关系；算不了什么”，“不用”被处理为副词，表示事实上没有必要。这类语义不透明的语言成分，在口语中使用频率很高，二语者无法从构成成分推知其意，在对外汉语教学中只能作为整体输入，因此，新HSK词表应当收录这些语言成分。

① 国家汉办／孔子学院总部编《新汉语水平考试真题集HSK（三级）》，北京：商务印书馆，2012。

② 同①。

③ 同①。

④ 同①。

（二）在单语素词与复合词常用度相当的情况下，优先收录单语素词

对于一般的语言学习者或语言使用者来说，运用单语素词和词法知识来识解或产出复合词，是一种相对基本的语言能力，也是一种相对自然的语言行为；而在已知复合词意义的情况下，对复合词进行内部成分分析或构词理据分析，则往往出于特殊兴趣或目的，需要专门的语言知识和较高的语言能力。比如，中国人第一次听到（飞机）“失联”这个词时，很容易从两个构词成分推出“失去联系”的意思；而对于“步骤”这个词，尽管大家都知道它的意思，可很少有人会想其中“步”是什么意思，“骤”是什么意思，并不知道它们本来分别指缓行和疾走，由于古人讲求“步骤中度，缓急中节”，“步骤”后来才引申出事情的程序或次第义。这类现象表明，从语言单位层级的角度看，语言的理解和生成通常是自下而上、由小及大的，因此，在单语素词与复合词常用度相当的情况下，词汇大纲应当优先收录单语素词。

从另一个角度来说，二语学习者的母语词与汉语词的结构及构词语素常常并不对应，这会给学习者识别复合词构成成分的语义带来更大的困难。例如，新 HSK 词表收“酒吧、酒精、啤酒、酗酒”，却未收“酒”。在英语中，对应这 4 个复合词的分别是 bar、alcohol、beer、excessive drinking，其中没有一个与汉语词的结构及构词语素相对应，在这种情况下，一个习惯于用母语对应词来给二语词标意的学习者，更不可能从汉语复合词中推出“酒”的意义。

新 HSK 词表忽略了语言理解和生成由“小”及“大”的基本向度，尤其没有考虑到二语者由“复”知“单”的困难，常常

不收常用度很高的单语素词，却收录了不少含有该单语素词且常用度较低的复合词。例如，“时”的常用度在《现代汉语常用词表》中位列33，新HSK词表未收，却收了“时”所构成的26个复合词：（词后数码为《常用词表》频序）

按时$_{5677}$　不时$_{3259}$　当时$_{2453}$　顿时$_{3775}$　及时$_{1200}$　临时$_{1955}$　平时$_{2085}$
时差$_{25\,656}$　时常$_{4316}$　时代$_{288}$　时而$_{6587}$　时光$_{5608}$　时候$_{180}$　时机$_{4008}$
时间$_{111}$　时刻$_{1709}$　时髦$_{8159}$　时期$_{482}$　时尚$_{5009}$　时事$_{11\,842}$　时装$_{7938}$
随时$_{2333}$　同时$_{125}$　小时$_{619}$　暂时$_{2479}$　准时$_{12\,088}$

这26个复合词的频序排位无一例外在“时”之后，其中9词甚至在5000位之后，在这样的情况下，不收单语素词而收录常用度远低于它的复合词显然是不合适的。

在现代汉语中，绝大多数能自由使用的单语素词都比它所构成的复合词更常用，因此，尽管新HSK研发者力求一、二、三级考试试卷中“全卷一个超纲词都不许出现”①，但事实上《新汉语水平考试真题集》中有不少超纲的单语素词。以《真题集（三）》为例，下列句中加下划线的都是新HSK未收录的单语素词：

（5）上午要参加个会②。（第20页）

（6）换季的时候，天气变化很大。（第66页）

（7）我们新买的房子就在刚才过去的那条街上。（第68页）

（8）这张照片是我姐姐13岁那年照的。（第84页）

---

① 张晋军《新汉语水平考试（HSK）题库建设之我见》，《中国考试》2013年第4期。

② 一级词表收动词“会”，三级收名词“会议”，未收名词“会”。

（9）现在人们很少写信，也很少用笔写字。（第 90 页）

（10）老师给了几个词，让我们用这些词介绍一个节日。（第 92 页）

（11）那我去商店买点儿果汁吧，一会儿看球的时候喝。（第 104 页）

而含有这些单语素词的复合词，新 HSK 词表倒是收了不少。即便不考虑语言理解和生成由“小”及“大”的基本向度，单从频度的角度来说，这种弃“单”收“复”的取向也颠倒了二者优先收录的次序。

四、余论

张晋军等（2010）[①] 在谈到“新 HSK 存在的缺点”时，第一点说的就是，“词汇等级表的设计还有待改善，收哪些词，放弃哪些词，哪些词应该放在较低等级，哪些词应该放在较高等级，需要做进一步的细致研究、调整”。这表明，新 HSK 研制者已经意识到了词汇表的不足。古人云：“知不足，然后能自反也。”我们希望，在词表后续的修订中，首先能够得到反思的是语言单位取向这一问题。明乎此，才能在词与词组、单语素词与复合词之间做出既符合语言学原理、又符合第二语言习得和教学规律的合理取舍。

---

① 张晋军、解妮妮、王世华等《新汉语水平考试（HSK）研制报告》，《中国考试》2010 年第 9 期。

第二章

面向教学的语法、语音和文化大纲研究

第一节 对外汉语语音教学总体思路和大纲研究①

一、解题

近年来，随着许多国家和地区“汉语热”的升温，汉语作为第二语言的研究、对外汉语教材的编写都随之蓬勃发展起来。但是这种发展存在不平衡现象，无论是从数量还是从质量上看，语法的相关研究和教材编写都占最大分量，其他方面则略有不足，尤其是语音，对外汉语语音研究和教学由于各种原因出现了滑坡现象。要想改变这一现状，必须从教材入手，因为一本好的教材可以引导教师有效地进行教学，教材的编写要以大纲作为依据，因此，对外汉语语音教学大纲的编写势在必行。

（一）语音教学的重要性及语音教学现状

语音学习是听、说、读、写等方面学习和培养语言交际能力最根本的前提，同时也是最容易暴露汉语学习者外国人身份的麻

---

① 本节摘自施向东、丰琨《对外汉语语音教学总体思路和大纲研究》，见《第九届国际汉语教学研讨会论文选》编辑委员会《第九届国际汉语教学研讨会论文选》，北京：高等教育出版社，2008。

烦。其实学习一门外语的过程，是一个不断排除自己母语干扰的过程；母语语音的干扰是最先要被排除，也是最难被彻底排除的。要想克服这种母语的干扰必须花很大的力气，且不是一朝一夕能够完成的。所以语音教学工作任务艰巨，我们必须在学生接触这门语言之初便帮助他们排除这种母语的干扰。

语音教学如此重要，又为什么会出现滑坡的现象呢？其原因可能是过去很多对外汉语教学者把语音教学等同于《汉语拼音方案》教学；另外，语音教学教材滞后也是引起语音教学滞后的直接原因之一。

目前专讲对外汉语语音教学的教材很少，语音教学主要集中在教材初学阶段的语音部分，大概用 2—3 周的时间，内容也大致相同，主要包括：声韵母配合声调练习、上声变调、“一、不”变调、轻声和儿化。语音部分结束后直接进入语法、词汇的学习。有的教材会在后期配合少量的语音练习，但这种练习不会持续很长时间，之后基本没有语音方面的输入。有些口语教材后期会出现这样的题型：“用正确的语调朗读下列句子”，但没有对什么句子应该用什么语调朗读进行讲解说明。

目前对外汉语语音教材存在的种种问题是语音教学相对滞后的直接原因。要解决教材的问题，首先就要从教学大纲入手，编写一个科学的语音教学大纲来指导教材的编写。

（二）目前大纲编写的情况

近年来，对外汉语教学的有关部门，为了进一步规范教学工作，提高教学质量，制定了一系列的教学大纲。崔永华（2005）[①]

① 崔永华《二十年来对外汉语教学研究热点回顾》，《语言文字应用》2005 年第 1 期。

将“研制教学大纲”列入对外汉语教学研究热点之一，列出了近年来制定的11个大纲。令人遗憾的是，11个教学大纲大部分是关于语法、词汇教学项目和教学顺序的规定，专门的语音教学大纲几乎无人问津。仅见的研究是叶军的《〈对外汉语教学语音大纲〉初探》[①]和《〈对外汉语教学语音大纲〉研究》[②]。这两篇文章为我们研究对外汉语语音教学大纲奠定了一定的基础。另外，2008年出版的《国际汉语教学通用课程大纲》给予语音教学同样的重视，每个级别都对语音教学目标进行了规定，涉及声、韵、调、轻声、连读、变调、语调、重音、节奏和韵律[③]。《国际汉语教师标准》一书中也对语音教学的基本规则和教师应具备的基本能力进行了明确的规定[④]。

二、大纲编写依据与原则

（一）理论依据

我们主要根据语音格局理论和第二语言习得中的迁移理论进行大纲的编写。

---

① 叶军《〈对外汉语教学语音大纲〉初探》，《云南师范大学学报》2003年第4期。

② 叶军《〈对外汉语教学语音大纲〉研究》，《第八届国际汉语教学讨论会论文选》编辑委员会《第八届国际汉语教学讨论会论文选》，北京：高等教育出版社，2007。

③ 国家汉办/孔子学院总部《国际汉语教学通用课程大纲》，北京：外语教学与研究出版社，2008。

④ 国家汉语国际推广领导小组办公室《国际汉语教师标准》，北京：外语教学与研究出版社，2008。

石锋（2008）[①]及其所指导的研究生已经发表了一系列文章，研究汉语的语音格局。目前汉语普通话声调格局和元音格局研究已取得显著成绩。我们希望能将这些研究应用到对外汉语语音教学实践中。

声调格局是由一种语言中全部单字调所构成的格局，单字调是各种变调的基准，所以单字声调是练习声调的基础。对于母语属于无声调语言的汉语学习者而言，调域的确定是声调训练首先要解决的问题，所以一声和三声的训练尤其重要。同样，根据元音格局理论，顶点元音发音位置的确定也一样重要。因此，调域的上限和下限、顶点元音的发音应该是语音练习的第一步。

迁移理论是第二语言习得研究领域的一个热点问题，其中比较有影响的主要有三种理论：对比分析假说、新迁移理论和标记理论。下文“现实依据”一节中所采用的文章大部分都是根据对比分析假说研究二语习得中的语音问题。本节希望能在上述文章的基础上，借助于新迁移理论中较有代表性的F1ege（1995）的“语音学习模型”[②]（Speech Learning Modal），以及标记理论进行大纲的编写。

（二）现实依据

为了更好地掌握各国学生学习汉语语音偏误情况，我们参看了近年来《语言教学与研究》《世界汉语教学》《汉语学习》《云南师范大学学报》（对外汉语教学版）和《语言与翻译》中66

---

① 石锋《语音格局——语音学与音系学的交汇点》，北京：商务印书馆，2008。

② 温宝莹《汉语普通话元音习得的实验研究》，天津：南开大学，2005。

篇关于对外汉语语音教学研究的文章，并对各国汉语学习者语音偏误进行总结。我们发现，不同母语背景的汉语学习者，在习得汉语语音时常出现相类似的偏误，这些相类似的偏误往往集中在汉语语音系统特有的特点上。对外汉语语音教学大纲的重点、难点部分应该体现这一点。

1. 声母

我们知道汉语的语音系统是有其特点的，比如吴宗济先生在《现代汉语语音概要》中提到汉语声母系统的特点[①]：（1）汉语有舌尖后音的声母（又称翘舌音或卷舌音），还有一套舌面音 [tɕ][tɕh][ɕ]，这是许多语言中没有的；（2）汉语中的清辅音声母占大多数，浊音声母只有 [m][n][l][ʐ] 四个；（3）汉语塞音声母和塞擦音声母都有送气与不送气的对立，而且不送气声母和送气声母形成整齐的配对局面；（4）汉语声母的辅音都是由一个单辅音来充当的，汉语普通话中没有复辅音声母。正是因为上述汉语语音系统特征的存在，我们在看到各语言语音系统与汉语语音系统之间差异的同时，也看到了各国学生习得汉语语音偏误的共性特征。我们可以假设汉语特有的语音特征便是不同母语背景汉语学习者共同的难点。通过对33篇针对不同国家汉语学习者汉语声、韵、调习得偏误研究文章的调查（其中包括日本、韩国、美国、泰国、缅甸、越南、老挝、柬埔寨、匈牙利、印度尼西亚、尼泊尔、苏格兰、俄罗斯以及中国新疆等十几个国家和地区），我们发现这些不同母语背景的汉语学习者在学习汉语语音时的确存在一些共性。

---

① 吴宗济主编《现代汉语语音概要》，北京：华语教学出版社，1992。

表 1 汉语学习者声母偏误调查表

拼音 国别	b	d	g	p	t	k	f	h	j	q	x	z	c	s	zh	ch	sh	r
俄罗斯				√	√	√												
日本				√	√	√	×	×	○	×	×	○	×	×	○	×	×	×
韩国				√			×		×	×	×	×	×	×	×	×	×	
泰国	√	√				×		×	×	×		×	×		×	×	×	×
越南				√	√	○				○		×	○	×	×	○	×	×
老挝									×	○	×	×	√		×	○	×	
印尼	√	√	√	√	√	√									×	○	×	
柬埔寨				√	√	√			×	×	×	×	×	×			×	×

注：1. 我们只选择了研究比较全面的 8 个国家。

2.× 代表偏误原因是发音部位，√代表偏误原因是发音方法，○代表偏误原因有发音方法方面的，也有发音部位方面的。

上表集中了 8 个国家汉语学习者习得汉语语音的偏误情况，我们可以看到这 8 个国家学生的语音偏误比较集中，且有很多共性特征。表中偏误情况明显分为两个区域，左三分之一部分是塞音 [p][t][k][ph][th][kh]，基本都是发音方法上的偏误。回到前人研究中仔细考察，这六个塞音的主要偏误类型是送气与不送气，基本上都是将送气音读作不送气音。而三个不送气塞音主要偏误是清浊的混淆，我们知道汉语普通话清辅音声母占多数，但在很多国家辅音的清浊是具有区别意义作用的，这些国家的汉语学习者会不自觉地将清音读作浊音。右三分之二部分主要都是发音部位的错误，大概可以分为三组，第一组偏误是分不清 [tɕ][tɕh][ɕ] 和 [ʦ] [ʦh][s] 两组声母的发音部位，因而出现这两组发音混乱的情况。第二组是以舌尖前音 [ʦ][ʦh][s] 代读舌尖后音 [tʂ][tʂh][ʂ]。第三组是 [ʨ][ʨh][ʦ][ʦh][tʂ][tʂh]，情况比较复杂，既有发音部位的偏误，又有发音方法的偏误。发音方法主要是送气与不送气的混读，还有 [ʦ] 音的浊读。在所有的偏误中，比较普遍且集中的是 [ʨ][ʨh][ʦ][ʦh][tʂ][tʂh][ʂ] 七个音。

2. 韵母

单韵母的偏误情况与声母相似，主要出现在汉语普通话中比较特别的音：舌面后半高不圆唇元音韵母 [ɤ]、舌面前高圆唇元音韵母 [y]、舌尖元音韵母 [ɿ] 和 [ʅ]、卷舌元音韵母 [ɚ] 几个音。

他们习得复韵母方面的材料不多，主要是泰国和老挝的。这两国汉语学习者习得汉语普通话语音时有很多相似的偏误，比如：把 ei[ei] 读作 [ə：i]；ɑo 中间过渡缓慢，口型变化大；[iʌ] 和 [iɛ] 混读；uɑ[uɛ] 和 uo[uo] 混读；uei[uei] 发音不稳定，丢失中间音等等。除此之外，还有一些偏误在所调查的材料中并不具有普遍性，比如：丢失中间音的问题，把 iou[iou] 读作 [iu]、uei[uei] 读作 [ui]、uen[uən] 读作 [un]、ing[iəŋ] 读作 [iŋ] 等等；掌握不准音位变体而产生的偏误，把 iɑn[iɛn] 读作 [iɑn] 或者 [iən]、iɑng[iɑŋ] 读作 [iəŋ]、uɑn[uan] 读作 [uən]、üɑn[yɛn] 读作 [uɑn] 或者 [uən] 等。这一类的偏误只是在个别国家汉语学习者研究中有体现，但是我们认为这一类的偏误缺乏普遍性的原因并不一定是这种普遍性本身不存在，而是研究材料不足或研究不充分所导致的。在教学中，特别是对初学者的教学过程中，我们经常能在不同国籍学生的发音中发现上述问题。另外，汉语普通话前后鼻音韵母的对立也是普遍存在的一个难点问题。

产生上述汉语普通话韵母偏误的原因有两个：一个是汉语韵母有自己的特点，有一些特殊的韵母，比如 [y]，许多汉语学习者在发这个音时会出现偏误。还有两个不圆唇舌尖元音 [ɿ][ʅ]，这种音只有在汉藏语系的语言中才有，在印欧语或闪含语系中都很少见，来自这些地区的汉语学习者在发这两个音时非常困难。第二个是汉语拼音方案。汉语普通话中单元音共有 10 个：[ʌ][o][ɤ][ε][i][u][y][ɿ][ʅ][ɚ]，但是汉语拼音方案只用 ɑ、o（实际上是二合元音）、e、i、u、ü 六个字母来代表。汉语拼音中的每一个单元音代表汉语普通话元音中的一个元音音位，在不同的环境中，每一个音位都有变体，如果我们把 ɑ 看成一个音位的话，它就有 5 个不同的音位变体，单独发 ɑ 是 [ʌ]，在韵母 ɑn 中是 [a]，在韵母 iɑn 中是 [ε]，在韵母 üɑn 中是 [æ]，在韵母 ɑng 中是 [ɑ]。又如汉语中的 e，也有四个不同的音位变体，单独念是 [ε]，在 en、eng 中是 [ə]，在 ei 中是 [e]，在 ie 中是 [ε]。还有 i，它包括三个音位变体，在 z、c、s 后是 [ɿ]，在 zh、ch、sh 后是 [ʅ]①。由于汉语拼音方案用一个音标标写不同的音位变体，所以即使在教学过程中已经把这些音位变体的情况向学生交代清楚了，学生在看到拼音时还是会不自觉地犯错。

韵母方面还有介音的问题，毛世桢（2008）②提到"外国学生在学习汉语的介音时，容易发生介音脱落、'圆 / 展'混淆等严重的偏误，说到底就是对'四呼'的控制不自觉"，并提出用

① 程美珍、赵金铭《基础汉语语音教学的若干问题》，见第一届国际汉语教学讨论会组织委员会《第一届国际汉语教学讨论会论文选》，北京：北京语言学院出版社，1986。

② 毛世桢《对外汉语语音教学》，上海：华东师范大学出版社，2008。

“声介合母的拼读方法来加以训练”，即在拼读汉语拼音时，把介音和声母先拼读在一起，再和韵母的其他部分拼合，比如 zu-o → zuo。关于介音方面的偏误，朱川先生在《外国学生汉语语音学习对策》① 一文中也有相关论述。这种方法可以解决介音 [u] 和 [y] 的偏误问题，在发音练习时将声母带上圆唇的特点，便可以解决。我们将在大纲编写中引入这种方法，作为练习的一个重点。

3. 声调

不同国家汉语学习者的声调偏误实际上大同小异，比声母和韵母的偏误情况更具有共性特点。阴平主要有两个问题：一是调值不够高，大约在 22 或 33 的位置上；二是调型不稳定，不能一直保持高平调而念成微降调或降调。阳平的主要问题是升不上去，升不上去的原因有二：一是起点太高，受生理条件限制，没有办法上升；二是不知道怎么上升，特别是对于母语没有声调的汉语学习者来说，他们不能自如地控制声带的松紧，所以学习汉语声调比较困难。上声的问题比较复杂，但是在已有研究中提到的问题不见得是上声真正的问题。比如前人的研究说上声的偏误是起点低，终点也低，还有多以半上形式出现，其实母语者所说的上声多半是一个类似低平调的半上。汉语学习者在习得上声时产生各种偏误主要是因为他们头脑中比较混乱，他们不知道上声的调型到底是什么样子的。因为很多学生在初学汉语声调时学的都是全上，但在后期学习中他们会发现其实上声并不是他们所学的那样，但凭一个外国人的语感，他们没有办法辨别真正的上声是什

① 朱川主编《外国学生汉语语音学习对策》，北京：语文出版社，1997。

么样子，所以他们会出现上声比较混乱的情况。去声问题比较统一，都是起点比较低，所以降不下去。

（三）大纲编写原则

第一，基本遵守语音规律性。语音和语法、词汇最大的不同在于语音有很严整的规律性，这一点主要体现在声韵母上。以声母为例，我们可以看到严整的矩阵图。在大纲编写中，我们应该尽量遵循其原有的规律性，将有相同语音特征的音排列在一起。

第二，音素教学和语流教学相结合的原则。毛世桢（2008）[①]在《对外汉语语音教学》一书中说："音素教学和语流教学在教学内容和教学路子上都是互补的，二者相结合在理论和实践上都是不应该有问题的。""我们当时就明确指出音素教学不能放弃，而且应该放在整个教学程序之初；语流教学则应该在整个教学过程中贯穿始终地持续进行。"语流教学应与语法、语用教学相结合。

第三，由简而繁的原则。不论儿童的第一语言习得还是成年人第二语言习得都是从简单、容易掌握的知识开始，遵循由易到难、由浅入深、由简到繁、由已知到未知等循序渐进的认知规律。第二语言语音习得也理应如此。语音教学大纲由简而繁，在教学中主要体现在两个方面：（1）由声韵调单项练习到单音节再到双音节（二十种声调搭配模式）、儿化、重音、停顿、语调等。（2）每个单项练习中也有若干练习项目，这些练习项目中也有简和繁的分别，我们也应该遵循由简而繁的原则。以元音为例，一级元音是构成语言的基础，所以一级元音的教学应该先于其他。单元音内部也有难易程度的不同，比如处于一级元音格局中顶点位置的

---

① 毛世桢《对外汉语语音教学》，上海：华东师范大学出版社，2008。

[i][u][a] 是世界各语言中普遍存在的语音，虽然基本上都处于 Flege 的“语音学习模型”相似的语音一类，按照其理论应该是最难习得的语音。但是这里所谓的难习得指的是发音标准程度的问题，其发音完全接近母语者水平必须经过一段时间的适应，这是由学习的内在机制控制的。[i][u][a] 和后高圆唇元音 [y]、舌尖元音 [ɿ][ʅ] 以及游移性很强的央元音 [ə] 比起来，前者对于学习者来说更容易接受。从前人的研究看，从听感上，也是后面四个元音偏误比较明显。在大纲编写中，我们会把较容易被学习者接受的放在前边，把偏误较多的放在后面，并作为教学的重点。

第四，突出重点和难点的原则。任何两种语言的语音都会有一部分是相似的，对于学习者来说比较容易接受，可以通过正迁移直接习得，因此我们没有必要把精力平均分配给每个知识点。在教学大纲中，我们应该对难点和重点进行强调，有针对性地进行重点讲、练。但是我们必须面对一个问题，即学习者的母语背景不同，相应的重点和难点必然不同。这一问题仅仅通过教学大纲很难解决，需要教师在教学过程中进行灵活的调整。我们在教学大纲中只能根据迁移理论以及我们对前人研究的总结，将汉语学习者普遍存在的问题列为重点和难点。教师可根据国别性教学原则自主确定一部分教学重点。

第五，复现原则。在每一课中复现已学过的语音知识，增加新的语音知识。以往的部分教材也进行了这方面的尝试，但只是将语音知识放在课后练习中，并没有给予足够的重视，也往往会被教师和学生所忽视。如果将语音的练习放在每天上课的前 5 分钟作为课前热身，效果或许会更好。

三、大纲初步设计

我们将对外汉语语音教学大纲分为基础期和延伸期两个部分。基础期集中在零起点教学初两周，强调音素教学，以语音教学为主，但并不是单纯进行语音教学，而要配合一定对话和语法教学。本节以基础期为主，拟定教学对象为初学汉语的学历生和一年及以上的进修生，对于短期班的学生，建议进行弹性处理，适当压缩基础期语音教学的时间。延伸期指基础期之后的全部汉语学习过程，把音素教学和语流教学相结合，以语流教学为主，把语音教学的工作延伸到汉语学习的中级甚至高级阶段。延伸期语音教学一方面要再现基础期语音知识，进行难点与重点的辨音和纠音；另一方面要介绍新语音知识，主要包括：（1）"一""不"的变调，"啊"的音变；（2）轻声、儿化；（3）停顿；（4）轻重音；（5）语流音变；（6）语调。

（一）基础期

声母学习分为两大部分，第一部分以介绍新声母知识为主。以发音部位为纲，遵循由易到难的原则，将各语言中普遍存在的唇音声母和舌尖中音声母放在最前面。将那些对汉语学习者来说，容易产生偏误，比较难习得的舌尖前音、舌尖后音和舌面音依次排列在后。另外，这种分类也和声母与韵母的拼合能力有关：第一组的拼合能力比较强，基本可以和所有韵母相拼，其中 b、p、m、f 比较特殊，不与合口呼和撮口呼相拼；第二、三组与第四组成互补分布，前者不与齐齿呼和撮口呼相拼，而后者只能与齐齿呼和撮口呼相拼。第二部分则是将难点和重点提取出来进行辨音练习。根据对各国汉语学习者习得汉语偏误情况的调查，声母习得的难点主要有三个：首先是平翘舌；其次是声母送气与否，不送气声母基本没有问题，偏误类型主要是将送气音读作不送气音；最后是舌面音和舌尖音的辨正，特别是欧美的学生，受母语负迁移的影响，常常混读或混听舌面音和舌尖后音。

表 2　《对外汉语语音教学大纲》——基础期

<table>
<tr><th></th><th></th><th>声母</th><th>韵母</th><th>声调</th><th>重点</th></tr>
<tr><td rowspan="9">基础期</td><td>1</td><td>b p m f d t n l</td><td>i u a (u)o[uo]
ü[y]</td><td>55/211</td><td>声母送气问题；
韵母 ü[y]、
(u)o[uo]</td></tr>
<tr><td>2</td><td>g k h</td><td>ai ei ao[au]ou
un uo uai uei</td><td>35/51</td><td>声调的升与降</td></tr>
<tr><td>3</td><td>z c s zh ch sh r</td><td>i[ɿ][ʅ]e[ɤ]</td><td rowspan="2">复习单字四声</td><td>舌位；e 的动程</td></tr>
<tr><td>4</td><td>j q x</td><td>ia ie [iɛ]
iao[iau] iou</td><td>声母舌位</td></tr>
<tr><td>5</td><td>平翘舌辨音</td><td>an ian[iɛn] uan
ang iang uang</td><td>双音节连读首字
一、二声</td><td rowspan="2">介音 u 和
声母合并</td></tr>
<tr><td>6</td><td>送气不送气
辨音</td><td>en uen in
eng ueng ing
ong[uŋ]</td><td>双音节连读首字
三、四声</td></tr>
<tr><td>7</td><td>舌面音、
舌尖音辨音</td><td>üe[yɛ] ün üan
iong[yŋ]</td><td>三声、四声变调
声调标调问题</td><td>介音 ü 和
声母合并</td></tr>
<tr><td>8</td><td></td><td>前后鼻音辨音</td><td rowspan="2">轻声</td><td rowspan="2">轻声音值儿化
发音规律</td></tr>
<tr><td>9</td><td></td><td>复元音韵母的
动程 /er</td></tr>
</table>

韵母和声母排列方法类似，也分两大部分。新韵母介绍部分主要遵循由简而繁，由单元音韵母到二合、三合复元音韵母的规律，并注意韵母与声母、韵母与韵母的对应。比如舌尖元音与舌尖前、舌尖后声母对应；齐齿呼、撮口呼与舌面音声母 j、q、x

的对应；以及前后鼻音的对应等。先介绍处于元音格局三个顶点位置的元音和前高圆唇元音 ü，以及写作单元音而读作二合元音的 o。在这一组 5 个元音中以 o 和 ü 为重点，o 的问题在于与声母 b、p、m、f 相拼时的实际读音是 [uo]，这一点只要说清楚并不难习得。标记性较强，只有个别语言拥有的单元音 ü 是大部分学习者不论是日韩还是欧美学生，都比较难习得的一个音，所以 ü 是教学的重点，也是此后练习的重点。韵母中的难点除了 ü 之外，还有四个难点，第一是两个舌尖元音，解决这一问题的关键是舌尖前、后声母舌位的问题，声母发音难点解决了，舌尖元音困难也会随之而消失。第二是前后鼻音，我们将前后鼻音对应排列，使学生同时接触这两个音，感受两者的不同。第三是元音的动程问题，很多汉语学习者并没有意识到单元音 e 的动程问题。第四是儿化韵。

传统的声调教学是将四个声调同时介绍给学生，同时练习，练习中出现问题时再进行纠正。根据我们对几个国家汉语学习者声调偏误的调查，我们发现声调偏误类型是比较一致的，主要是调域不稳，一声不够高不够平，二声升不上去，四声降不下去，三声问题比较复杂（但主要是教学方法引起的问题）。所以我们不如在声调教学初期就针对问题进行教学。体现在大纲中，我们先稳定学生的调域，从一声和三声开始教，一声是调域的上限，三声以语流中最普遍存在的音值 211 为标准，那么三声可以作为调域的下限，然后再解决声调升与降的问题。双音节连读则以三声和四声的变调为主。另外，我们将轻声放在了声调部分，轻声习得的难点是其在不同声调后，调值不同，所以帮助归纳轻声调值变化规律并进行练习是轻声教学的重点。

（二）延伸期

目前对外汉语语音教学比较重视基础期所提到的内容，但是语音教学只涉及上述内容是远远不够的。上文已经提到延伸期的语音教学除了要复习基础期内容以外还要涉及 6 个方面的内容。

1. 其中（1）的规律性很强，“一”“不”的变调和“啊”的音变并不难习得，只要介绍变化规律，并进行一定练习就可以。需要注意的是，传统“啊”音变中 ŋ+ɑ→ŋɑ、-i[ʅ]+ɑ→zɑ 两种情况与实际发音并不符，一般情况下我们只读 [a]。所以给留学生介绍“啊”的音变时，我们可以只介绍另外三种情况，即 u+ɑ→wɑ、n+ɑ→nɑ、-i[ʅ]、er+ɑ→rɑ。

2. 轻声和儿化的发音问题通过反复练习是可以被克服的，有两点需要注意：一是学生对于轻声和儿化的重视程度不够，这个问题是在教学前首先要解决的，我们可以从区别意义角度强调轻声和儿化的重要性；二是学习者不知道哪些词可以读作轻声和儿化，所以我们建议将必读轻声和儿化的词表列出，将这些词根据学习进度安排在语音练习环节中，通过朗读练习一方面巩固发音，另一方面帮助学生记忆这些词语。

3. 我们可以将轻声必读词进行分类，然后介绍给学生，比如：助词“的、地、得、着、了、过”和语气词“吧、嘛、呢、啊”；部分单纯词中的叠音词和合成词中重叠式的后一音节；大部分表示身体部位的词语；部分表示亲属称谓的词语等。

4. 儿化必读词我们可以根据发音方法进行分类介绍。在整理儿化必读词过程中我们发现，只有无韵尾或有 u 韵尾、有 -i、-n 韵尾两种情况儿化必读词比较多，这样就给儿化操练节省了很多力气，我们可以重点练习前两种情况的词语。

无韵尾 有 u 韵尾	一下儿 那儿 这儿 哪儿 个儿 干活儿 没错儿…… 老头儿 小狗儿 小猫儿 小鸟儿 小球儿 病号儿……
有 -i 韵尾的 有 -n 韵尾的	一块儿 孩儿 会儿 汽水儿 鞋带儿 桌子腿儿…… 好玩儿 点儿 肉馅儿 相片儿 脸盘儿……
有高元音 i、ü 韵腹的	玩意儿 有趣儿 小鸡儿
有舌尖元音 [ɿ]、[ʅ] 的	刺儿 没事儿 瓜子儿
有 -ng 韵尾的	没空儿 娘儿俩 好样儿的

5. 至于语流音变中的同化、异化、弱化、脱落等情况在很多语言中都存在，学生在熟练掌握汉语后可以自然习得，无须在教学初期强调，可以在延伸期语音教学时给学生讲解，目的是使其了解某些语音现象产生的原因。

6. 停顿、轻重音和语调问题应该是延伸期语音教学的重中之重。我们建议可将这部分教学和语法、语用教学相配合。朱川的《外国学生汉语语音学习对策》① 一书对这三个方面的教学做了比较全面的介绍。该书列出了可停顿和不可停顿位置、重读成分和轻读成分，把语调的变化分为调域变化和语调尾音变化两类。这种分类可以比较有效地指导教学。

四、结语

本节根据现有教材和语音教学研究情况，初步编写了对外汉语语音教学大纲，将大纲分为基础期和延伸期两个部分。目前涉

① 朱川主编《外国学生汉语语音学习对策》，北京：语文出版社，1997。

及基础期部分所包括的内容研究比较多，本节尽量将已有研究应用到大纲的编写中。关于延伸期所提到的停顿、轻重音、语调等问题，虽然现有材料很多，但都比较零散，还不足以有效地指导教学工作，有待进一步研究。

第二节　“对外汉语文化大纲”基础研究①

作为一个新兴学科，对外汉语教学已经走过 30 个春秋；作为新中国的一项事业，对外汉语教学已走过了半个多世纪的历程。作为学科，它的建设和发展，需要理论上的探索和实践上的创新；作为事业，它的开拓和深入，依赖于学科建设的成熟，更依赖于国家的综合实力在经济全球化中的竞争实力。进入 21 世纪，无论是作为学科还是作为事业，对外汉语教学都处于千载难逢的机遇期。因此，把握时机，开创对外汉语教学学科和对外汉语教学事业的新局面，是时代和历史赋予我们的重任。“文化大纲”建设，适逢其时。

20 世纪 70 年代末，“对外汉语教学”作为一门独立的新兴学科登上历史舞台。自那以来，虽然学科的建设是敞开的，但用力最勤、硕果最丰、成就最大的始终是在汉语本体研究、第二语言习得研究、第二语言教学法研究、对外汉语教材建设等方面，

---

① 本节摘自张英《“对外汉语文化大纲”基础研究》，《汉语学习》2009 年第 5 期。

如《汉语水平等级标准与语法等级大纲》《汉语词汇大纲》《汉字大纲》《汉语教学大纲》《汉语水平考试大纲》等一系列大纲的成熟和出台，无不受益于此。而与语言关系密切的文化教学，虽然也曾经历了一番学术上的热闹，但人们呼唤已久的“文化大纲”迄今还未能出台。因此，“文化大纲”的建设，既关乎对外汉语教育学科的建设，也关乎对外汉语教育事业的发展。

早在20世纪90年代，陈光磊（1994）[①]、林国立（1997）[②]等学者已开始探讨制定“文化大纲”的理论和实施问题，并积累了一定的成果，本节在前人研究的基础上，就制定文化大纲的理论基础、可借鉴的研究成果、文化大纲的性质、任务以及基本框架等进行探索和研究。

一、“文化大纲”的理论基础

学习语言不能脱离文化，其原理西方的语言学家、文化人类学家和跨文化交际学家已从各个角度进行了论述。比如在语言与文化的关系方面，洪堡特指出，语言是民族的基本特征，是民族精神的外在表现，主张语言研究不能脱离社会，应该与历史文化、风俗习惯的研究相结合。在语言与思维、语言与世界观的关系方面，洪堡特强调，每一个人，不管操什么语言，都可以被看作是一种特殊世界观的承担者。世界观本身的形成要通过语言这一手

---

① 陈光磊《从“文化测试”说到“文化大纲”》，《世界汉语教学》1994年第1期。

② 林国立《构建对外汉语教学的文化因素体系——研制文化大纲之我见》，《语言教学与研究》1997年第1期。

段才能实现，……每种语言中都会有各自的世界观[①]。

索绪尔虽然没有直接研究语言与文化的相关性，但是他在建立结构主义语言学体系时，发现了语言的规律和变化除了内部要素以外，还有外部要素。索绪尔第一次从语言结构的角度，阐明了语言学研究的对象或任务，不仅仅是语言内部，还包括语言与外部的关系。所谓外部关系，就是语言与社会、语言与文化等的相关性及其规律。比如，在语言与风俗习惯的关系方面，他说：“一个民族的风俗习惯常会在它的语言中有所反映，另一方面，在很大程度上，构成民族的也正是语言”[②]。尽管索绪尔本人致力研究的只是语言结构即语言内部的问题，强调共时研究，但是，他提出的一系列概念和研究范畴，比如“语言内部”与“语言外部”“语言”与“言语”“能指”与“所指”“共时”与“历时”以及对立价值理论等，也为语言的外部研究、历时研究、言语研究提出了较为明确的对象，同时也提供了语言研究中可资比较、借鉴的不同研究层次，他所搭建的现代语言学研究框架，无疑为文化语言学、社会语言学、心理语言学等语言学各个分支的发展，提供了理据和学术空间。而在索绪尔语言学影响下产生的各个语言学派别，也在语言与文化的关系方面，不断有新的发现和建树。

梅耶在《历史语言学中的比较方法》中也强调，语言是社会事实，强调语言变化中，特别是词义变化中，有关民族、社会、

---

① 〔德〕威德·冯·洪堡特《论人类语言结构的差异及其对人类精神发展的影响》，钱敏汝译，北京：商务印书馆，1999。

② 〔瑞士〕费尔迪南·德·索绪尔《普通语言学教程》，高名凯译，北京：商务印书馆，1980。

文化因素的巨大作用。认为各种语言的发展演变与它们在历史上、文化上和社会上的环境有极其密切的联系。研究语言，绝不能像语言上的进化论者那样，把语言看作是脱离社会而独立发展以至于死亡的生物上的有机体[①]。

尽管洪堡特、索绪尔、梅耶等人是以不同的观点来探索“语言”的真谛，并且对语言与文化的关系方面的研究是有限的，但是，他们都肯定语言形式与语言的意义以及语义与社会文化背景之间有不可分割的联系；他们的观点为后人研究语言与社会、语言与文化等方面的关系，进而研究第二语言和文化教学的关系，拓宽了视野；为第二语言教学最终突破“就语言教语言”的传统窠臼，奠定了理论基础。20世纪80年代，在西方文化思潮的影响下，中国语言学界也掀起了一股文化语言研究热，他们或从文化的角度来研究语言，或通过剖析语言各个要素来发掘语言本身所蕴含的文化因素，并最终形成了中国的文化语言学及各个流派。尽管各个流派的观点不同，但是他们对汉语言文字本身所蕴涵文化的发掘，极大地影响着对外汉语教学中文化教学的发展，对外汉语教学中的“文化因素”说和“揭示文化因素”说，很明显在理论上与中国文化语言学存在着“姻亲”关系。毫无疑问，西方语言学、跨文化交际学和中国的文化语言的理论，都为制定“文化大纲”奠定了深厚的理论基础。

---

① 〔法〕A. 梅耶《历史语言学中的比较方法》，岑麟祥译，北京：科学出版社，1957。

二、已有研究成果

关于“文化大纲”的理论研究，虽然作为专题探讨的论文不多，但研究文化教学内容、文化教学层次、文化教学范围以及文化教学方式、方法等的论文颇多，这些研究成果，对制定“文化大纲”也提供了重要的参考。

关于专题讨论“文化大纲”的论文，我们只收集到2篇：陈光磊的《从“文化测试”说到“文化大纲”》[①]和林国立的《构建对外汉语教学的文化因素体系——研制文化大纲之我见》[②]。这两篇文章的论点和主张基本上反映的是主流意见，同时，也是目前为止在“文化大纲”的理论性研究方面成就最大的。

陈光磊（1994）[③]首先从“文化教学”的性质、内容来论证“文化大纲”的着眼点。

关于“文化教学”的性质，陈文认为：“语言教学中文化导入最直接的目的是消除外语或第二语言学习、理解和使用中的文化障碍。”“语言课中的文化教学，或者说语言教学中的文化导入，就应当落实在确立发展学生运用语言交际的文化技能上。”

关于“文化教学”的内容，陈文认为：“语言课中的文化教学，大体有两个方面的任务：一是对语言本体结构（主要是语法规则

① 陈光磊《从“文化测试”说到“文化大纲”》，《世界汉语教学》1994年第1期。

② 林国立《构建对外汉语教学的文化因素体系——研制文化大纲之我见》，《语言教学与研究》1997年第1期。

③ 同①。

和语义系统）中有关的文化含义做出阐释，以便为学习者使用目的语做好必要的交际文化上的准备；二是对语言使用中的文化规约做出解说，养成学习者对目的语正确理解和进行交际的文化能力。”关于对语言本体结构的文化教学，他提出了与语法教学相结合的“语构文化”、与词汇教学相结合的“语义文化”和与意念-功能项目教学相结合的“语用文化”说，并认为：“语构文化与语义文化是偏重于内涵-知识性的，而语用文化则是侧重于技能-实践性的。”关于“文化大纲”的着眼点，他认为：“语言教学中的文化导入既然是以习得语言交际的文化能力为指归，那么，以技能-实践性为特点的语用文化自然也就是语言课中‘文化教学’的中心所在，也就是我们拟制‘文化大纲’的重要着眼点。”

关于“文化大纲”拟制办法，陈文认为：“拟制‘文化大纲’，就要对语言课中所要求的‘文化’作内容上的分项列目，以便像‘语法点’那样将它分布于教学过程中。”他提出，“语言课”中的“文化教学”与“文化课”所进行的“文化教学”是不相同的，“文化大纲”的着眼点是在“语言课”中所包含的“文化”，即“语构文化”“语义文化”和“语用文化”。他赞同张占一、毕继万（1991）[①]，魏木春、卞觉非（1992）[②]关于文化因素的分项列目，认为他们的分项列目构想，对于拟制“文化大纲”是很有价值的探索与尝试。陈文分析了两种文化分项立目模式的长短，并提出了自己的设想：“如果以语用文化也就是使用语言的文化

---

① 张占一，毕继万《如何理解和揭示对外汉语教学中的文化因素》，《语言教学与研究》1991 年第 4 期。

② 魏木春，卞觉非《基础汉语教学阶段文化导入内容初探》，《世界汉语教学》1992 年第 1 期。

规约为重心结合语构文化与语义文化来设计文化项目，那么可以在相当程度上借助意念-功能项目，如时间、方位、数量、颜色、姓名、称呼、招呼、问候、邀请、询问、道谢、致歉、告别等等，而赋予其文化含义和文化效用以阐释与描述。”

除了主张将“文化大纲”项目化以外，陈文还主张将其“量级化”或“等级化”，并对黎天睦（1987）[①]，魏木春、卞觉非（1992）[②]对等级的区分进行比较，认为“以语言为本位对语言教学中的文化项目进行等级标准设计和做出等级划分，或许还是比较合适的”。

林国立（1997）[③]在《构建对外汉语教学的文化因素体系——研制文化大纲之我见》中，分别从“文化和文化因素”“文化大纲与语音、语法、词汇、功能大纲的联系与区别”“文化大纲的基本内容”“文化大纲内容的取舍和文化大纲内容的表述”等方面，全面阐述了对制定“文化大纲”的观点和主张。

关于“文化”，林文赞同季羡林的“宽泛”定义，即“‘文化就是生活’，它包括精神文化和物质文化”。关于“对外汉语教学中的文化”，则认为这“是一个语言教学范畴的概念，属于应用语言学的范畴”；“是外国人学习和理解汉语，使用汉语与中国人打交道的时候需要掌握的那种‘文化’，是语言学习和使用过程中涉及的文化”。同时他还提出，“为了把‘文化’和‘对

① 〔美〕黎天睦《现代汉语教学法——理论与实践》，北京：北京语言学院出版社，1987。

② 魏木春、卞觉非《基础汉语教学阶段文化导入内容初探》，《世界汉语教学》1992 年第 1 期。

③ 林国立《对外汉语教学中文化因素的定性、定位与定量问题刍议》，《语言教学与研究》1996 年第 1 期。

外汉语教学中的文化’区别开来，我们把‘对外汉语教学中的文化’称为‘文化因素’”。

关于“文化大纲”的内容和性质，林文认为，人们对“文化”与“语言”的关系、“文化”和“对外汉语教学中的文化”的看法可以不同，“但是在研制和制定文化大纲的时候，必须做出明确的、有倾向性的选择，即必须明确我们是在制定‘文化’大纲还是在制定‘文化因素’大纲”。就此他的回答非常明确：“制定文化大纲，实际上就是构建对外汉语教学中的文化因素体系。”

关于“文化大纲”的内涵，林文分别从“文化大纲要解决什么问题”和“文化大纲与语音大纲、词汇大纲、语法大纲、功能大纲的联系和区别是什么”的角度进行探讨，并得出结论“文化大纲和语法大纲、词汇大纲、功能大纲的区别就在于它们要解决不同的问题”。

关于“文化大纲”的基本内容，他认为：“文化大纲要解决的是‘中国人为什么这么说’‘这么说的含义是什么’的问题。所谓‘为什么这么说’和‘这么说的含义’，实质上就是究竟是什么样的思想观念、哪些心理特征、什么样的生活方式以及哪些风俗习惯使中国人形成了这样的语言表达方式和表达习惯”。由此认为：“文化大纲的基本内容是中国人的民族观念、民族心理、民族的生活方式和风俗习惯。”

在划定“文化大纲”基本内容范围的基础上，林文又对该范围内的内容取舍提出四条原则：“共性原则”“共时性原则”“从众性原则”和“实践性原则”。

关于“文化大纲”的表述形式，林文认为：“首先要考虑的问题是我们是在制定哪一类大纲？我们着手制定的大纲是等级大纲还是教学大纲？是课程大纲还是考试大纲？”并认为，无论是哪种大纲，“其表述方式都应该是‘观念——语言形式（交际形式）’‘生活方式——语言形式（交际形式）’‘风俗习惯——语言形式（交际形式）’，即哪种观念、哪些生活方式、哪些风俗习惯通过哪些语言形式（交际形式）表现出来”。关于“文化大纲”的表述形式及与功能、语言三要素的等级对应关系，林文的观点是：“文化大纲的表述应该以观念为纲，以语言表达方式为目”，“语言教学过程中，语音、语法、词汇、功能和文化因素的对立分布，是文化大纲内容取舍和表述的一个重要的参照系”。

通过对陈、林两文观点的梳理，我们认为他们虽然表述的方式不尽相同，但对“文化大纲”的内容、制定办法、表述形式、等级标准和参照系等基本问题方面，观点比较接近。其中，问题论述得最为精彩的部分是：文化教学的性质、对外汉语教学中的文化教学内容；最鲜明的观点是关于制定文化大纲的办法。陈文主张，借助意念-功能项目，以使用语言的文化规约为重心，结合语构文化和语义文化来设计文化之纲目；林文则主张，以文化观念为纲，以语言表达方式为目来构建文化大纲的框架。可以看出，陈、林的“文化纲目”中都包含着不可分割的三个因素：文化（语言的）、结构（语言的）、功能（语言的），这正是1988年国家汉语国际推广领导小组办公室正式提倡的“结构-功能-文化”相结合的教学原则。

由于“文化”的存在形态不同，有的在语言形式之中，有的在文化交际之中，因而“文化教学”的内容和方式也不同，“对外汉语教学中的文化教学”和“对外汉语文化教学”是两种不同的教学方式。由于对“结构-功能-文化”相结合中“文化”的内涵没有加以区分或界定，因而人们在讨论“结构-功能-文化”相结合时，把文化和结构-功能混淆为一，以至在制定大纲时，也把“文化”作为与“功能”“结构（语音的、词汇的、语法的）”相对等的“单位”，即把“语言的文化因素”与“跨文化交际的文化因素”融入一个“文化大纲”中，而这两种“文化因素”虽然在意义上相关、教学的最终目标一致，但其存在形态和教学的直接目标并不完全相同，因而要把它们融入一个“大纲”之中不尽合理，这也是“文化大纲”研制中的一个误区。因为对“文化纲目”的设立，没有人能够提供出成功的范本。

我们认为，“结构-功能-文化”相结合中的“文化”，包括“文化因素”和“文化知识”两个方面。“文化因素”存在于语言形式之中，属于语言的文化要素，是语言技能教学的一部分。由于隐含于语言形式之中，是语言要素的有机部分，其教学应该融于语言教学之中，次第等级应该以语言为本。“文化知识”指的是跨文化交际涉及的文化，其内容应以观念、规约等为次第等级，此类的“文化”可分项列目，因而可以制定出独立的“大纲”。

三、教学实践和参照

文化教学的实践已有20多年的历史。就“文化因素”教学而言，其实践的基础有两个：一是对汉语言文字中所蕴含的文化因素的发掘程度，这是教学的理论基础；二是教师语言文化素质的高低及进行文化教学意识的强弱。从目前教学现状来看，这两方面的情况都相当不错。这一点，可以从20年来语言类教材的“文化味”越来越浓得到证实[①]。

“文化知识”教学，经历了从无到有的过程，课程和教学方式也越来越多。但学历教育（汉语言专业）中的文化课与非学历教育中的文化课不是一个概念，前者的文化课，固然有培养跨文化交际能力的问题，但更重要的是关乎知识结构、人才的综合素质问题；后者的文化教学，则主要考虑培养跨文化交际能力。关于课程开设情况，各个学校都不一样，但其发展势头是有目共睹的。所积累的教学实践经验，皆能为制定“文化大纲”提供有益的信息或参照。

作为参照，除了对外汉语教学领域的成功经验之外，国外汉语教学和国内外语教学的经验和做法、国外第二语言教学的“文化大纲”等也是很好的参照。国内外语教学的文化课程和要求，如：英语、法语、德语等高校专业教育的《教学大纲》中对文化教育的标准和要求，赖毅生（2001）[②]对广东行政学院2000级学生跨文化交际知识调查的分析；国外汉语教学文化课程和要求，如：法国国立东方语言文化学院中文系课程设置（吴勇毅1996）[③]。

关于国外的“文化大纲”，我们只找到Sterm. H. H（1991）[④]

---

① 程棠《对外汉语教学目的原则方法》，北京：华语教学出版社，2000。

② 赖毅生《英语教学中应重视文化背景知识的传授——对我院2000级学生跨文化交际知识调查的分析》，《广东行政学院学报》2001年第1期。

③ 吴勇毅《法国国立东方语言文化学院中文系的学制及课程设置》，《世界汉语教学》1996年第2期。

④ Sterm. H. H., *Issues and Options in Language Teaching*, London: Oxford, 1991.

在《语言教学的问题与可选择策略》(*Issues and Options in Language Teaching*)第八章文化大纲(Cultureal Syllabus)中提出的一些观点。Sterm 认为，合理的文化教学的原则应该是既看到达到目标文化的困难性，同时又肯定文化在第二语言教学中的地位。他认为文化教学应该包含如下项目：(1)处所。对于不在目的语环境中的学习者来说，制定文化大纲时应该选择一个典型的目标文化区域，以此来描述操母语者的方位观念等。(2)个人与生活方式。通过个人与目标文化中的人或小团体的接触去了解目标文化中人的生活方式。(3)人与社会。学习者应该了解代表社会、职业、经济和不同年龄等的团体。(4)历史。学习者应该了解目标社会历史的发展、历史上重大的事件、重要的人物以及目标社会的现状。(5)制度。学习者应该了解目标社会的制度，包括教育、社会福利、经济、传媒等。(6)艺术、音乐、文学与其他主要成就。学习者应该了解目标社会在艺术等领域的成就、重要人物、著作等。

Sterm(1991)[①] 认为，文化大纲的设计困难是影响文化教学的一个重要因素。其困难表现为三个方面：(1)对语言课程中文化项目的排序重视不够，目前主要教学法都把文化教学视为附带性的(incidental)，文化项目都是零散的，一般都是以小片段、随文解释(culture asides)、独立文化片断(cultural capsules)、文化同化程序(cultural assimilators)、微型戏剧(mini-dramas)，或者类似形式出现，而并没有把文化项目作为一个连贯的有序的

① Sterm. H. H., *Issues and Options in Language Teaching*, London: Oxford, 1991.

整体（a coherent and sequential programme）全面考虑；（2）第二语言教学中的文化大纲与其他领域，如历史、地理、社会研究、文学、美术或者音乐等课程有交叉，这个问题目前也没有很好地解决；（3）语言课程中文化因素的比重问题，文化项目在语言课程中的比重应该依据课程设置环境的不同而不同。

关于文化教学的等级和水平划分，Sterm 认为大家关注得还不太多。他介绍了几个有代表性的观点。下面我们分别介绍如下。

Brooks（1971）① 区分了文化教学的四个等级：（1）对家庭饭桌、课堂、操场、家庭作业、家务、信件、游戏、聚会、游行和节日等的处理；（2）对代表文化的谚语（proverb）、俗语（saying）、图片和照片等反映出来的思想和行为的特写（close-ups of thought and action）的处理；（3）对目标文化中表示“遗憾”和“悲剧”形式的处理；（4）对文化进行综合分析的尝试。

Nostrand（1968）② 针对成年初学者也区分了四个层次：（1）学习者掌握日常表达方式，包括打招呼、告别、吃东西以及同龄阶层的休闲娱乐活动；（2）学习者了解目标文化中的文学、家庭、教育、文化主题（cultural-themes）以及目标社会中的人们；（3）了解目标社会的结构；关于第四个层次，Nostrand 只是罗列了一些保持平衡的期望（balanced-expectation），并没有展开说明。

---

① Nelson Brooks, A Guest Editorial: Culture—A New Frontier. *Foreign Language Annals*. 1971.

② Joseph S. Larson, F. C. Van Nostrand. An Evaluation of Beaver Aging Techniques. *Journal of Wildlife Management*. 1968.

Hammerly（1982）[①]的分级与语言教学“初级-中级-高级”的划分平行：（1）把握词语的文化内涵、学习得体的行为以及培养对目标文化的兴趣；（2）了解文化之间的差异以及探讨文化之间的共同点；（3）整体把握第二语言的文化，对它做出批判和肯定，并进行认真的研究。

Sterm 承认，以上这些等级划分表面上比较合理，但其实只是推测性的，没有实验研究的支持。他建议，设计文化项目次序的时候，应该考虑三条标准：第一，年龄比较小的学习者应该多参与简单的、可以直接体会目标文化的活动，而年长的学习者可以通过母语阅读关于文化的内容；第二，如果文化教学与语言学习同步并且为了提高语言学习水平，活动的安排应该与预期的语言水平保持一致；第三，文化教学应该从相对简单和具体的事件出发总结文化的主题，了解整个社会。

Sterm 高度重视制定文化大纲的意义，认为文化大纲的制定使得第二语言教学的焦点转向了人和目标语的文化，这对第二语言教学法的贡献是不可低估的。

五、关于“文化大纲”的制定

制定一个“文化大纲”，表面上看内涵是明确的，无疑议的。但事实上，由于对“文化”的定义和分类上还存在着的分歧，又由于对“文化因素”“文化知识”认识上的差异，人们对“文

① Hammerly, Hector, Contrastive phonology and error analysis. *International Review of Applied Linguistics in Language Teaching*. 1982.

化大纲”中“文化”的范围和内容的认识并不一致，对“文化大纲”中的“大纲”到底以什么为本，看法也不相同。因此，人们对“文化大纲”的理解，可以说是见仁见智。到底要制定一个什么样的“文化大纲”？林国立（1997）[①]认为：“可以有不同看法，……但是在研制和制定文化大纲的时候，必须做出明确的、有倾向性的选择”。否则，“文化大纲”的性质、任务、与其他“大纲”的关系就无法确定。换句话说，一个性质、任务、与相邻关系都不明确的“文化大纲”，很难想象其在教学实践中能够发挥什么作用。

（一）“文化大纲”的性质和任务

“文化大纲”的性质和任务可以从以下两个方面来界定。一是“文化大纲”中的“文化”指什么。是指对外汉语教学中的“文化因素”还是指对外汉语文化知识。“结构-功能-文化”相结合是目前第二语言教学普遍实行的教学原则，在这三“要素”中，唯有“文化”的存在形态、教学内容、教学方式是两种，所涉及的内容很难在一个“大纲”中体现出来。所以，制定“文化大纲”，必须首先确定制定的是以语言为本的“语言的文化因素”大纲，还是以文化为本的“跨文化交际中的文化”大纲。二是“文化大纲”的作用是什么？如果用于指导教学或课程，是“文化教学大纲”；如果用以区别水平和等级，则是“文化水平等级大纲”或“文化水平考试大纲”。不同性质的大纲，承担的任务是不同的。

值得一提的是，“对外汉语”和“对外汉语言专业”的“文化教学”有交叉，但不完全相同，因而属于专业知识结构部分的

---

① 林国立《对外汉语教学中文化因素的定性、定位与定量问题刍议》，《语言教学与研究》1996 年第 1 期。

"文化"，不属于从培养"跨文化交际能力"角度来探讨的问题，也不是本专题要研究的内容。但是，以往的研究，对此疏于区分。

关于制定一个什么样的"文化大纲"，有两点需要考虑：一是充分考虑语言与文化的内在关系，这是尊重理论的问题；二是作为对教学的指导，"文化大纲"必须具有可操作性，这是尊重实践的问题。反观两种不同的文化教学，语言的文化因素，即存在于语言形式之中的文化，是隐含于语音、语法、词汇之中的，很难把它们从存在的形式之中"拿"出来另列"大纲"，它们的"纲"和"目"隐含在"结构"和"功能"之中，是语言固有的"要素"，应该尊重它们"结构-功能-文化"三位一体的存在状态或形式，制定一个"结构-功能-文化"三位一体的"大纲"，满足初、中阶段培养"语言技能""交际能力""跨文化交际能力"的需求。"跨文化交际"所涉及的不是存在于语言形式之中的那部分"文化"，是可以分项列目为"纲"的文化内容，不仅具有可操作性，而且对于提高中、高级阶段学习者的"跨文化交际能力"也具有可行性。因此，我们所说的"文化大纲"，就是属于这种性质的大纲。至于是制定"文化教学大纲""文化水平等级大纲"还是"文化水平考试大纲"，则要根据不同的任务来确定。

（二）"文化大纲"的任务和基本框架

因为任务不同，内容和表述的方式也不同。比如，用于教学的大纲，要考虑文化纲目的分布与语言水平及教学目标的对应关系；如果是水平等级大纲，则要考虑等级区分和等级标准，等等。这些是无须讨论的问题。

与"语法""词汇"等纯语言类大纲不同的是，"文化大纲"

应该是一个开放型的大纲。语言的听、说、读、写技能可以分项训练，四项技能的差异也会因人而异。但是就“语言技能”本身来说，由低到高、循序渐进是一个客观规律，因而教学大纲相对是一种线形状态。文化教学则有些不同，除了“语言的文化因素”外，非“语言形式之内”的文化，事实上存在着两种需求，一种是“跨文化交际”必须掌握的“文化”，即可能在跨文化交际中成为交际“障碍”的那部分“文化内容”，这是第二语言学习者都需要的；另一种是不同个体的需求。留学生学习汉语的目的不同，汉语技能、跨文化交际能力是基本的目标，除此之外，每个人还有其他目标，即个体需求和文化学习取向有所不同，而一定语言水平基础上的文化兴趣的差别，在留学生中是一种普遍现象，因此，“文化大纲”的基本框架应该是一种有主干有分支的“树状”结构而非“线形”结构，即具有可选择性的“开放”形态。

（三）“文化大纲”与其他“大纲”的关系

“文化大纲”与其他“大纲”的关系，可以用四个字来概括——“分工合作”。“语法”“词汇”“汉字”等“大纲”承担的主要是“语言技能”方面的任务；“功能大纲”承担的主要是“交际能力”方面的任务；“文化大纲”承担的主要是“跨文化交际能力”方面的任务。

当然，“分工”并不等于“分家”。正像听、说、读、写技能的分项训练只是相对的“分工”，“结构”“功能”“文化”的“分工”也只是表明不同的侧重，“分工”是相对的，“合作”是绝对的，各个“大纲”之间的关系都一样。它们承担的任务和实现的目标就像三个台阶：“语言技能”“交际能力”“跨文化交际能力”。它们既是分工合作，又是有机的整体。

第三节 从语法大纲看对外汉语教学和测试理念的发展①

语法教学是对外汉语教学的根本；语法能力也是语言交际能力的重要组成部分；语法大纲对总体设计、教材编写、课堂教学及课堂测试等对外汉语教学的各个环节都有指导意义。语法大纲的编订是一个非常烦琐慎重的工作，它吸收了教学实践的经验和各种理论的成果，又指导着实际的教学和考试，从它的变化可以看出对外汉语教学和测试的发展。本研究试通过比较六个语法大纲，考察对外汉语教学和测试的变化与发展。

一、*对外汉语教学的六大语法大纲*

对外汉语教学的语法体系自《汉语教科书》（1958）建构了基本框架，半个多世纪来不断完善成熟。20世纪90年代，对外汉语教学的学科意识逐渐增强，行业规范的工作开始大面积展开，在吸收教学语法的成果之后，当时的对外汉语教学领导办公室颁布了一系列教学大纲，其中涉及语法的有：1995年的《对外汉语教学语法大纲》②（以下简称《教学语法大纲》）和2002年的《高

① 本节摘自李靖华《从语法大纲看对外汉语教学和测试理念的发展》，《考试研究》2011年第6期。

② 王还主编《对外汉语教学语法大纲》，北京：北京语言学院出版社，1995。

等学校外国留学生汉语言专业教学大纲》[①]（以下简称《专业教学大纲》），除此之外，随着汉语水平考试（HSK）的应运而生，《汉语水平等级标准与语法等级大纲》[②]（以下简称《语法等级大纲》）也于1995年研制成功。随着中国国际地位的提高，汉语国际推广事业在21世纪得到了突飞猛进的发展。为适应新形势，国家汉办又于2008年和2009年先后颁布了《国际汉语教学通用课程大纲》（以下简称《通用课程大纲》）和《新汉语水平考试大纲》（以下简称《新汉考大纲》）。同时，其他国家也日益重视汉语教学的重要性，颁布了一些规范性的大纲。本节选择的是英国剑桥考试委员会下属牛津剑桥皇家艺术学会开发的Asset Languages，这是为支持英国国家语言策略开发的一个语言评估项目，与欧洲语言共同参考框架对应。2005年该项目推出了汉语测试（Asset Languages Mandarin）以及配套的汉语语法大纲。Asset Language汉语测试和大纲均分为6级：突破（Breakthrough）、初级（Preliminary）、中级（Intermediate）、高级（Advanced）、流利（Proficiency）、精通（Mastery），每个级别都有听、说、读、写四项独立的测试。自20世纪90年代至今，这六种语法大纲，不管是教学大纲还是考试大纲，正在逐步发生变化，这些变化也反映出这一时期对外汉语教学界在语言能力观、教学观、测试观等方面出现的新趋势。

---

① 国家对外汉语教学领导小组办公室编《高等学校外国语留学生汉语言专业教学大纲》，北京：北京语言文化大学出版社，2002。

② 国家对外汉语教学领导小组办公室汉语水平考试部《汉语水平等级标准与语法等级大纲》，北京：高等教育出版社，1995。

二、变化之一：理论语法色彩淡化

理论语法是学者对语言事实进行观察后总结出来的规律，然而这种规律无法直接教给第二语言习得者，必须经过教师的加工，因此学生在课堂上掌握的语法来源于教师教的教学语法[①]。理论语法和教学语法的主要区别在于：理论语法追求语言系统的详细解释，教学语法并不追求系统的详细解释；理论语法注重理论的系统性，追求理论内部的一致性，而教学语法对各种理论的态度是博采众长[②]。

就系统性而言，上述六种大纲中，《教学语法大纲》《语法等级大纲》和《专业教学大纲》都非常注重体例上的完备。例如，《语法等级大纲》中有甲、乙、丙、丁四级语法项目，共252项、916点，从语素、词类、固定短语到句型、复句、句群，涵盖了汉语除语音外的各个层级。同时，在宏观的系统框架之下，每个项目的介绍也非常周密，如《教学语法大纲》在“名词”项目下介绍了名词的分类、名词的语法特征、名词的句法功能、时间词和方位词，一共4个分项，42个小项。《专业教学大纲》在介绍复句类型时列举了并列、顺承等10种复句类型并且还有关联词的列举。相比之下，三个新大纲——《通用课程大纲》《新汉考大纲》和Asset Languages，虽然继承了词类、短语、句子、复句的宏观系统框架，但在内部并不拘泥于系统性的介绍，不

---

① 崔希亮《语言理解与认知》，北京：北京语言文化大学出版社，2001。

② 金立鑫《漫谈理论语法教学语法和语言教学中语法规则的表述方式》，见国家汉办教学处编《对外汉语教学语法探索》，北京：中国社会科学出版社，2003。

求完备，但求典型。如《通用课程大纲》在“各种复句”的条目下，不再分设各种关系类型，而是从结构形式出发，列举各种关联形式。

在语法项目的解释上，新老大纲的处理也采取了不同的形式。20 世纪 90 年代的大纲在每个项目下都有一定的解释，虽然这些解释对理论语法进行了一定的改造，并且从理论上来说简练清楚，但是从实际教学的角度看，还是略显烦琐。而新的大纲，不论是教学大纲还是考试大纲，都不再出现描述性的解释，而采用列项加举例的方式。《通用课程大纲》采用了表格形式，更加突出语言形式本身，例如：

表 1

语法项目	结构形式	例句
1. 结果补语		
1.1 一般形容词作结果补语	动词 + 形容词	衣服洗干净了。
1.2 “完”作结果补语	动词 + 完	作业写完了。
……	……	……

（摘自《国际汉语教学通用课程大纲》第 92 页）

从理论内部的一致性上说，20 世纪 90 年代的大纲基本上采用的是结构主义语言学对句子的切分、对词类的抽象，很明显是理论语法向教学语法过渡的产物，但对某些语法项目的处理会有对外汉语教学自己的角度，例如采用对比语言学和类型学的成果，在名词项目下会说明：“汉语名词也没有性的语法范畴。自然性别用词汇手段来说明……”[①]。而三个新的大纲更加博采众长，吸纳语言学研究的各种新成果。例如，《通用课程大纲》会给每个语法项目一个结构形式，采用的就是构式语法的思想。构式语法主要认为通常所说的句法格式也跟词一样，是形式和意义的结合体，它所表示的意义没法从结构的组成成分、内部构造规则和已有的句法格式所推知[②]。构式语法理论非常符合心理学和认知科学“整体大于部分之和”的完形原理。举一个具体的例子：在动词的持续态的处理上，《教学语法大纲》会先介绍持续态的定义，然后指明汉语可以用副词“在”表示，否定形式是“没有”……而《通用课程大纲》会明确给出结构形式：主语 + 在 + 动词短语 +（呢）；主语 + 正 + 动词短语 +（呢）……表示事情正在进行。这样的处理突出了结构的整体意义，不会把语法意义（持续态）归到某个词（在）的身上，有利于学生习得。

测试大纲是一个测试的纲领性文件，大纲变化了，与之对应的考试也会出现相应的变化。新语法大纲理论语法色彩减弱在考试中表现为试卷结构的调整。与《语法等级大纲》对应的原 HSK 非常注重语法的地位，并且在考试中考查的语法内容也非常细致全面。原 HSK 基础和初中等考试都设有单独的语法结构部分，分别占 29% 和 18%；而在高等考试中，语法结构部分包含在综合表达部分，主要是通过第一部分（挑错题）和第三部分（排序题）考查，占全卷的 17%，详见下表：

---

① 王还主编《对外汉语教学语法大纲》，北京：北京语言学院出版社，1995。

② 陆俭明《“构式语法”理论与汉语研究》，《中国语文》2004 年第 5 期。

表 2

<table>
<tr><td colspan="2">考试名称</td><td colspan="2">试卷结构</td><td rowspan="4">综合填空（40题）</td></tr>
<tr><td>原 HSK（基础）</td><td>听力理解（50 题）</td><td>语法结构（40 题）</td><td>阅读理解（50 题）</td></tr>
<tr><td>原 HSK（初中等）</td><td>听力理解（50 题）</td><td>语法结构（30 题）</td><td>阅读理解（50 题）</td></tr>
<tr><td>原 HSK（高等）</td><td>听力理解（40 题）</td><td>阅读理解（40 题）</td><td>综合表达（40 题）</td></tr>
</table>

新 HSK 的 1—6 级考试均没有单独的语法结构部分，试卷仅分为听力、阅读、写作 3 个分测验。删除独立的“语法结构”部分是测试理念的一大改变，实际上除了汉语考试，托福考试也经历了这一转变。托福考试在初期的试卷构成中就专门设有“语法结构”部分，后来语法结构与写作部分合并成为“结构与书面表达”部分，仍包括“语法结构”15 题，占全卷的 12.5%。再后来 ETS 出了托福 2000，不再单独设置“语法结构”部分。

从所描述的语法的系统性和描述的方式看，早期的大纲，即《教学语法大纲》《语法等级大纲》《专业教学大纲》的理论语法色彩较浓，而近期的大纲，不管是国内的还是国外的，逐步摆脱了传统理论语法求全、求细、求专方面的束缚。在长期的教学实践中，教师们逐渐意识到教学内容必须从学生实际语言需要和学习效率出发，考试也不能过于强调对单纯语法知识的考查。

三、变化之二：显性知识的教学和考查减少

在第二外语习得领域，显性知识指有可能用语言来描述的知识，是学习者有意识的知识，即学习者知其所知；而隐性知识则

是完全默会的知识，即学习者不知其所知[①]。例如，对母语者来说，母语的语言规则是隐性知识而非显性知识，因为它很难通过语言进行明确的表述和逻辑说明，并且存在于每个母语者的头脑中，不易受环境的影响，不易消退遗忘。对一个语言教师或者语法学家来说，语言规则可以说是显性的，因为他们不但知道某个句子是否合语法，而且知道为什么；而对普通的母语者来说，母语语法则是隐性知识。相应地，语言教学也出现显性教学和隐性教学两种方法。显性语法教学通过学习语法规则达到掌握语法的目的，侧重在教学中直接谈论语法规则，语法教学目的直接明显，强调的是教师一方的作用。隐性语法教学在教学中避免直接谈论所学语法规则，主要通过情景让学生体验语言，通过对语言交际性运用归纳出语法规则，强调的是学生一方的作用。

学术界对语法教学是应该采用显性教学还是隐性教学的争论非常激烈。支持显性教学者认为语言技能的习得都是从显性知识开始的，显性知识就像心理学中的陈述性知识，技能的习得经历了陈述性知识转化为程序性知识再到自动化的过程。这就是显性知识可以转化为隐性知识的强接口立场，代表人物有McLaughlin。反对显性教学的代表人物是Krashen，他提出的五个假说首先区分了学习和习得，认为有意识的学习和无意识的习得是语言能力发展的两条途径。其输入假说认为语言的使用能力不是教出来的，而是随着时间的推移，接触到可理解输入后自然形成的。理想的输入应该采用“i+1”模式，显性的语法教学是远

① Ellis, *The Study of Second Language Acquisition*. Oxford: Oxford University Press, 1994.

不够的，唯有充分的可理解输入才能导致习得的产生。这是显性知识无法转换为隐性知识的无接口立场。除此之外，也有基于两者之间的学者，他们的立场是弱接口立场，认为显性知识在一定的条件下是可以转换为隐性知识的。Ellis 提出了新的概念，即吸入（intake），认为吸入就是转化的条件。吸入不同于输入，是语言输入中学习者关注到的语言特性。语言输入和吸入都不能直接进入学习者中介语系统，只有从输入中获得吸入然后内化了的隐性知识才可以进入中介语系统。是否需要显性地教语言，有赖于三方面：教学目的、目的语结构、学习者风格[①]。

实际上，关于两种知识是否能转化的问题是行为主义和天赋主义语言习得观争论的延伸[②]。传统的语法结构的描写都是显性知识，《教学语法大纲》里“量词”条目下有若干个小项，每个小项都配有详细的解释，如“借用量词：有些名词（多为表示容器的）可以被借用来做名量词，多用于不可数名词。如‘三杯咖啡’‘两碗饭’‘一壶茶’‘四瓶酒’‘几车货’。还有些名词可以临时借用表示物量，一般只和‘一’或‘两’（用于成对者）连用，含有‘满’的意思，而且在这种借用的名词之后还可以用‘的’……”依照这样的大纲，在教学中学生在学习“一杯咖啡”时，要先知道“杯”是名词，在这里被借作名量词，同样表示容器的名词也可以用作量词，例如“碗、壶”等。但在《通用课程大纲》《新汉考大纲》和 Asset Languages 的大纲中并没有类似的描述，

---

① Krashen, S. & Richard Robin, *Explorations in Language Acquisition and Language Use: The Taipei Lectures*. Portsmouth, NH: Heinemann. 2003.

② 顾琦一《隐性知识、显性知识及其接口之争》，《外语教学》2005 年第 6 期。

甚至连借用连词的条目也没有，“杯”“碗”等借用量词只是被作为词汇纳入词汇大纲，在量词的条目下只有典型的量词列举，如“个、张、条”等。这种处理方式体现出了隐性教学的理念。对学生来说，会说“一杯咖啡、两杯水”“我要一碗米饭”即可。随着学习的深入，在遇到“一瓶酒、一盒笔”的表达时，学生自然会理解并且生成“我要两瓶酒”等新句子，这样学习者就潜意识地习得了“借用量词”这一语法项目。新语法大纲不仅精简了语法体系，而且使得教学目标更加明确为以培养交际能力为目标。通过新旧大纲的对比可以看出，对外汉语教学逐渐意识到隐性教学的重要性，开始逐渐避免教学中直接谈论语法规则，而是让学生通过语言的运用将语言规则内化。

这种“内化”的思想也可以在考试方式的改进上得以反映。原 HSK 考试由于受到 Lado 成分技能说的影响，将考试分为既含语言成分又含语言技能的若干个部分，并且每个部分考查的是什么内容和知识都非常明确。新 HSK 和 Asset Language 都采用了听、说、读、写的分测验形式。虽然它们都有自己的词汇和语法大纲，但对词汇和语法的考查都融入对考生听、说、读、写汉语运用技能的考查中去。新 HSK 各级考试都分为听力、阅读、写作部分，并且配有初级口试、中级口试、高级口试。Asset Languages 则是每级都分听、说、读、写四个独立测试。在新的考试结构下，新 HSK 考试摒弃了某些原来常用的题型。例如，原 HSK 基础 51—70 题，样题如下：

第 51—70 题，每道题里都有 A、B、C、D 四个句子，请你找出最恰当的句子。

例如：53. A. 电话修好了已经
B. 已经电话修好了
C. 电话已经修好了
D. 修好了电话已经
〔摘自《汉语水平考试 HSK 真题集（基础）》〕

该题正确的句子是 C。很明显它要考查的是汉语主语、谓语和状语的正确顺序，是最基本的语法知识。这种题型以客观题的方式间接考查语言能力，可以说是一种高效率并且有效的题型，统计数据也不错，难度以及与其他题型的相关都非常高[①②]。但由于这种题型脱离了语言使用环境，并且仅涉及阅读能力，新 HSK 不再使用这种题型，但保留了能综合考查语言技能的题型，如完型填空题，阅读理解题等，同时也增加了一些新题型，如组句、看图说话，用词造句等。这些新题型的特点有：一是重视语境，一般不会孤立地考查单个句子或者词，二是重视综合考查语言运用能力，不单独考查词汇、语法，并且在每一级都增加了书写题，从初级开始就设有口语考试。例如新 HSK3、4、5、6 级都有“完成句子”题型，这一题型不仅考查了语法排序能力还考查了写汉字的能力。

Asset language 的考试题型也比较新颖，例如下面这道阅读题，考生要先阅读，然后经过加工、假设情景自己做出表述，这就是语言运用综合能力的考查。

---

① 姜德梧《中国汉语水平考试（基础）的设计原则和试卷结构》，《世界汉语教学》1999 年第 3 期。

② 张凯《汉语水平考试结构效度初探》，见《首届汉语考试国际学术讨论会论文选》编委会《首届汉语考试国际学术讨论会论文选》，北京：北京语言学院出版社，1995。

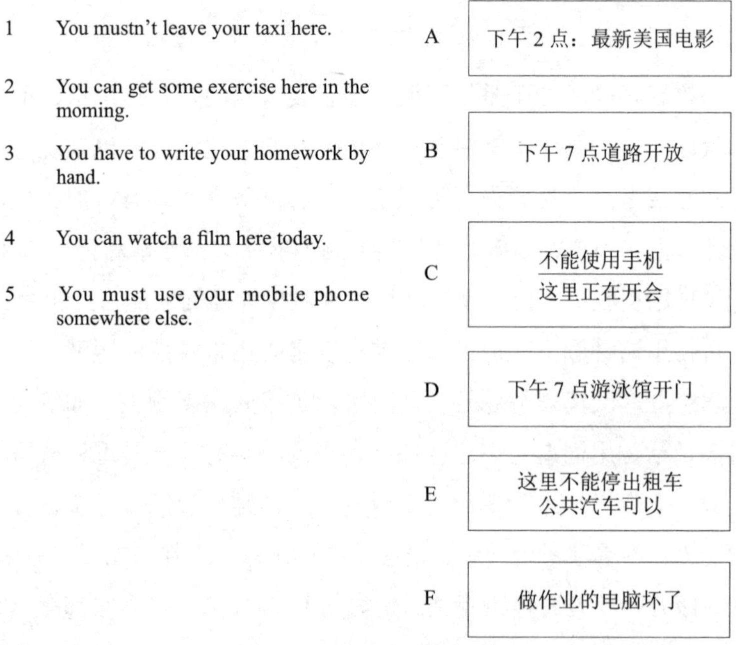
Part 1

Questions 1-5

Which notice (A-F) says this (1-5)?
For questions 1-5 mark the comect letter A-F on your answer sheet.
There is one extra letter you do not need to use.

1 You mustn't leave your taxi here.

2 You can get some exercise here in the moming.

3 You have to write your homework by hand.

4 You can watch a film here today.

5 You must use your mobile phone somewhere else.

A 下午2点：最新美国电影

B 下午7点道路开放

C 不能使用手机
这里正在开会

D 下午7点游泳馆开门

E 这里不能停出租车
公共汽车可以

F 做作业的电脑坏了

（摘自 External assessment sample tasks Mandarin Preliminary）

这种将语言规则尽量隐性化的处理体现了近期第二语言习得理论的新发展，它尽量避免了语法术语，突出语言事实本身，使外语学习者学习的过程最大化地模仿母语者习得的过程，以期将语法知识内在为学生的隐性知识。在测试中，通过设置情景语境、对语言技能的考查来间接考查语法规则的掌握情况，这也是从考查语言知识向考查语言能力的一种转变。

四、变化之三：标准规范观向沟通理解观转化

近年来，在英语作为外语教学的领域，关于“标准”的问题开始引起争议。第二语言究竟学的是什么，以什么为标准？学者们开始有了新的看法。传统的理论认为，母语者的语言表现是外语教学的目标，在第二语言课堂上，学生的输入和输出都必须是完全符合目的语语言规则的。例如，经典的中介语理论认为学习者在学习过程中，他的语言输出是高度结构化的一个系统，并且无限接近于目的语。其中，中介语就是一个相对于目的语的概念，它以母语者的能力为标准和目标。这种语言教学目标叫作“标准规范观”（norm-bound perspective，简称 n-bound perspective）[①]。相应地，如果更关注学习的过程而非结果，更关注语言的多种意义而非囿于语言学特征，这种教学观叫作 c-bound perspective，这里的 c 有多种理解：交际（communication）、理解（comprehensibility）、文化（culture），可以译为“沟通理解观”[②]。

沟通理解观的出现与盛行不无道理，于理论和现实都有所考虑。第一，理论上，语言的本质就是用于交流的工具，是形式与意义的结合体，机械的、形式上的学习毫无意义。第二，沟通理解观是在把英语作为外语教育领域提出的，所以主要考虑的是英语的现实问题。从现实来看，英语已经成为全球化的语言。各个地区的人都在学习和使用英语，而把英语作为母语的

---

① Sifakis, N. C., *Teaching EIL*—teaching international or intercultural English? What teachers should know. System 2004. (32. 2).

② 谢小庆《语言能力测试如何适应语言教学方式的发展》，《考试研究》2010 年第 4 期。

有英国人、美国人、澳大利亚人等，他们的语言表现不完全一样，即使是一个国家的母语者语感也会不一样，例如，“We're goin' cinema”，以英格兰南部中年中产阶级母语者的标准看，这句话是不合语法的，而以伦敦年轻人的标准看，这个句子省略 to 完全可以接受，尤其是在非正式的口语中。以英语作为官方语言的有印度人、新加坡人等，他们说的英语也会有出入，另外各种母语背景的学习者说的英语或多或少会带有母语烙印，所以现在的英语就是一种混合语（English as a lingua franca）（Alan Firth，2008[①]；Constan Leung，2005），很难确定什么是标准英语。语言是发展变化的，也是约定俗成的，在全球化的影响下，英语的发展自然会允许各个地区的文化个性，能交际、能理解是最终的目的。目前汉语也在逐渐成为世界化的语言，有人称汉语为未来的语言，所以汉语即将面临的问题正是英语时下的现实问题。汉语也可以说是一种混合语，有时候很难说有一种标准的汉语。例如，课堂上常常强调复合趋向补语中处所词需放在动作动词和表趋向的动词之间，应该说“他回学校去了”，但在现实中，某些方言区就有“他回去学校了”的说法。第三，更现实的一点是师资问题，全球的英语教师恐怕大部分是非母语者，如果过分强调母语者标准，那大部分英语课堂的教师会觉得没有安全感，教师威信会受到挑战。汉语国际推广也正在努力实现师资本土化，沟通理解观的理念有利于这一政策的推广。

对于两种教学理念，可以这么理解，两个不同的观点是一个

---

① Alan Firth, Reviews of English in the world: Global rules. *Applied Linguistics,* 2008(29. 2).

连续体，只不过一端是标准规范观，强调的是规则、标准，另一端更优先考虑不同学习者之间跨文化交际的过程，更关注交际目的本身而非准确和规范性。这两种教学观的区别在于：n-bound perspective 把语言的形式置于功能之上，比较片面，认为学习者的母语是学习外语的绊脚石，而 c-bound perspective 则认为语言不但是形式上的各种规则，还是包含文化、社会功能的交际工具，外语教学的目的是使学生在用目的语交流时能够互相理解。因此，如果学生在实际交流中说出“there are three cat”，n-bound perspective 认为错误，而 c-bound perspective 认为可以接受。两者的具体区别是：

表 3

	n-bound perspective	c-bound perspective
关注点	语言规则	功能、文化
对母语的态度	尽量排斥母语、严格控制母语对目的语的影响	认为母语对目的语的学习有帮助
语言规则	是可以详尽的	很难也没有必要详尽
学习目标	母语者水平 以母语者为中心	不必达到母语者水平 以非母语者为中心
语言能力	听、说、读、写的技能分离观	语言、交际、文化的综合运用能力

英语教学有这样理念上的变化，对外汉语教学也存在这种趋势。早期出版的语法大纲以母语者水平为标准，要求高而细；近期出版的语法大纲以交际理解为标准，抓大放小，提纲挈领。例如同样是教学大纲，在“钱数”这一项目的处理上，2005 年《通用课程大纲》2 级的语法项目中有一项是“人民币钱数的表达”，然后给出结构形式和例句，体现了以交际理解为目标的教学理念，

没有语法术语，也没有详尽各种不同的表达类型，只是区分了“块、角”和“元、毛”，明确了这一语法项目的功能；而1994年的《教学语法大纲》没有这一项，处理方式是在“数词”类下的“基数”项有数字的介绍，但“量词”类下的“名量词”和“个体量词”“集合量词”“度量词”等项下均没有“元、角、分”的介绍和举例，这种处理突出了语言规则的系统性，而忽视了功能性。在实际教学中，钱数的表达属于初级并且十分必要的内容，学生如果从“量词”概念开始学习，然后学各种量词分类，最后学量词如何跟数词结合形成数量短语就会偏离交际功能教学法。

新老HSK大纲也能反映出这种理念的变化，1995年的《语法等级大纲》中的语法等级大纲分甲、乙、丙、丁四级，仔细研读丁级的516点会发现这些语法项目的难度很高，并且很细。例如“词的构成”一项下有“复合法”，然后再下分“联合式”“偏正式”等，每一项下再有举例和分析，“偏正式”下有“真理良心（表示性质）”“皮带金牌（表示质料）”……这些语法知识恐怕很多汉语母语者也未掌握。2009年的《新汉考大纲》的语法部分有3级，涵盖了汉语的基本核心语法项目，通过HSK（三级）的考生“可以用汉语完成生活、学习、工作等方面的基本交际任务”。从这些不同的设计中可以看出新的大纲完全摒弃了高高在上的母语者标准，而从学习者的角度出发，以在国际交流的场合中双方的相互理解为标准。

这种变化还反映在考试内容上。首先是对学生母语的态度，沟通理解观认为母语对第二外语的学习是有帮助的。上文举出的Asset Languages的阅读理解题中就含有英文部分，它的中级及以下级别的考试中不排斥学生母语，还要通过英语来帮助考生理解情景设置。其次是考查内容有所变化，新 HSK 不再过多地考查近义词辨析、严格的语法表述等等，更加强调考生运用这个词达意进而进行交际沟通的能力，而不是某几个词在语法和词汇上的辨析，这种辨析对考生来说只是语言知识，而非语言能力。例如，原 HSK 基础考试的语法结构题中有这样的题型，要求选择说法正确的一项：

54. A 我们让跳个舞一起吧
B 让我们一起跳个舞吧
C 让我们跳个舞吧一起
D 让我们跳个舞一起吧

摘自《汉语水平考试 HSK 真题集（基础）》

这题考查的是兼语句语序和状语的位置，按照严格的书面语语法，B 是正确答案，但口语中我们也常常说 C，或者说在实际会话中如果出现 C 这种语序是不影响交际的。新 HSK 的考查语序题中，大部分考查内容都是汉语中语序唯一的情况，并且以半主观形式考查，如果出现两种表述均正确的情况，评分时也有调整的空间。

五、结语

理论语法色彩的减弱、显性知识教学和考查的减少、教学和测试理念由标准规范观向沟通理解观的转化，这些变化都顺应了外语教学理念的发展趋势，也体现了汉语考试在结构、题型和内容上的调整，这些变化适应汉语国际推广的新形势，有助于汉语在世界范围内的推广，有利于增进各国对中国的了解。在新的汉语分级测试研究中可以借鉴新大纲和考试的结构、题型和内容，不单独设置语法结构部分，将语言要素的考查融合到对语言技能的综合考查中去，以语言交际能力而非语言知识为考查对象。

当然，没有任何大纲是完美的，不论是早期的还是近期的语法大纲。目前还有两个问题有待解决，一是语篇问题，有的大纲尽量回避，有的大纲又过分强调，略显冗余。语篇问题是个复杂的问题，因为涉及的不光是句法层面的，还包含词汇、语音、语用层面的内容，如何在语法大纲中合理体现语篇衔接的各种手段还有待考虑；二是语法项目的顺序问题，目前大纲中项目的分级多是经验性的，每个项目之间也没有明确的难度区分，而在二语习得领域，已经初步有了一些汉语习得顺序的实验成果，语法大纲的研制应该吸收这些成果，但如何吸收，习得顺序和难度等级是否对等这也是有待思考的问题。

第三章

专门用途大纲研究

第一节 预科生文科专业汉语教学大纲编制面临的问题及相应策略①

一、新时期预科教育回眸

汉语预备教育是我国对外汉语教学历史最长的类别，也可以说，对外汉语教育肇始于汉语预备教育。其后，随着汉语本科教育、汉语短期强化教育、汉语进修教育，乃至依托于孔子学院的海外汉语国际教育的蓬勃发展，对外汉语教育日益呈现出精耕细作的面貌。然而在此过程中，汉语预科教育却因其专门性强、受众面窄而日渐弱化、淡化。在 2005 年之前，汉语预科教育仅以 HSK 考试作为衡量标准，完全局限于通用语言教育，没有专业汉语教学作为预科生入系学习的过渡，教学的预科性完全缺失。2005 年起，教育部在三所高校（山东大学、天津大学、南京师范大学）进行来华奖学金生汉语预科教育试点，重新建立、健全医学、理工、

---

① 韩玉国《预科生文科专业汉语教学大纲编制面临的问题及相应策略》，载王佶旻主编《来华留学生预科教育标准与测试研究》，北京：北京大学出版社，2016。本节受到北京语言大学规划项目“预科生国别文化对汉语学习之影响”资助，项目编号为 14GH03。

经贸三大门类的汉语预科教育，预科教育进入新的发展时期。在此基础上，教育部于2009年3月13日发布《关于对中国政府奖学金本科来华留学生开展预科教育的通知》（以下简称《通知》）[①]，决定自2010年9月1日起，对中国政府奖学金本科来华留学生新生在进入专业学习前开展预科教育。时至今日，承担来华留学生预科教育的高校已增至9所。

试点建设至今已十年，预科教育在国家留学基金管理委员会来华部的全面规划和直接指导下，先后确立了基础汉语、科技汉语、医学汉语、中医汉语、经贸汉语、中国概况、数学、物理、化学九种课程教学大纲，编写出版了除基础汉语之外的八种专业汉语教材，研发并实行了不同学科门类的预科结业综合统一考试，学科建设取得了阶段性成果。然而，作为既要重拾传统又要与时俱进的一个专门汉语教学门类，仍然有很多问题亟待研究和解决。许涓（2012）[②]认为：现行预科教育教学大纲在对象界定、培养目标确定、总学时安排、课程设置等方面存在不足，需要修订和完善。董杰、韩志刚（2014）[③]指出：基础性研究仍然是预科教育研究中的一个薄弱环节，直接关系到教学大纲的修订、专业汉语水平考试大纲的制定以及专用汉语教材的编写。我们认为，目

① 教育部《教育部关于对中国政府奖学金本科来华留学生开展预科教育的通知》（教外来）［2009］20号［EB/OL］.（2009）［2010-05-12］. http://www.moe.edu.cn。

② 许涓《中国政府奖学金本科来华留学生预科教育教学大纲研究》许涓、李海燕主编《同济·留学生预科教育研究论丛》（第1辑），上海：同济大学出版社，2012。

③ 董杰、韩志刚《试论面向来华留学生预科教育的专用汉语研究》，《语言教学与研究》2014年第4期。

前，专业汉语（文科）教学大纲及教材的空缺与此紧密相关。

二、专业汉语（文科）教学大纲编制面临的问题

（一）当前沿用的专业汉语（文科）教学指导性文件

北京语言大学自2009年开始接受国家留学基金管理委员会委托，承担除经贸、管理专业以外的文科类（以下称“大文科”）预科生的培养工作，为规范培养课程教学、统一考试而拟定了一份《专业汉语（文科类）课程教学大纲》，主要内容包括课程基本信息、课程性质与目标、教学内容及要求、课程实施与教学方法、课时安排、课程考核与评定六个部分，全文约1700余字。该大纲作为临时性课程教学指导文件存在以下问题：

首先，该课程大纲的属性更接近课程教学规范，着重对相关课程教学提出了统一的基本操作要求，没有对专业汉语教学的目标进行分层说明。安德森等[①]转述了克拉斯沃尔和佩恩关于教育学中“目标”的分类：

克拉斯沃尔和佩恩确定了三个具体层次，并把这三个层次的目标分别称为总体目标、教育目标和教学指导目标，其中第三个目标现在被更加普遍地称为教学目标。

目标不清晰甚至缺失导致该课程教学大纲中专业汉语教学的地位和作用、知识与技能体系等关键信息显得模糊，作为大纲应有的科学性和指导性不足。

---

① 〔美〕洛林·W. 安德森等编著《布卢姆教育目标分类学——分类学视野下的学与教及其测评》（修订版），蒋小平等译，北京：外语教学与研究出版社，2009。

其次，从课程架构来看，该大纲规定了专业阅读课和专业听记课两个课型，仅从技能角度设课，且技能训练集中于语言信息的输入——听和读，而语言信息输出技能——说和写缺失。更为严重的是，尽管两门课程对预科生未来的专业学习具有一定的应对性，但限于上课型教学要求，预科生急需的书面语知识、专业词汇与专业基础知识等专业汉语学习的重要内容只能以“附带习得”① 的形式进行，无法全面、系统地展开，不能不说是一大缺憾。

第三，从现有两门课程所覆盖的专业内容来看，存在着较为严重的选材杂糅现象。专业阅读课中经贸类选文 9 篇，占总量的 50%；专业听记课的 5 个单元中有 3 个单元分别涉及数学、计算机和经济学，占主题总量的 60%。从选文可见其专业导向并非“大文科”，而是经贸与“大文科”并举。

上述问题表明，“大文科”专业汉语教学大纲亟待重新建设。

（二）预科生总体培养目标

教育部 2009 年的《通知》中明确规定了预科生培养的总体目标：使学生在汉语言知识和能力、相关专业知识以及跨文化交际能力等方面达到进入我国高等学校专业阶段学习的基本标准。并对学习者完成预科教育之后应具备的专业知识和专业能力进行了描述：具备一定的专业基础知识，如专业学习所需的数学、计算机、古汉语等；掌握一定量的专业词汇常用表达句式，在专业课课堂教学中使用汉语进行听、记、问的基本能力；借助工具书

---

① Nagy, W. E., Herman P. A. & Anderson R. C., Learning words from context. *Reading Research Quarterly Vol.* 1985, 20.

阅读中文专业资料的初步能力及进入专业学习时所需的相应的书面表达能力。

对这一宏观目标，作为大纲应结合专业门类进行重述，并据此设定下位的教育目标和教学目标，以对专业词语、专业知识的构成、专业技能的细分做出系统而明确的描述，并为此进行有针对性的课程设置和教学安排，用以指导课程教学、教材编写和成绩评定。

（三）专业汉语（文科）教学大纲建设面临的问题

专业汉语（文科）教学大纲建设滞后与其相对于其他学科的特殊性紧密相关，许多问题尚待研究和解决。

1. 大文科专业涵盖复杂，专业基础知识庞杂

大文科涉及 13 大学科门类中的 6 个，分别是：哲学、法学、教育学、文学、历史学和艺术学，占学科门类总量的 46%，是汉语预科教育中学科门类涵盖最多的，而其他门类的预科教育学科门类比较单一，专业针对性更强，如医学汉语对应医学；经贸专业汉语主要对应经济学，兼顾管理学；科技汉语主要对应理学、工学，兼顾农学。正因如此，北京语言大学出版社出版的“来华留学生专业汉语学习丛书·中国政府奖学金生专用教材”中的《中医汉语综合教程》《经贸汉语阅读教程》《西医汉语阅读教程》《西医汉语听说教程》《科技汉语听说教程》《科技汉语读写教程》等教材能够较为集中地选取专业基础知识，又由于医学、经济与日常生活联系紧密，使得教材编写能够从生活现象入手生发专业知识。相对而言，学科门类的多样性直接降低了大文科专业汉语的专业针对性，基本属于“上层建筑”学科，距离现实生活较远，如何深入浅出地选材并呈现成为一个难题。

2. 难以通过知识与技能之间的对应拟定功能-意念大纲

产生于20世纪70年代的功能-意念教学法对我国对外汉语教学法及教材编写产生了深刻的影响，使得“以结构为主，结构和功能相结合”成为20世纪80年代的主流教学和编教思想。其后，先后制定并出版了《对外汉语教学初级阶段教学大纲》（含《对外汉语教学初级阶段功能大纲》）①、《对外汉语教学中高级阶段功能大纲》②、《高等学校外国留学生汉语教学大纲·长期进修》（含《对外汉语——功能项目大纲》）③。这些大纲的制定与出版代表了通用汉语教学领域功能教学的成熟与规范。在专业汉语领域，韩志刚、董杰在《科技汉语听说教程》的编写过程中提炼出定义与说明、位置与方向、异同与比例、运算与操作、指令与要求、分类与举例等功能项目，以此为纲进行教材编写④。对于此，董杰、韩志刚（2014）⑤认为：由预科学生语言能力的专业性、输入性特点出发，预科专用汉语功能项目的抽象提炼应把重点放在专业语言文本中语言本身的意念功能方面，而不是交际功能方面。

以功能-意念为大纲指导专业汉语教学、进行教材编写无疑

---

① 杨寄洲主编《对外汉语教学初级阶段教学大纲》，北京：北京语言文化大学出版社，1999。

② 赵建华主编《对外汉语教学中高级阶段功能大纲》，北京：北京语言文化大学出版社，1999。

③ 国家对外汉语教学领导小组办公室编《高等学校外国留学生汉语教学大纲·长期进修》，北京：北京语言文化大学出版社，2002。

④ 韩志刚、董杰《科技汉语教材编写中的选词问题》，《文教资料》2010年第26期。

⑤ 董杰、韩志刚《试论面向来华留学生预科教育的专用汉语研究》，《语言教学与研究》2014年第4期。

是最理想的方式，能够将专业知识、语言结构、功能三者完美又较为一致地统一在一起，同时解决知识传授和预科学习技能培养的问题。但这种理想的模式要求知识、语言结构和功能三者之间具有较强且较为严整的对应关系。而对大文科而言，尽管语言结构和功能之间具有一定的对应关系，却由于专业知识繁复，很难做到以功能为纲，纲举目张地排列专业知识。

3. 专业词语与通用词汇区分模糊度较高

专业词语是专业汉语教学大纲构成的重要组成部分。经济、医学和理工门类由于专业性程度较高，专业词语与通用词汇的分野也比较明显。作为一个集合性概念，专业词语包括专业术语、专门名称、职业用语等，其中，专业术语是核心部分[①]。由于大文科专业词语与普通词汇的互渗性很强，许多专业词语脱离原来的专业领域成为通用词汇，专业领域的很多术语也从普通词汇中借用。由于上述原因，大文科专业词语与通用词汇之间存在很大的模糊地带；从通用词汇看，尽管一些词语并不是术语，特别是正式语体词汇，却在学术材料中高频出现，要考虑这类词语如何处理等等。韩志刚、董杰（2010）[②]把科技语体中的词语分为四个层次类别：汉语基础词语、书面通用词语、半科技词语和科技词语，这种方式为大文科专业词语的分类与甄别提供了有益参考。

4. 专业学习微技能尚待探索、确定

教育部2009年的《通知》中明确了预科教育的总目标，关于专业汉语技能培养方面的表述有：在专业课课堂教学中使用汉

---

① 叶其松《术语、专业词汇与词典》，《辞书研究》2010年第2期。

② 韩志刚、董杰《科技汉语教材编写中的选词问题》，《文教资料》2010年第26期。

语进行听、记、问的基本能力；借助工具书阅读中文专业资料的初步能力及进入专业学习时所需的相应的书面表达能力。作为总体目标，这是一种宏观的表述，而就预科教育而言，我们仍需要全面考察预科生入系学习需要的基本技能，并将其细化为微技能，便于采取针对性措施使得技能培养在课堂教学中落地。

三、专业汉语（文科）教学大纲研制的相应策略

教学大纲应明确规定本课程在教学计划中的地位和作用、课程教学目的和任务、知识技能的范围与深度、教学内容体系结构以及教学进度和教学法的基本要求。而这些内容的科学性、针对性和有效性完全基于我们对专业汉语课程的理解和把握。针对上文所述文科专业汉语教学大纲编制所面临的问题，结合我们的研究与思考，对大纲编写提出相应策略。

（一）专业汉语（文科）的课程定位与教育目标

作为汉语预科教育的特色课程，文科专业汉语是从通用汉语课程学习向本科专业课程学习的过渡，从通识教育与人文教育的角度介绍专业基本知识和概念，学习专业词汇，培养学生的专业学习适应性、专业学习习惯和通过语言获取专业知识的相关技能，为本科专业学习奠定语言基础。属于具有一定专业导向的语言类课程而非专业类课程。在总体目标指导下，通过该课程教学实现以下三个方面的教育目标：

第一，获取必要的专业基础知识。以专题学习的方式，了解相关学科领域的入门知识、基础专业词汇，形成对专业的初步认知。

第二，掌握必要的专业学习技能、方法与策略。以汉语作为获取知识的工具，掌握专业学习的语言技能。

第三，提高预科生的专业学习适应性，具体包括：（1）语体适应性。通过专业汉语构词、句式、语篇的学习，实现从日常交际语体向专业正式语体的转换。（2）课堂适应性。适应以教师讲授为主要方式的专业课堂教学，习惯教师板书和教师课堂语言。（3）思维适应性。从学习通用汉语的顺应性思维向学习专业的批判性思维过渡，为大文科专业学习者的人文精神培养创造条件。

（二）专业汉语（文科）的课程体系

综合考虑大文科不同于经济、医学和科技等学科门类的特点，其课程体系适合采用以专业汉语综合课为主体，专业汉语听说课与读写课为两翼的课程设置，各自设定教学目标。专业汉语综合课注重通识教育、专业基础知识的引介、正式语体的语言样式、知识学习与技能训练的平衡发展。听说课、读写课突出更为专门、细致的专业语言技能训练。三门课程在各学科门类上具有一致性，但在具体主题和叙述视角上又有所不同，既相对独立又相互配合，其总体目标是通过课程教学达到语言学习与本科专业学习的贯通。

（三）专业汉语（文科）教学内容体系

1. 专业主题范畴

专业汉语（文科）教学内容涉及哲学、法学、教育学、文学、历史学、艺术学6大学科门类，并针对预科生专业分布有所侧重，最大限度、最大范围地满足预科生文科专业汉语的学习需求。具体二级学科包括：汉语言文字学、中国古代文学、中国现当代文学、新闻学、传播学、法学理论、社会学、国际政治、国际关系、外交学、教育学原理、教育史、中国古代史、艺术学、美术学共计 15 个。上述二级学科将以专题的形式在课程教学中得以体现。

2. 专业内容教学的角度与难度

在以二级学科为专题的课程教学中设定两个难度层次：第一层次是通识教育，第二层次是专业基础知识。教材编写应对此有所体现。

专业汉语课不是本科阶段专业基础课的下移，在内容上应基于通识教育和素质教育展开，进而上升到专业基础知识的引介。由于大文科专业内容恰好与素质教育所倡导的人类发展史中历史、文学、哲学、艺术、人文精华等内容一致，作为专业汉语教学的第一个层次目标，应以源于生活、易于理解、富于人文情怀的内容入手，在内容式学习中培养学生的独立人格和独立思考习惯，实现育人目标。该层次教学也应体现专业汉语和通用汉语的良好衔接；作为向专业学习过渡的课程，通识教育应自然上升为较为正式的专业基础知识介绍，在语言形式、语体面貌、词汇难度、篇章构成等方面接近专业学习。

3. 教学内容的体系构成

鉴于本节第二部分所讨论的大文科专业内容的特点，专业汉语（文科）教学无法以学科内容一致的知识为纲，也不能以功能为纲，而应采取以专题为纲的方式，在专题之下尽量实现知识、技能与功能意念的对应。功能意念的体现采取两种方式：其一是基于教学材料提炼的书面语功能意念，如定义、举例、引用、分类等；其二是与专业相关的口语表达功能，如概括、转述、论证、反驳等，能够就基础专业知识和相关话题阐述个人观点、与他人交流并讨论。

四、结语

教学大纲建设是一项系统工程，目前仍需进一步研究和解决的问题主要包括：文科专业词表的设定、功能意念大纲的设定以及教材的研发。尽管教学大纲与教材编写具有先后关系，教学大纲是教材编写的依据，但作为教学大纲理念的载体，教材无疑也对大纲具有检验、修正和细化的作用，二者的互动关系也不能忽视。作为课程教学的依据，教学总体理念的实现、教学素材和课程教学都依托于教材的编写，而课程教学作为教学大纲的重要组成部分之一也有待于教材编写完成之后列入大纲，因此，我们将把对文科专业汉语的认识融入并体现在教材编写当中，并在此基础上完善教学大纲，用以全面指导教学。

第二节　本科来华留学生[①]预科教育结业标准研究[②]

在教育部国际司、国家留学基金委的领导下，中国政府奖学金本科来华留学生预科教育自2005年试行、2009年正式开展以来，在教育实践与教育研究领域取得了显著的成绩。目前，预科教育与考核工作的科学性与标准化，成为预科教育主管部门及培

---

① 本节主要针对中国政府奖学金本科来华留学生。

② 本节摘自许涓《本科来华留学生预科教育结业标准研究——以理工类预科生教育为例》，见王佶旻主编《来华留学生预科教育标准与测试研究》，北京：北京大学出版社，2016。

养院校关注的热点问题。本节拟结合理工类预科教育培养经验与研究成果，对该类预科结业标准的难易把握、实现途径、结构模式进行判断、分析与梳理，以期总结出客观适用的观点与方法，促进预科教育结业标准与考核方案的研究与实施。

一、预科教育任务的社会功能与结业标准

目前，中国政府奖学金本科来华留学生预科教育任务兼具教育与外交功能。

从教育目标来看，预科教育应该是实现预科生在其本国接受的高中教育与中国高等教育的对接。这一目标，要求预科教育结业标准要基本符合中国高校本科入学的要求。那么，本科入学要求的内涵究竟是什么？

《汉语水平等级标准与语法等级大纲》[①]认为，留学生的汉语水平应该达到中等三级，才基本具备在中国高等院校入系学习的语言能力，具体见下表：

表 1　汉语水平中等三级标准

		话题内容	语言范围	言语能力
中等水平	三级	一般性日常生活、学习和一定范围内的工作	普通话全部声、韵、调以及轻声、儿化，甲乙丙三级词5253个，甲乙丙三级汉字2205个，甲乙丙三级语法652项、点	具有一般性的读、听、说、写能力，基本具备在中国高等院校入系学习的语言能力

① 国家对外汉语教学领导小组办公室汉语水平考试部《汉语水平等级标准与语法等级大纲》，北京：高等教育出版社，1996。

关于言语能力，事实上理工类预科生进入本科后，专业课对学生的汉语能力，也就是听、说、读、写的综合技能的要求具有特殊性。听，要求听懂专业课教师的快语速、非规范语音、富含专业词汇的语段；说，要求和专业课老师、同学有专业交流，比如提问、回答、讨论等等；读，要求读懂专业教材、课外参考书，看懂潦草、不规范的板书，看懂专业考试试卷且要有一定的阅读速度；写，做听课笔记、完成作业或实验报告，乃至完成专业考试的书面试卷[①]。这是从本科阶段对学生的汉语应用能力来谈的。

我们还可以通过词汇量来看看本科阶段入学的基本要求。《汉语水平等级标准与语法等级大纲》认为，留学生在中国高等院校入系学习前，至少应掌握5000个词。这里没有指明本科专业类别，5000多个词应该都属于普通汉语词汇范围，可以理解成适用于所有专业。而针对理工类的学生，论文《论预科汉语基本过关的实现途径》[②]、《论对新疆高校少数民族学生开展专业汉语教学的必要性》[③]均引用北京语言学院“现代汉语词频统计”课题组提供的数据，称听懂专业课必须掌握普通词汇4500—5000个，科技词语词汇2000—2500个，专业词汇1500—2000个，以最低限词汇量计，总计8000个词。根据理工类预科教育专家的分析，以上所谓普通词汇应该包括通用于口语和书面语的最基本的汉语词语和少数通用于各种书面语体而一般不用于口语的词

① 金一平（2010）《建造语言训练和专业教育之间的桥梁》http://blog.sina.com.cn/s/blog_4ac4eb140100jvqx.html.

② 万世丰《论预科汉语基本过关的实现途径》，《新疆师范大学学报》（哲学社会科学版）1992第1期。

③ 李建军《论对新疆高校少数民族学生开展专业汉语教学的必要性》，《语言与翻译》2007年第3期。

语；科技词语词汇应该包括通用于各种科技语体、反映一般科技概念的常用词语；专业词汇指专门用于某一学科领域的专业科技术语[①]。

如果我们只遵循教育规律，只单纯地考虑教育标准，那么，这些经过教育实践与研究论证总结而来的要求，可以作为理工类预科生结业标准的重要参考。但是，中国政府奖学金本科来华留学生预科教育任务兼具教育与外交功能。预科生入学时一般都没有汉语学习经历，在生源国高中毕业，数理化知识水平参差不齐，在预科结业时也不能单纯地按照教育目标来要求。

那么基于这样的实际情况，预科生的结业标准应该如何把握呢？目前的标准是预科生结业时得通过新 HSK 四级（1200 词）考试，或者通过国家留学基金组织实施的“中国政府奖学金本科来华留学生预科教育结业考试”。后一类考试对于理工类的学生而言，涉及普通汉语、科技汉语和数理化的内容，显然比只要求 HSK 的成绩更符合预科教育的目标指向。如果尽早结束两类考试并行皆可的局面，以后者取代前者，无疑是更能全面地体现预科教育成果的。不过，无论是只要求 HSK 成绩还是实施新的考试方案，目前还得保证较高比例的学生拿到预科结业证书。

以下一些统计和调查的数据可以为我们了解近年来理工类预科结业生质量提供一些参考。表 2 是同济大学 2011 年理工类预科生结业时所学词汇的数量与构成情况：

---

① 韩志刚、董杰《科技汉语教材编写中的选词问题》，《文教资料》2010 年第 26 期。

表 2　同济大学理工类预科教学词汇量统计情况

汉语水平	普通汉语词汇量	科普汉语词汇量	专业基础词汇量	词汇总量
A 级	2900	400	700	4000
B 级	3400	400	700	4500
C 级	4500	1000	1000	6500
D 级	5500	1500	1500	8500

（预科生入学时按照汉语水平分为 ABCD 四个级别，A 级为零起点班。）

这是根据同济大学 2010—2011 学年理工类预科生所用的教材及其教学情况进行的较为精确的统计。其中 A、B 两级的学生约占预科生总数的 90%。也就是说，绝大部分的预科生，在学习了 4000 左右的词汇后，就进入了本科阶段继续深造。

为了了解预科结业生在本科阶段的学习情况，我们通过召开座谈会、收集调查表和成绩单等方式，对同济大学 09、10 级理工类预科结业生在本科阶段的学习情况进行了跟踪调查[①]。调查结果显示，同济大学理工类预科班的学生，结业后在本科阶段各门功课都能及格的学生占 34.38%；80% 及以上科目能及格的学生累计占 65.63%，其中后进的学生经过努力，基本能跟上本科教学的步伐。这就是说，还有 34.37% 的学生，困难较大。特别是仅有 50% 及以下科目能及格的学生（占 18.75%）估计很难完成本科学习任务。具体情况见下表：

① 许涓《同济大学预科结业生本科阶段学习情况跟踪调查数据统计与分析》，见许涓、李海燕主编《同济·留学生预科教育研究论丛》（第 2 辑），上海：同济大学出版社，2013。这一时期，还需考虑到科技汉语教学分为两个阶段进行，一段放在预科，一段放在本科。

表 3 同济大学 09、10 级理工类预科
A 级班结业生本科阶段及格科目情况

及格科目比例	2009 级（8 人）	2010 级（24 人）	两级合计（32 人）	
	人数（累计）	人数（累计）	人数（累计）	比例（累计）
100%	2	9	11	34.38%
90%	5	9	14	43.75%
80%	7	14	21	65.63%
70%	7	15	22	68.75%
60%	8	18	26	81.25%
50%		19	27	84.38%
40%		21	29	90.63%
30%		21	29	90.63%
20%		22	30	93.75%
10%		22	30	93.75%
0%		24	32	100%

以上虽然是较小的样本，但调查对象是随机选定的。由于同济大学为教育部委托的中国政府奖学金理工类预科培养院校的三校之一，也是学生规模最大的一所；同时三校培养模式基本一致，所以具有一定的代表性。

通过以上统计和调查的数据，我们可以明显地看到预科教育实践取得了意想不到的成果，尽管绝大部分学生在词汇量仅有专家文献论证要求的一半的情况下进入本科，却约有三分之二的学生基本能逐渐地适应本科阶段的学习。但是也可以明显地看到还

有三分之一的学生感到吃力，尤其是20%左右在本科阶段有一半甚至更多科目不及格的学生。

分析至此，我们可以看到，即使在预科教育成果明显的情况下，目前预科结业标准与本科入学要求仍然有不小的差距。因此本研究认为，在满足外交功能的前提下，预科结业标准应该尽可能向预科教育目标靠近。如何把握这个靠近的尺度，将直接影响预科结业考核的难易度，也将直接影响预科结业生的培养质量。

二、预科教育质量提升与结业标准

目前中国政府奖学金本科来华预科生应保持高结业率；而以现在预科生的整体水平来看，要完成这个任务同时又贴近预科教育目标，难度不小。有没有解决或者说缓解的办法呢？预科教育质量的提升是关键所在。本研究认为质量提升可以通过以下一些途径：

首先是提高预科教学与教研水平。优化教学法，提高课堂效率是永无止境的。只要坚持不懈地努力，随着预科教育教学理论、教材质量与教学手段的提高，随着科技发展对教学辅助功能的增强，预科普通汉语、专业汉语和专业基础课课堂教学水平无疑会日益提高。目前亟须加强的是搭建预科教育教学研究平台，围绕提高预科教育质量的核心，进行深入细致并具有实效的研究，推动预科教育教学水平的提高，启动预科教育质量评估体制。

其次是改进预科培养模式。从微观的层面，增强学生对专业学习的意识，不仅在学期中加强学生课外学习的兴趣与力度，还可以利用寒暑假调动学生自主学习。从中观的层面，理工类可以考虑把目前预科阶段的一学年两学期调整为理工类预科三个课程模块逐渐累加的“三阶段”，理顺先期课程与后面课程的衔接关系。20 世纪 80 年代，北京语言学院针对理工类预科生编写过从普通汉语过渡到科普汉语再过渡到科技汉语，从汉语语言要素到听、说、读、写各种技能，从科技汉语功能到科技汉语知识步步铺垫、层层衔接的教材，反映了整体设计、全面构架的培养模式。目前理工类预科三个课程模块各自独立，科技汉语内容过于单薄，数理化内容过于艰深，且同期开课，较难衔接。本研究认为 80 年代的培养模式具有很大的参考价值。从宏观的层面，预科培养模式是否还可以延伸到海外，比如是否可以在预科生来源国的高中为中国政府奖学金获得者集中开设汉语课，在不延长学生学习年限的情况下，就可以提高他们来华时的汉语水平，这样可以提高国内预科入学的要求，为预科教育质量的提升提供必要的条件。

总之，通过可能的途径，持续不断地提高预科教育质量，能使预科结业标准逐渐向预科教育目标靠近，从而趋于合理。

三、预科结业考核方案与结业标准

预科结业标准最终将具体体现在预科结业考核方案上。前文讨论的是预科结业标准的难易把握以及提升标准的实现途径，而结业考核方案的研究关注的是结业标准的结构模式。为了梳理、总结来华留学生预科结业考核可行性方案，笔者曾通过文献资料研究过美、英、德、日四国针对外国人的大学入学相关考试，归纳出七种不同的考试方案[①]。具体可见下表：

表 4　美、英、德、日针对外国人的大学入学考试方案

序号	考试类别	国外实例
1	全球通行的语言能力测试	TOEFL〔美〕、IELTS〔英〕TestDaF〔德〕、日本语能力试验〔日〕
2	高校单独组织的考试	DSH〔德〕
3	预科结业考试	IFY 结业考试〔英〕
4	预科结业考试 + 专业外语考试	德国大学预科院结业考试 +Feststellungsprprüfung〔德〕
5	全球通行的综合考察学生语言能力、学业基础能力的考试	TestAS〔德〕、日本留学试验〔日〕
6	留学目的国高考	ACT〔美〕
7	预科结业考试 + 留学目的国高考	GAC 结业考试 +ACT〔美〕

针对外国人的大学的入学考试与预科结业考试的管理视角不同，但本质上都是考察留学生是否已经具备进入本科学习的学业基础。通过研究发现，就针对外国人的大学入学考试而言，在发达国家，全球通行的语言能力测试有逐渐被全球通行的综合考查学生语言能力、学业基础能力的考试所取代的倾向。留学目的国的国家国力越强，学科水平越高，针对外国人的大学入学考试的要求就越高，比如美国排名前列的高校，对外国人进入大学的考试要求跟本国人的要求已经完全一样。目前国家留学基金委委托

① 许涓《国外针对外国人大学入学相关考试对我国预科教育结业测试标准的启示》，《考试周刊》2012 年第 59 期。

北京语言大学汉语考试与教育测量研究所研发全面考察预科生学业基础能力的“中国政府奖学金本科来华留学生预科教育结业考试”，拟以其取代仅考察汉语交际能力的HSK的做法是符合国际教育考核趋势的。当然，鉴于我国预科教育的社会功能与现状，我们的预科结业考核方案既要努力引导预科生提高语言能力与专业基础能力，同时也不能照搬国外的标准与模式。从实际出发，本研究认为以下几种模式是具有可行性的预科结业考核方案：

1. 通过统一的课程成绩测试。教育部预科教育院校可以根据不同的专业大类统一培养方案、课程大纲、课程设置、教材、课程考试大纲，统一考核。

2. 通过统一的课程成绩测试和HSK。

3. 通过综合考查学生学业基础能力的考试。考试内容涉及普通汉语、专业汉语及专业基础知识。

四、结语

中国政府奖学金本科来华留学生预科教育质量，不仅关系到中国政府奖学金的使用效益，关系到中国高等院校的国际声誉，也关系到中外国际合作与科技、文化的交流，同时还关系到预科生的人生规划与学业发展，责任重大，任务艰巨。预科教育结业标准的研究，预科结业考核方案的实施，直接影响预科教育质量的提升，务必准确定位，谨慎实施，不断探索，向前发展。总结本节的观点，一是在目前满足外交功能的前提下，预科结业标准应该尽可能向预科教育目标靠近；二是通过提高预科教学与教研水平、改进预科培养模式等可能的途径，持续不断地提高预科教育质量，使结业标准能向预科教育目标靠近，从而趋于合理；三是从国际教育发展趋势来看，针对留学生本科入学学业能力水平的考核已经逐渐取代单纯的语言能力测试，因此预科结业考核方案应该顺应这个趋势。本文总结了三种可行性方案，皆涉及专业汉语和专业基础知识的考核。

图书在版编目(CIP)数据

汉语作为第二语言标准与大纲研究/王佶旻主编.—北京:商务印书馆,2019
(商务馆对外汉语教学专题研究书系. 第二辑)
ISBN 978-7-100-17922-5

Ⅰ.①汉… Ⅱ.①王… Ⅲ.①汉语—对外汉语教学—教学研究 Ⅳ.①H195.3

中国版本图书馆CIP数据核字(2019)第246872号

汉语作为第二语言标准与大纲研究
王佶旻 主编

商 务 印 书 馆 出 版
(北京王府井大街36号 邮政编码100710)
商 务 印 书 馆 发 行
北京新华印刷有限公司印刷
ISBN 978-7-100-17922-5

2019年12月第1版　　开本880×1230 1/32
2019年12月北京第1次印刷　　印张13⅝
定价:45.00元